扬州大学中国大运河研究院科研项目
扬州市哲学社会科学界联合会重大课题资助出版项目

扬州大学·大运河文库

中国大运河旅游

姜师立　潘娟◎著

中国建材工业出版社

图书在版编目（CIP）数据

中国大运河旅游 / 姜师立，潘娟著．-- 北京：中国建材工业出版社，2023.6
ISBN 978-7-5160-3752-2

Ⅰ．①中… Ⅱ．①姜… ②潘… Ⅲ．①旅游指南—中国 Ⅳ．① K928.9

中国国家版本馆 CIP 数据核字（2023）第 077525 号

中国大运河旅游
ZHONGGUO DAYUNHE LVYOU

姜师立　潘娟　著

出版发行：中国建材工业出版社
地　　址：北京市海淀区三里河路11号
邮　　编：100831
经　　销：全国各地新华书店
印　　刷：北京天恒嘉业印刷有限公司
开　　本：787mm×1092mm　1/16
印　　张：22.75
字　　数：440千字
版　　次：2023年6月第1版
印　　次：2023年6月第1次
定　　价：128.00元

本社网址：www.jccbs.com，微信公众号：zgjcgycbs
请选用正版图书，采购、销售盗版图书属违法行为
版权专有，盗版必究。本社法律顾问：北京天驰君泰律师事务所，张杰律师
举报信箱：zhangjie@tiantailaw.com　　举报电话：(010) 57811389
本书如有印装质量问题，由我社市场营销部负责调换，联系电话：(010) 57811387

序 沿着运河游中国

这是首部以中国大运河旅游为题材的图书。大运河是活着的文化遗产,两岸的船坞、码头、庙宇、民居,展现了中国悠久历史的丰富画面,犹如《清明上河图》的长幅画卷展现在人们面前。运河旅游,古已有之。无数的帝王将相沿着大运河巡游、游学、宦游,明清时期市民游览运河沿线成为一种时尚。新的历史时期,当运河功能转换时,发展旅游业愈加显得重要。

作为一本专门研究大运河旅游的图书,本书在简要介绍大运河的旅游资源、旅游发展过程的基础上,围绕"跟着文学名著游运河、运河旅游城市、走进博物馆游运河、水工研学游运河、追寻商业遗存游运河、探访古镇游运河、了解宗教文化知识游运河、学习非遗民俗游运河、沿着皇帝足迹游运河、品鉴美食游运河、坐着轮船游运河"内容编写,从可以开辟成旅游线的角度来介绍大运河旅游,并对如何推进大运河旅游高质量发展、彰显大运河所蕴涵的文化价值、使大运河再度走向辉煌提出建议。相信本书无论是对运河旅游爱好者,还是对文化旅游规划单位设计运河旅游产品都有很好的启示。

一书尽览上下千年历史、绵延 3200 千米的中国大运河风景,尽可堪当大运河旅游"导游"的角色。与以前的运河图书以介绍运河知识为主不同,这本书主要在利用运河上下功夫,不仅从专家的角度,而且从游客的视角介绍运河文化及运河旅游资源。在介绍运河旅游资源时也不是呆板地介绍，而是融入了作者本人对运河文化的感悟与理解，既介绍运河的旅游景点，也有个人的旅游体验。这本书更像一幅运河导览图和一部旅游纪录片，可以引导读者看遍运河美景、尝遍运河美食。全书共配300余张精美的照片，视觉冲击力强，适应现代读图时代年轻读者的阅读需求。

在建设大运河国家文化公园的背景下，运河旅游已成为推进运河文旅融合、重现运河辉煌的重要途径之一，也是讲好中国故事、传播中华优秀文化的重要载体。著者之一姜师立先生是大运河申遗的亲历者，也是大运河文化的研究者，更是大运河文化带建设和大运河国家文化公园建设的实践者。十多年来，他发表过多篇大运河文化学术文章，出版过多部大运河学术研究图书和大运河文化通俗图书，是运河文化界的权威专家之一。这本书里有他多年的研究成果，有他的亲身体验，也有他对运河的感悟，更有他对运河倾注的感情。相信这本书一定会让读者了解大运河，爱上大运河，进而走近大运河，畅游大运河。

张廷皓

中国大运河首席专家、中国文物学会大运河专委会会长

目录

第一章　沿着运河去旅游 / 1
一、大运河有哪些旅游资源？ / 3
二、历史上哪些人在大运河上旅游？ / 6

第二章　跟着文学名著游运河 / 13
一、四大名著中的运河景点 / 15
二、跟着明代市井小说游运河 / 24
三、清代运河小说与运河旅游 / 27
四、随着近现代小说游运河 / 30
五、吟着唐诗游运河 / 34
六、唱着宋词游运河 / 43
七、咏着元明清诗词游运河 / 53

第三章　运河旅游城市 / 59
一、运河之源——北京 / 61
二、天子渡口　河海津韵——天津 / 67
三、运河原点　风雅扬州 / 70
四、中吴要辅——常州 / 78
五、江南水弄堂　运河绝版地——无锡 / 81
六、悠扬运河　天堂苏州 / 83
七、最忆是杭州 / 86
八、老绍兴　醉江南 / 89
九、运河古都　牡丹花城洛阳 / 91
十、一城宋韵　东京梦华——开封 / 94

第四章　走进博物馆游运河 / 97
一、北京故宫博物院游 / 99

二、中国国家博物馆游 / 102

　　三、聊城中国运河文化博物馆游 / 105

　　四、探秘中国大运河南旺枢纽科技馆 / 106

　　五、洛阳隋唐大运河博物馆游 / 108

　　六、淮北中国隋唐大运河博物馆寻古游 / 109

　　七、杭州中国京杭大运河博物馆游 / 111

　　八、苏州丝绸博物馆体验游 / 112

　　九、淮安中国漕运博物馆沉浸游 / 114

　　十、扬州中国大运河博物馆深度游 / 116

第五章　水工研学游运河 / 123

　　一、运河原点古邗沟探访游 / 125

　　二、海宁长安三闸科普游 / 127

　　三、运河屋脊南旺枢纽游 / 130

　　四、清口枢纽怀古游 / 136

　　五、北京澄清上中下三闸寻踪游 / 140

　　六、南运河糯米大坝游 / 142

　　七、运河古纤道游 / 143

　　八、运河水城门体验游 / 145

　　九、运河古桥梁研学游 / 147

　　十、柳孜运河遗址游 / 154

第六章　追寻商业遗存游运河 / 157

　　一、运河管理机构游 / 159

　　二、运河会馆游 / 165

　　三、钱庄当铺游 / 170

　　四、运河粮仓游 / 173

五、运河码头游 / 178

　　六、运河商业住宅游 / 180

　　七、运河商业街区游 / 183

第七章　探访古镇游运河　189

　　一、永济渠（卫运河）古镇 / 191

　　二、淮扬运河古镇 / 194

　　三、江南运河古镇 / 197

　　四、北运河古镇 / 205

　　五、会通河古镇 / 206

　　六、中河古镇 / 208

第八章　了解宗教文化知识游运河　211

　　一、运河四大名塔游 / 213

　　二、运河四大名寺游 / 218

　　三、运河伊斯兰教文化遗存游 / 222

　　四、运河基督教文化游 / 226

　　五、运河道教文化游 / 229

第九章　学习非遗民俗游运河　237

　　一、运河建筑非遗游 / 239

　　二、运河年画之乡游 / 241

　　三、运河手工技艺品鉴游 / 242

　　四、运河戏曲"非遗"溯源游 / 246

　　五、运河民俗研习游 / 250

第十章　沿着皇帝足迹游运河 / 257

　　一、隋炀帝三下江都遗迹游 / 259

二、正德皇帝与清江浦 / 265

三、康熙皇帝南巡行踪游 / 267

四、乾隆皇帝南巡遗迹游 / 272

第十一章 品鉴美食游运河 / 283

一、尝运河名点 / 285

二、品运河名菜 / 291

三、赴运河名宴 / 299

四、运河名小吃 / 305

五、逛运河美食名街 / 310

第十二章 坐着轮船游运河 / 315

一、扬州运河水上游 / 317

二、杭州运河巴士 / 325

三、苏州环城运河水上游 / 327

四、无锡运河水上游 / 330

五、异彩纷呈的运河水上游线 / 333

附 录 大运河旅游展望 / 337

一、大运河旅游存在的问题与不足 / 339

二、中国大运河旅游模式探析 / 341

三、大运河旅游高质量发展的路径 / 345

后 记 / 353

第一章
沿着运河去旅游

作为我国古代南北水上运输大动脉，中国大运河是非常著名的古交通线，沿线布满古交通线繁荣时代的历史遗迹，有着深厚的历史文化积淀和独特的旅游潜力。世界上古代文明遗迹成为最有魅力的旅游胜地者不乏其例，而集各种资源于一身的大运河，在成为世界遗产以后，引起了世人的格外关注。特别是近几年来大运河文化带建设和大运河国家文化公园建设的提出，使得发展大运河旅游也愈加显得重要，通过发展旅游业彰显其自身所蕴涵的旅游价值，使大运河再度走向辉煌。

一、大运河有哪些旅游资源？

大运河作为世界上最长的人工河，和长城共同被人们视为中国古代的两大工程奇迹。全长3200千米的大运河沿河地区旅游资源丰富，无论是物质遗产还是非物质遗产都别具特色、耐人寻味，被称为"历史的画廊"（图1-1）。根据大运河旅游资源的属性，可以将其划分为自然旅游资源和人文旅游资源两大类。

（一）自然旅游资源

水是大自然的美容师，也是运河的血脉。大运河两岸的水景是极有价值的旅游资源，大运河的水道本身就是不可多得的旅游资源，还有沿线的各种湖泊、支流等。太湖、洪泽湖、高邮湖、南四湖、骆马湖……中国十大淡水湖有一半在大运河沿线。有的因为景色优美而形成独立的风景名胜区，如：以其优美的湖山风光和人文景观而闻名遐迩的太湖；"欲把西湖比西子，淡妆浓抹总相宜"而誉满中外的西湖。为大运河提供水源的优美谧静、绚丽多姿的湖泊，像一颗颗光彩夺目

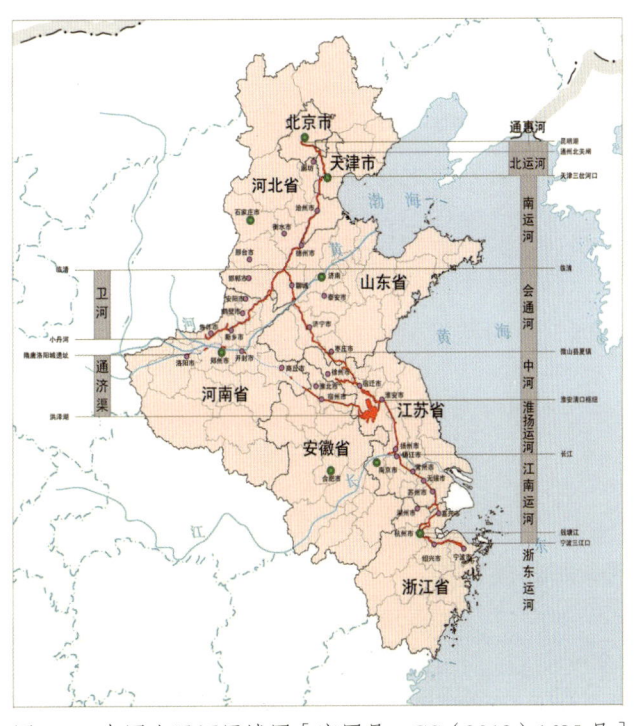

图1-1　中国大运河区域图［审图号：GS（2012）1685号］

的蓝色宝石镶嵌在运河两岸，使大运河生机盎然。而大运河沿线众多的泉景也是旅游的亮点，这里有曾先后被评为"天下第一泉"的北京玉泉、镇江中泠泉、无锡惠山的天下第二泉，还有位于扬州大明寺的天下第五泉。大运河沿线众多湖泊河流的广大水面、湿地，对周边生态环境有着重要的影响，是名副其实的大自然调节器、生态走廊，也是旅游走廊。

在近20年来的大运河保护与申遗，以及大运河文化带建设过程中，沿线各地开展了断污工程，关停了一大批工业企业，杜绝水污染，同时加强运河沿岸的绿化管理，动员组织沿线植树造林。杭州在城区运河两岸开辟了"罗哲文小道"，供市民休闲锻炼。常州对古运河两岸进行了整治，铺设了古色古香的跑道，成为每年市民"走大运"活动的场所。在大运河扬州城区段，建设了两岸30米宽的绿化风光带，成为贯穿城市南北的生态廊道、绿色长廊和"绿肺"。在大运河国家文化公园建设中，沿运河风光带里建成了慢道系统，通过慢道系统和自行车道，市民和游客可以散步，也可以骑行，沿河欣赏悠悠运河水，看沿途文化遗产标识牌介绍，在得天独厚的休闲之地中增进对运河的感情。这些都成为重要的旅游资源（图1-2）。

（二）人文旅游资源

大运河是人类文化的物质结晶和凝聚，同时也体现了人类的伟大创造力，是民族的象征和社会的缩影。大运河是活着的文化遗产，两岸的船坞、码头、庙宇、民居，展现了中国悠久历史的丰富画面，犹如《清明上河图》的长幅画卷展现在人们面前。据统计，大运河沿线物质遗产有3000多项，国家级非物质遗产500项，占全国总量的三分之一。大运河区域内不仅有规模庞大、气势磅礴的宫廷建筑，也有古朴典雅、带有浓郁的风土民情的运河古镇。北方有富丽堂皇的皇家园林，南方有清雅淡泊、富有田园气息的私家园林点缀在运河的两岸，给古老的大运河增添了无限的风光。风格别致、

图1-2　大运河畔的高邮湖风光

千姿百态的拱桥和宝塔等建筑沿运河两岸随处可见。

大运河人文旅游资源主要是运河本身及沿线的文化古迹，它们多半是因运河而建的设施和建筑，是大运河文化的典型代表。大运河沿线的古迹中，有许多是我国已经十分稀少的建筑和艺术品。南运河段河北沧州市的铁狮子，铸于后周广顺三年（953年），长6.10米，重40余吨，是我国现存铁狮子中最大的一个（图1-3）。铁塔在我国古建筑中已不多见，通济渠畔的开封铁塔并非真正用铁铸，而是采用琉璃瓦贴面，看似铁塔。在大运河畔有两座真正的铁塔：一座是聊城铁塔，另一座在济宁。位于德州的古苏禄国的国王墓，是古苏禄国东王巴都葛叭答喇的墓，他在明代率使团来中国朝拜后，由大运河乘船南下返国，船到德州时，不幸病逝，葬在德州，留下了中外文化交流的遗迹。聊城光岳楼位于聊城旧城中心，楼体为我国稀有的木结构之一，至今古风犹存（图1-4）。

图1-3　沧州铁狮子

图1-4　聊城光岳楼

图1-5　文学家朱自清故居

大运河沿线还孕育出了众多的文学家、艺术家、科学家、政治家和军事家，各种先进的思想从这里向全国传播。这里至今仍留下他们的足迹。遍布运河两岸的名人故居、陵墓、革命纪念地都体现了古老运河在中华文明演进中所起的重要作用。这些丰厚的人文旅游资源，自古至今都催生着大运河的旅游文化（图1-5）。

二、历史上哪些人在大运河上旅游？

运河旅游，古已有之。从已有的历史资料来看，上至帝王，下至文人雅士，在大运河沿线都留下了数不清的游记佳作。正是这些文献资料，让我们确定了历史上运河的位置、线路和走向。古代的运河旅游最隆重的还是帝王的巡游，无论是隋炀帝下扬州看琼花，还是康熙帝、乾隆帝多次下江南，都是沿着大运河而行的（图1-6）。

（一）皇帝巡游

1. 隋炀帝的南巡

隋代完成了大运河的第一次贯通，隋炀帝是大运河贯通的功臣，也是第一个沿大运河旅游的皇帝。大运河的贯通打通了隋朝政治中心和经济中心的联系，促进了隋帝国经济的发展和政治的统一。大业元年（605年）八月、大业六年（610年）三月、大业十二年（616年）七月，隋炀帝三次沿着运河下江都（图1-7）。

隋炀帝三下江都，都是通过大运河，这就开了帝王南巡的大运河政治旅游的先河。当然，隋炀帝的运河旅游绝不是后代演绎小说所讲的看琼花、看美女，三下江都有其深厚的政治目的。唐代诗人皮日休有诗云："尽道隋亡为此河，至今千里赖通波。若无水殿龙舟事，共禹论功不较多。"这首诗客观评价了成也运河、败也运河的隋炀帝的功过。

2. 乾隆帝的南巡

乾隆帝是中国古代年寿最高、影响较大的一位皇帝，也是沿运河旅游最为有名的

图1-6 名人雅士多次游历过的运河古纤道　　图1-7 隋炀帝墓遗址公园

皇帝，其六下江南对清朝社会产生了重大影响。从清乾隆十六年至四十九年（1751年—1784年）三十余年间，乾隆帝六次南巡。前四次是奉母前往，清乾隆四十二年（1777年）后，皇太后病逝，乾隆帝又两次率臣南巡。

安作璋先生在《中国运河文化史》一书中分析，乾隆六次南巡，对一向多事的东南地区的稳定起到了一定的积极作用。但是六次南巡对清朝社会产生了不良影响，他在南巡中豪奢放纵，挥霍无度。巡幸所到之处的地方官员要提前修路、建行宫。沿途纵情山水，挥霍享受，回到北京后，还在北京、承德不惜人力、物力、财力，大兴土木，仿建东南名胜，以图再现江南风光。甚至为物欲所困，向臣下搜刮贡品。地方官为了讨好皇帝，探听其爱好，"访贫缉盗"，拼凑政绩，盼着圣上巡幸能为自己打开升迁之门。六下江南浪费了大量人力、物力和财力，给民间带来了沉重的负担，也使吏治腐败不堪。据《扬州行宫名胜图》记载，两淮盐商为迎接乾隆帝南巡扬州，曾先后集资修建和再建宫殿楼廊5154间和亭台196座，并购置其中的陈设物景。这些南巡遗迹也成为今天重要的旅游资源（图1-8）。

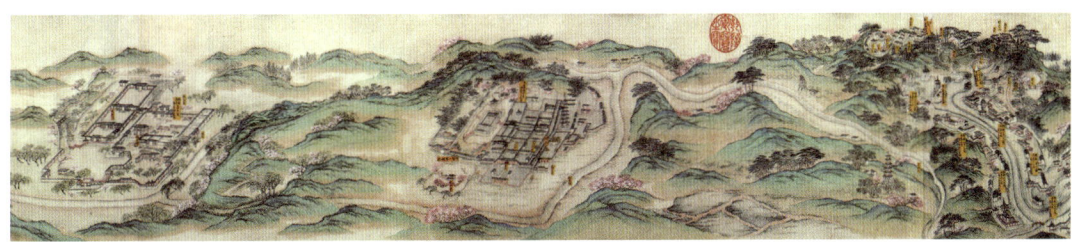

图1-8　清代扬州行宫名胜图

（二）文人游学

隋唐之后，大运河成为中国最主要的交通动脉之一，运河岸边的一些码头和城镇因运河的航运而迅速发展与繁荣起来，无数的士人沿着大运河游学。早期的大运河旅游具有政治性、采风性色彩，旅游者队伍仅限于缙绅、文人等，如张继沿运河南下旅游，在苏州写下了《枫桥夜泊》传诵至今。白居易多次沿运河游学，写下了"汴水流，泗水流，流到瓜洲古渡头，吴山点点愁。"这样的名句。据《全唐诗》的不完全统计，唐代诗人张若虚、杜甫、李白、白居易、高适、孟浩然、杜牧等，都曾沿着隋唐大运河巡游祖国的壮丽河山，并留下千古流传的佳作。李白流传千古的诗作"故人西辞黄鹤楼，烟花三月下扬州。孤帆远影碧空尽，唯见长江天际流。"成为运河名城扬州的活广告（图1-9）。宋元时期大运河南北贯通，旅游活动进一步发展。北宋的京师汴梁和南宋的京师临安都在运河边，因此，宋代参加科举考试的士子几乎都曾乘船在运河上航行过。

图 1-9 运河名城扬州

（三）官员宦游

在大运河上，除了有踌躇满志的赶考举子，还有春风得意的上任官员，也有落魄寂寥的被贬官员，悲欢离合交织在一起，催生了一首首叹惋咏怀的诗篇。崔颢、皮日休、许浑、林逋、张先、汤显祖、归有光等都在大运河上旅游过，并写有大量运河诗词流传至今。苏轼在大运河沿线的汴梁、徐州、扬州、湖州、杭州都做过官，多次在运河上游览，晚年归隐在常州，写下了多篇运河诗词。王安石在大运河入江口的瓜洲古渡作《泊船瓜洲》："京口瓜洲一水间，钟山只隔数重山。春风又绿江南岸，明月何时照我还？"南宋陆游也在运河旅游，写有描写瓜洲的名句："楼船夜雪瓜洲渡，铁马秋风大散关。"元代出现了马可·波罗等境外旅游者（图1-10）。《马可·波罗游记》就描写了作为元朝官员的马可·波罗在运河沿线为官和游历的经历。马可·波罗被元世祖委任为扬州总督，两次去江南旅游，在临安（今杭州）等地留下足迹。

图 1-10 马可·波罗塑像

（四）市民郊游

明清时期，城镇商品经济繁荣，大运河沿线旅游之风炽盛，大运河沿线成为人间天堂，涌现了杭州、扬州、苏州等众多旅游重镇，随着城市商业经济的发展，旅游者队伍中出现早期"大众旅游"的代表，虎丘、惠山、金山、平山堂等名胜地，游客四时不断，《姑苏繁华图》展现了中国早期的"RBD""黄金周"色彩。杭州已经出现将运河两岸的景物作为欣赏对象，初显"游"的意味。酒店茶坊，多数傍临运河，客人可以凭窗小饮、品茗，一边观赏运河上的美景，一边品味曲艺、杂技、魔术、皮影、评话、弹词、小热昏等民间节目。运河一带的庙会盛极一时，每年庙会或河神的祭日，市民拥至运河两岸，形成了集祭神、游乐、贸易于一体的民间盛会。各地的"龙舟盛会"和元宵灯会也很兴旺。

随着城市的发展，市民阶层的出现，在运河沿线城市旅游成为了人们娱乐的一种方式，在杭州、苏州、扬州、北京这些运河名城，出游玩乐成为一时风气。在杭州，元宵节后，"贵游巨室，皆争先出郊，谓之'探春'"（周密《武林旧事·西湖游赏》），城内居民倾城水上出游"舆舫衔接，率数十里"（康熙《钱塘县志》《风俗》），同时还进行竞渡比赛，"分两翼远近排列成行，再以彩旗引之，诸舟竞发，先至标所者，取赏"。苏州的老百姓也在清明这一天出游城郊，在运河上举办龙舟竞渡，"士女出游，灯船奇丽，甲于天下"（《光绪苏州府志》《风俗》）。在扬州，清明时节"郡人士女，靓容冶服，游集胜地，陆行踏青，舟行游湖，郡城、高（邮）宝（应）皆然"（万历《扬州府志》《风俗》）。城西蜀冈一带，为风景胜地，吸引大量游人来此处玩乐，也称为游西湖。明朝张岱将扬州的清明出游与西湖春、秦淮夏、虎丘秋并列，认为其他三处皆团簇一块，如画家横披，唯扬州出游，鱼贯雁比，舒长达三十里，犹如"画家之手卷矣"（张岱《陶庵梦忆》卷5《扬州清明》）。这里说的就是扬州蜀冈一带因运河城区段水系形成的湖上园林景观，也就是今天的瘦西湖水上游览线(图1-11)。

京师北京，游乐之风更盛，明万历时，每年的四月

图1-11 扬州北郊的湖上园林景观

就是居民游西湖（现昆明湖）、登玉泉、赶秋坡、耍戒坛的日子。至于运河其他城市，春季出游也成一时风俗，出游玩乐已成为明代运河地区的日常生活习俗。清初著名学者和诗人朱彝尊的《鸳鸯湖棹歌》有"樯燕樯乌绕楫师，树头树底挽船丝""西水驿前津鼓声，原田角角野鸡鸣"的佳句，展现了嘉兴段运河优美的风光。

（五）大众旅游

20世纪80年代，大运河旅游以其悠久的历史文化、独特的人文景观和浓郁的民俗风情而成为旅游业的一支奇葩。无锡、苏州、扬州等地，均开发了古运河旅游项目，1981年4月开辟了全长220千米的苏州—扬州大运河旅游专线。无锡作为中国最早开辟大运河旅游的城市，自1981年起至今，境外游客水上旅游人数已经超过40万人次。

随着大运河申遗和遗产廊道旅游的兴起，大运河旅游开始全线升温。大运河聚集了众多物质和非物质文化遗产，迎来重大旅游机遇。苏州推出环城夜游项目；无锡2004年成功举办"无锡古运河文化节"，推出了无锡古运河风情游项目；常州推出"游运河——必到常州"运河专题旅游项目；扬州推出了"古运河之旅"。古运河旅游产品的开发初步获得了市场认同。

大运河"申遗"成功，其遗产价值得到了国内外更广泛的认同，保护与利用运河旅游资源，规划开发运河旅游已成为沿线城市的共识。一些城市纷纷推出运河旅游开发的长远规划。原国家旅游局委托山东省旅游规划设计研究院设计《京杭大运河旅游总体规划》。在江苏省编制的旅游发展规划中，也正式提出了"一圈三沿一轴"的旅游发展布局，而其中的"一轴"就是以沿河风貌为轴的古运河旅游线。

苏州市着力打造"吴文化重镇"，结合运河整治把沿河的枫桥古镇、运河公园、横塘古驿站、彩云桥、石湖风景及宝带桥景点进行水上沟通，把姑苏胜迹连成一片，形成"舟楫绕城过，胜景依水来"的运河风光带（图1-12）。

图1-12　苏州古运河水上游

无锡市确定了"古今对话，中西结合，演绎历史长河，再现人与水共生的繁荣景象"的古运河整治工程主题，提出要充分发掘"四大米市""水弄堂"和"民族工商业发源地"等历史遗迹。

扬州市则依托古运河两岸人文古迹、水利工程和都市风貌，包装"古运河水上游览线"，提出将古运河沿线打造成"东方的莱茵河"，打"最早的运河""中国漕运"牌（图1-13）。

杭州市紧紧围绕"江河湖溪四水共绕的山水城市"目标，推出运河—余杭塘河—西溪、运河—钱塘江、运河—胜利河—上塘河3条水上黄金旅游线，要将古运河打造成能与巴黎塞纳河媲美的世界级旅游品牌。

绍兴市按照"天人合一""古今同源"理念，以"传承古越文脉，展示水乡风情"为主题，把古运河构筑成一条融历史、文化、生态于一体的历史文化风景线（图1-14）。

淮安市将里运河的开发列为旅游业发展的主要项目，打造里运河百里画廊，同时推出"乾隆运河水上游"线路。

江南运河沿线的许多水乡古镇，或因其独特的地理位置，或因其特殊的历史地位，或因其别具特色的民情民俗风貌也纷纷打出了旅游开发的牌（图1-15）。如苏南的周庄、同里，浙北的西塘、乌镇、南浔等地都取得了令人瞩目的业绩。运河沿线城市对大运河旅游开发的积极性日益高涨，大运河的旅游潜力充分爆发的时机正在悄悄到来（图1-16）。

图1-13 扬州运河一号旅游船

图1-14 绍兴城区运河游

图 1-15　江南水乡小镇

图 1-16　桐乡崇福古镇运河

第二章 跟着文学名著游运河

大运河是一条文化的河流。发达的经济、迷人的风光、五光十色的民族风俗使大运河成为文学艺术的摇篮，中国的"唐诗之路"就是基于隋唐大运河背景之下的文化之路，唐诗宋词以及它们的作者都与大运河结下了不解之缘；明清白话小说更是运河商业文化的产物，运河催生了中国古典文学四大名著，也使一批市民小说走向成熟。许多历史名著的作者诞生在运河岸旁，如《窦娥冤》的作者关汉卿，《西游记》的作者吴承恩。《红楼梦》《金瓶梅》等不朽的作品记述了运河沿岸的故事。文学作品中描写到的大运河景点数不胜数，游大运河需要事先做功课，不妨让我们先从耳熟能详的文学作品中寻找运河景点，跟着文学名著游运河。

一、四大名著中的运河景点

有学者说："大运河是中华文脉，沿线积淀了丰厚的文化资源。一颗颗文化明珠，通过大运河这条金丝线串起来了。"正是由于大运河的交流沟通功能，带来了以运河为纽带的商业文化，而小说这种艺术形式正是商业文化的产物。

小说，作为一种文学形式，它的发展、成熟与大运河密不可分，随着运河的开通，社会生产力的发展，城市经济的繁荣，小说创作有了丰厚的土壤。运河的开通，融会了中国南北各地的官民礼仪、特色物产、饮食服饰和风情民俗，形成了绚丽多彩的运河文化，推动了文学艺术的大发展。广大市民阶层对文化娱乐的需要，有力地促进了小说创作水平的提高。在运河文化的营养和滋润中，中国古代文学史上诞生了"四大白话"小说，也就是所谓的中国古典文学四大名著。四大名著起源于明代的四大白话小说，分别是《水浒传》《三国演义》《西游记》《金瓶梅》。到清代，用《红楼梦》替代了《金瓶梅》，称为"明清四大白话小说"，20 世纪 80 年代将这 4 部小说称为"四大名著"。

（一）《红楼梦》中的运河景点

中国古代四大名著首推《红楼梦》，这是一部具有高度思想性和艺术性的伟大作品，成书于清乾隆年间。无论是作品本身还是作者曹雪芹，都是大运河文化孕育出来的杰出文化符号。曹雪芹世家与大运河结有长达 80 年的不解之缘。曹雪芹的高祖曹振彦于顺治十三年（1656 年）任两浙盐法道，两浙盐法道的官署设在杭州，曹振彦上任的路线是从北京沿大运河到杭州，他也是曹家最早走完京杭大运河全程的人。康熙帝沿运河六次南巡，有四次是由曹家负责接驾的。《红楼梦》中的甄士隐是苏州人，贾雨村是湖州人，林如海是苏州人（在扬州为官），他们都生长在运河城市。《红楼梦》里也有不少关于大运河的描写。书中开篇写甄士隐一生"小荣枯"的故事，就发生在"地陷东南"之际的运河苏州段的阊门外。第二回"贾夫人仙逝扬州城"，给林黛玉的父亲林如海造成了家庭困境，为林黛玉从扬州沿大运河进京投靠外祖母提供了机会。于是就有了第三回的"林黛玉抛父进京都"。全书结束于宝玉出家，贾宝玉在常州运河边的毗陵驿拜别父亲贾政。曹雪芹曾从北京沿大运河南下，曹家遭抄家丢官后，曹雪芹在北京西郊香山完成了《红楼梦》的创作。因此，跟着《红楼梦》我们可以游览的运河景点很多。我们可以看看北京香山、扬州天宁寺和苏州阊门、常州毗陵驿这几个景点。

图 2-1　扬州天宁寺

扬州天宁寺位于丰乐上街 3 号（图 2-1），地处清代扬州城的北护城河北岸，南对拱辰门（又称天宁门）。据介绍，天宁寺始建于东晋，经历代重修，现存建筑格局为清同治年间修复后的遗存。天宁寺与清代扬州文化的繁荣有密切的关联。据记载，曹雪芹的祖父曹寅曾任江南织造兼任两淮巡盐御史，并在天宁寺刊印过《全唐诗》。后来天宁寺成为乾隆帝南巡时在扬州的驻跸之所，至今，篆刻着《南巡记》的乾隆南巡御碑，仍巍然伫立在寺内山门殿的北侧，"南巡之事莫大于河工"点明了帝王南巡的主要目的。今天的天宁寺又成为了大运河遗产点。在天宁寺我们看到，这里的建筑保存完好，由山门殿、天王殿、大雄宝殿、华严阁、东西廊房及配殿组成，现作为扬州佛教文化博物馆对外开放，是扬州北护城河游览线上的重要景点。有人说，如果真的有林黛玉进京这件事，她必须是从天宁寺前的码头上船，然后进入古运河，一路扬帆北上京师的。最近，天宁寺又进行了修缮，提升了展陈，如果您来天宁寺游览不仅可以了解红楼文化，还能看到《四库全书》。

北京香山公园位于北京西郊，这里有燕京八景之一"西山晴雪"（图 2-2）。在香山，我们也曾寻找过曹雪芹创作《红楼梦》的屋子。尽管没有找到，但了解到这座历史悠久、

图 2-2　北京香山

文化底蕴丰富的皇家园林中有集明清两代建筑风格的寺院"碧云寺",有迎接六世班禅的行宫"宗镜大昭之庙",有颇具江南特色的古雅庭院"见心斋",还有中共中央进驻北平最早居住和办公的地方——双清别墅。这里还有孙中山纪念堂及孙中山衣冠冢。今天的香山公园,是北京重要的赏枫之处,森林覆盖率高达98%,为北京负氧离子含量最高的地区之一,特别是香山红叶最是闻名。每逢霜秋遍山黄栌,景色瑰丽无比,游人倍增。游北京,可别忘记"北京新十六景"之一的香山哟。

常州毗陵驿设于明朝正德十四年(1519年),位于常州段运河边的篦箕巷内,是专供传递公文的差役和官员途经本地时停船休息或换马住宿的(图2-3)。常州在汉代称为毗陵,因此运河边的驿站叫作毗陵驿。毗陵驿全盛时有驿马46匹,战船15只,水手123人,马夫29名,分管辖区水路交通、传递公文信札事务。皇华亭旁有座码头叫大码头,据史料记载,乾隆南巡途经常州时,有三次就是从这个大码头登岸进城的。皇华亭内有一碑刻"毗陵驿",为书法家武中奇先生所写。《红楼梦》中贾宝玉与贾政最后一别便是被安排在毗陵驿外的文亨桥顶。毗陵驿于民国元年(1912年)撤裁,驿站房舍改为惠商堆栈和商场。今天的毗陵驿已成为大运河畔的一处景点,去常州可一定要去看看毗陵驿。

苏州阊门是苏州城八门之一,位于城西北(图2-4)。"阊"是通天之意,表示吴国将得到天神保佑,日臻强盛。又因吴欲灭楚,该门方位朝向楚国,故亦名破楚门。明清时期,这一带曾经是全苏州最繁盛的商业街区。清乾隆年间的名画《姑苏繁华图》

图 2-3　常州毗陵驿

图 2-4　苏州阊门

表现了当时阊门至枫桥的十里长街、万商云集的盛况。《红楼梦》开篇就说："有城曰阊门者，最是红尘中一二等富贵风流之地。"阊门也因此成为当时苏州的代名词。明初朱元璋将苏南人口大规模迁徙至苏北、苏中一带，这些移民都被集中在苏州阊门运河码头乘船出发。因此人们口耳相传几百年，现在很多苏北人都说自己的老家在苏州阊门外，阊门也成为苏北人的梦里老家，常常有苏北人来阊门寻根。作为苏中地区的人，我们的祖先也是从阊门出发迁徙过来的，我们也曾到阊门寻根。

（二）《水浒传》中的运河景点

《水浒传》的故事发生在水浒文化和运河文化交汇、叠合的古郓州的区域，也就是梁山泊及周围地带。元初以后，大运河在郓州地区纵向穿过，梁山泊正是运河水系的一部分。梁山泊自古就处于沟通东西、连接南北的交通要道。大运河穿行鲁西地区，这对古郓州及周边地区产生了重要影响。《水浒传》写的是北宋的故事，但它的广泛传播和最终成书，则是在元末明初。大运河的贯通，对《水浒传》的形成有着重要影响。随着运河城市的兴起，运河沿线成为各种信息的传播交会点，全国各地的故事在这里汇聚，然后在运河中的船上品味、消化、加工，又随运河南北传播，也就越传越远，影响越来越大了。《水浒传》作者施耐庵写的虽然是北宋的故事，但也以这些故事投射自己生活的那个时代。施耐庵的家乡是大运河畔的水乡兴化，又参加了抗元义军张士诚的队伍，他依据自己的故乡描绘了一个水泊梁山，依据自己造反的经历描绘了一个造反集团的故事。《水浒传》烙上了深深的大运河印记。通过大运河的传播，《水浒传》的故事渐渐成型、人物的形象逐渐丰满，最后通过施耐庵的加工与润色形成了我们今天看到的《水浒传》。施耐庵长期居住在运河城市淮安（楚州），宋江的归宿"蓼儿洼"就是楚州城外的一片水泊。跟着《水浒传》，我们可以游览聊城的景阳冈、济宁的水泊梁山、大丰的施耐庵故居、清河县的武松公园。

景阳冈旅游景区位于聊城市阳谷县张秋镇境内（图2-5），传说为《水浒传》中描述的武松打虎处。张秋镇曾为明清时期的运河重镇，景阳冈被选为小说中武松打虎故事的发生地是因为作者熟悉这一地点。景区内主要景点有三碗不过冈酒店、乡民告示处、县衙告示处、山神庙、武松打虎处、石碑、虎啸亭、武松庙、湖心岛、钓鱼台、碑林、虎池、猴山、鹿苑、古箭场等20余处。景阳冈旅游景区于2010年被评为国家AAAA级景区。沙冈顶部正中有一座庙宇，俗称"武松庙"。据考证，该庙始建于明代中叶，距今已有500余年的历史了，现在是山东省重点文物保护单位。去阳谷游览，一定要去看看景阳冈，体验一下武松打虎的豪情。

图2-5　景阳冈

施耐庵纪念馆坐落在盐城市大丰区白驹镇西郊花家垛上，传为施耐庵当年著书之所（图2-6）。白驹镇这块土地历史上曾属扬州府兴化县，此处四周环水，芦苇茂密，有着浓郁的"水浒"气息，游人到此，会疑心真的到了梁山水泊。施耐庵纪念馆位于花家垛中央，为前后三进、东西两厢徽式青砖小瓦古民居建筑，四周有粉墙，第一进为门厅，朱漆大门上方是书法大师启功手书"施耐庵纪念馆"匾额。要深入了解《水浒传》，不妨去参观一下施耐庵纪念馆吧。

梁山泊也作梁山泺，位于原山东省寿张县境

图2-6　施耐庵塑像

内（今山东省梁山县北、东平县西北和河南省台前县东南），由梁山、青龙山、凤凰山、龟山四主峰和虎头峰、雪山峰、郝山峰、小黄山八支山脉组成，占地面积500平方千米。《水浒传》的故事就发生在这里。据介绍，梁山泊原址已经干涸，横跨东平、台前、梁山、汶上四县的古东平湖和梁山县马营镇的"水泊遗址"（湿地）均为古梁山泊的遗存水域。当年梁山好汉正是凭水泊天险啸聚山林、筑营扎寨、抗暴安良、杀富济贫、替天行道，演绎了一幕幕惊天动地的侠义故事。水泊梁山风景区位于山东省济宁市梁山县境内，景区面积4.6平方千米。2008年水泊梁山风景区被评为国家AAAA级旅游区，主要景点有忠义堂、号令台、宋江马道、黑风口、天书阁、疏财台、左右军寨等。

武松是大运河边邢台市清河县人（图2-7），武松公园位于清河县中心区，始建于1997年，占地面积166亩（约11万平方米）。其鉴古照今的雄浑风格和空灵悠远的景色意蕴，构成了大运河畔一道独特的风景，使卫运河畔融入了更加浓郁的文化气息（图2-8）。规模庞大的仿古式群景建筑、园林式风格布局，蕴含着大量的历史知识，逼真地再现了一些文物古迹和传说故事。

（三）《三国演义》相关的运河景点

"四大名著"的作者大都在运河城市中生活过。《三国演义》的作者罗贯中虽然不在运河边出生，但他14岁时就辍学随父亲去苏州、杭州一带做生意。后到慈溪随著名学者赵宝丰学习。元至正十年（1350年），罗贯中来到杭州，当时许多说书艺人在这里说书，一些杂剧作家也在这里活动。罗贯中与这些志同道合者为友，加上他对民间文学又极其喜爱，开始创作章回小说和剧本。元至正十六年（1356年），罗贯中到张士诚幕府作宾，在这里结识了施耐庵，并拜其为师。元至正二十三年（1363年），

图2-7　武松庙

图2-8　清河县武松公园

罗贯中涉足大运河沿线城市和江南各地，搜集三国时期东吴的故事传说，发掘整理了大量流行于运河两岸的三国故事。元至正二十六年（1366年），罗贯中在杭州开始《三国志通俗演义》的写作。明洪武元年（1368年），他与施耐庵居住在淮安府山阳县（今淮安区）城西门土地祠附近，其间游览汉代遗址，并继续写作《三国演义》。到明洪武三年（1370年），罗贯中已写了十二卷。后来，施耐庵病卒，罗贯中携自己未完成的《三国演义》书稿返回故里，完成最后的著书。如今，大运河沿岸还分布着无数的三国遗迹。跟着《三国演义》可以游览一代枭雄曹操墓、广陵故城射阳古镇。

曹操墓即安阳高陵，位于河南省安阳市安丰乡西高穴村，在曹操王都邺城西12千米处（图2-9）。在《三国演义》中，曹操通过开白沟，打败了袁绍集团，攻占了袁绍的统治中心邺城，并以邺城为中心，建立了四通八达的运河水系，为统一北方奠定了基础。据《三国志》等史料记载，220年曹操卒于洛阳，后被葬于高陵。据介绍，高陵本体保护与展示工程正在打造为三国文化遗址公园，安阳的曹操高陵遗址博物馆也已建成开放，想研究三国的一定要去看看这个三国文化及汉魏历史的重要平台。

图2-9　曹操墓

隶属于扬州市宝应县的射阳湖镇是一座具有2000多年悠久历史的文化古镇，大运河最早的河道古邗沟穿过射阳湖（图2-10）。射阳古镇曾是三国时期广陵郡的郡治，据《三国志》介绍，曹操任命陈登为广陵太守，陈登为了与长江对岸的东吴势力抗衡，将广陵郡治从山阳（淮安市淮安区）迁到射阳镇。担任广陵太守期间，陈登重新疏通了古邗沟，开挖了邗沟西道，成为后来历代沟通江淮的运河主

图2-10　射阳故城

线路。《三国演义》中，还有一位射阳古镇的名人，就是"建安七子"之一的陈琳，他曾为袁绍写《讨曹操檄》，曹操爱其才而将他收归帐下。三国时的另一个豪杰臧洪也是射阳人，臧洪不愿屈服于袁绍，被袁绍处死，臧洪的老乡陈容，宁与臧洪同日死。我们看到，射阳湖镇还建有臧陈旧址，纪念这两位英雄。臧陈旧址所在街区的门楼上还刻有射阳故城的门额。射阳湖碧波荡漾，风景秀丽，曾使众多文人墨客流连忘返，宋代政治家、文学家范仲淹一首脍炙人口的《射阳湖》诗篇流传久远。射阳湖镇今天还留有射阳故城遗址、九里一千墩汉墓群，还有邗沟故道、海陵溪等景点。更因为其秀美的生态环境而深得游客青睐。射阳湖镇的水泗荷园园区面积达2万多亩（约1333公顷），自然环境优美（图2-11）。在射阳湖，我们既看到了人文古迹，又看到了水乡风光，真的是不枉此行。

图2-11　射阳荷园

（四）《西游记》相关的运河景点

《西游记》的作者吴承恩是淮安府山阳县河下（今淮安市淮安区）人。吴承恩号"射阳居士"，而射阳湖就是古邗沟流经的重要湖泊，当初淮安就属射阳县。今天吴承恩的故居，坐落在淮安城西北的河下古镇打铜巷最南端。这地方，是古老的淮河和大运河交汇之处。正是这块人杰地灵的运河热土，催生了古典浪漫主义的文学巨著。作为《西游记》文化的摇篮，淮安地处南北之中，因大运河而兴，文化兼收并蓄。吴承恩笔下的《西游记》根植于大运河文化，是大运河文化的瑰宝。吴承恩五十岁左右写了《西游记》的前十几回，后来因故中断了多年。明嘉靖三十九年（1560年），他任江南运河畔的浙江长兴县丞，后辞官归乡。回到淮安后，明隆庆四年（1570年）开始着力撰写《西游记》。

吴承恩故居坐落在淮安市淮安区河下古镇的打铜巷巷尾，为国家AAAA级旅游景区（图2-12）。故居背靠里运河，为古朴典雅的青砖小院，内有书房等建筑。占地近万平方米，建筑面积1842平方米。正门上方匾额上"吴承恩故居"几个金黄色大字是前中国书法家协会主席舒同所书。吴承恩故居作为因文学名著而出名的旅游景点，每年接待着成千上万的海内外游客。

2022年，淮安又建起了西游乐园景区，成为"中国人自己的主题公园"。坐落于淮安市清江浦区的西游大道旁的西游乐园，是国内外首个以《西游记》为主题的综合性主题公园，占地560亩（约37.3公顷），建筑面积6.6万平方米（图2-13）。分为9个区，分别对应《西游记》中的四大洲、四位师徒、作者吴承恩。自开园以来，大受追捧。游乐项目有：美猴王出世、天马行空、猴王巡山、傲来广场、瑶池盛宴、大闹天宫、火云洞、金鲤跃龙门、龙宫剧场、真假美猴王、蜘蛛精、勇闯盘丝洞、佛法无边、三界轮回、菩提树、火焰山、智取

图2-12 吴承恩故居中的塑像

芭蕉扇、三打白骨精、风火轮、袖里乾坤、筋斗云、五庄观、快乐的小猪共23个室外游乐项目，还有11个由室内科技及真人表演秀组成的游乐项目，把西游文化展现得淋漓尽致。花果山、高老庄、雷音寺；火焰山的怒火、勇闯盘丝洞、智取芭蕉扇……西游乐园的每个主题区的内部娱乐设施都紧紧围绕《西游记》这个文化IP展开，并利用装修、科学技术增强沉浸感和互动性。如果您能参加晚8点广场上的万妖大巡游，绝对让您震撼：熟悉的音乐响起，带入感极强，无人机秀的灯光、焰火秀，视觉音效都

（a）淮安西游乐园的游街活动

（b）西游乐园夜景

图2-13 淮安西游乐园

超级震撼！在这里，游客与乐园的关系，从二元的"观看"和"被观看"，变成了多元的互动。在这种极强的互动体验下，自主沉浸在西游记主人公的情境中，想象自己"融入"西游记中，变身成为唐僧师徒中的一员，产生深刻难忘的感知体验，形成完整的游园体验和品牌传播的整体记忆。

二、跟着明代市井小说游运河

明代随着运河沿线商品经济的发展，人们的生活越来越丰富，出现了市井文化，这给了以记载市民生活为主的市井小说发育壮大的土壤。明代出现了市井小说的创作高峰，涌现出《金瓶梅》"三言二拍"《醒世姻缘传》等一批市井小说。

（一）《金瓶梅》故事的原型地临清

大运河边的重要城市临清的市井文化十分繁荣，这给明清时期的小说提供了创作背景，《金瓶梅》就是以明代临清为主要故事背景地写作而成的。当时的临清是经济重镇、商业都会，手工业已很发达，以手工业命名的街巷众多，又是各种货物的集散地。临清钞关的商税曾居全国八大钞关之首。临清还是南粮北调的总中转站和粮食储存中心。《金瓶梅》中，有25处直接写到临清。第九十八回的标题即是"陈敬济临清逢旧识，韩爱姐翠馆遇情郎"。《金瓶梅》尽管写的是宋代的事，但研究者认为，其时代背景就是明代时期的临清。《金瓶梅》的作者兰陵笑笑生，如果不是临清人，也是客居在临清，因为他对临清太熟悉了。《金瓶梅》提及的临清地名如运河钞关、沙河、狮子街等都非常具体。跟着《金瓶梅》我们可以游览运河古城临清。

临清市位于山东省西北部，漳卫河与古运河交汇处，大运河从市区穿过（图2-14）。临清历史悠久，明清时期凭借大运河漕运兴盛而迅速崛起，成为当时中国30个大城市之一，素有"富庶甲齐郡""繁华压两京""南有苏杭，北有临张"的美誉。临清市境内拥有名胜古迹70余处，

图2-14　临清运河风光

其中包括运河钞关、舍利宝塔、清真寺、鳌头矶等全国重点文物保护单位。临清运河钞关为古代八大钞关之一，是现存中国古代运河税收机构中唯一保存较好的遗存。凤凰岭位于临清市城区内，张自忠将军纪念馆位于临清市青年路中段。临清的名小吃"十香面"更是享誉运河沿线。

（二）"三言二拍"中的明代运河故事

据《历史与未来》的作者刘继安研究，"'三言'的作者冯梦龙是江苏吴县人，'二拍'的作者凌濛初是浙江湖州人，这二人所创作的小说，比较集中地反映了明代运河的商贾文化。""三言"为《喻世明言》《警世通言》和《醒世恒言》，是我国文学史上第一部规模宏大的白话短篇小说总集，"二拍"是指凌濛初所编的《初刻拍案惊奇》和《二刻拍案惊奇》。"三言二拍"收录故事近200篇，来源多是民间艺人的口头艺术，与大运河的开通、各地文化交流的频繁有很大的关系。同时也真实地反映了明代运河区域市民阶层的生活面貌和思想感情，特别是"二拍"还反映了资本主义萌芽时期运河上的人们的生活与追求。凌濛初本人是一位出版商，也许正是这个原因，"二拍"中有很多关于商人的故事。《初刻拍案惊奇》卷八，苏州王生往扬州贩运布匹，船到常州时听到别人描述："无数粮船，阻塞住丹阳路。自青羊铺直到灵口，水泄不通。""三言二拍"中，近一半的明代故事都曾出现过大运河的身影。从中，我们不仅能看到大运河作为南北交通通道的重要性及沿岸人民生活的种种情景，还能看到大运河在建构明代故事时所发挥的重要文学作用。

杜十娘是《警世通言·杜十娘怒沉百宝箱》中的女主人公，曾为青楼女子，深受压迫却坚贞不屈，为摆脱逆境而顽强挣扎，将全部希望寄托于绍兴府富家公子李甲身上。然而她怎么努力也逃脱不了悲惨命运的束缚，在瓜洲古渡，李甲背信弃义，将其卖于孙富。万念俱灰之下，杜十娘怒骂孙富，痛斥李甲，把多年珍藏的百宝箱中的一件件宝物抛向江中，最后纵身跃入滚滚波涛之中。如今，运河名镇瓜洲古渡公园内建起了沉箱亭，纪念这位奇女子（图2-15）。

图 2-15　沉箱亭

我们曾来到瓜洲古渡公园的沉箱亭沉思,想象故事中的主人公杜十娘是以怎样的勇气投身大江的。

(三)《醒世姻缘传》中运河旅游的故事

《醒世姻缘传》是继《金瓶梅》之后的又一部以一个家庭为叙事中心的长篇白话小说。全书共一百回,长达百万字。主要是描写一个冤仇相报的两世姻缘故事。书中故事的发生地以山东运河畔的武城县、绣江县为主,还用大量篇幅描写了北京和通州等地。客观描写了运河沿线的社会风俗、科举教育、政治腐败、民生苦痛、宗教生活,是研究运河文化必不可少的参考书籍。《醒世姻缘传》多次提到了明代的运河旅游,还提到了运河水神。比如第八十六回"吕厨子回家学舌 薛素姐沿路赶船"就写到了运河沿线信仰的水神金龙四大王。其实,金龙四大王是明清时期随着京杭大运河的全线贯通和漕运的兴盛而产生的一种民间信仰,原型为南宋人谢绪。金龙是指金龙山,是谢绪生前隐居的地方。谢绪有兄弟四人,他排行老四。南宋咸淳七年(1271年),两浙地区闹饥荒,他散尽家财救济灾民。谢绪预感南宋的国运不久了,就在金龙山上构建了云亭,隐居不出。不久,南宋国亡,谢绪向北方跪拜,痛哭流涕地说:"生不能报效朝廷,安忍苟活。"于是投水而死。后人为了纪念他,尊他为金龙四大王,用香火供奉他。运河沿线的宿迁龙王庙供奉的就是金龙四大王(图2-16)。

宿迁龙王庙建于清康熙年间(1662—1722年),清嘉庆十八年(1813年)重修。据说清乾隆皇帝三下江南均从皂河码头上岸于此休息,故又名乾隆行宫。该建筑群始建于清顺治年间,改建于康熙二十三年(1684年)。后经雍正帝、乾隆帝、嘉庆帝的复修和扩建,形成了现在占地36亩(约2.4万平方米),周围红墙、三院九进封闭式合院的北方宫式建筑群。宿迁龙王庙由南至北建有山门、钟鼓楼、御碑亭、怡殿、东西廊房、大王庙、灵官殿、禹王庙、东西宫等,均依清代宫殿式样建造。1983年修复。大运河"申遗"期间,有关部门又对其进行了保护修缮,现作为AAAA级景区对外开放。

图2-16 宿迁龙王庙中供奉的金龙四大王

三、清代运河小说与运河旅游

(一)《浮生六记》与运河旅游

《浮生六记》是清朝长洲(今苏州)人沈复著于清嘉庆十三年(1808年)的自传体散文。该书是首部真实记叙夫妻感情的小说,富有创造性。这种创造性,首先体现在其题材和描写对象上。在书中,作者以深情直率的笔调叙述了夫妻闺房之乐,写出了夫妻间至诚至爱的真情。书中多处写到了运河上的旅游。在卷一《闺房记乐》中,沈复写了他与妻子芸娘偷偷地沿着运河去吴江,一路水上游览的故事。还记叙了沈复全家沿山塘河游虎丘的故事。特别是在卷四《浪游记快》中记载了沿大运河的城区水系游扬州瘦西湖的场景:"城尽以虹园为首,折而向北,有石梁曰虹桥,不知园以桥名乎,桥以园名乎,荡舟过,曰长堤春柳,此景不缀城脚而缀于此,更见布置之妙。再折而西,垒土立庙,曰小金山。……过此有胜概楼,年年观竞渡于此,河面较宽,南北跨一莲花桥。桥门通八面,桥面设五亭,扬人呼为'四盘一暖锅'。"这可能是最早将扬州瘦西湖景观称为"四菜一汤"的小说。

扬州五亭桥别名莲花桥,位于瘦西湖水道之上,是扬州市的地标建筑之一,是中国古代十大名桥之一,有"中国最美的桥"之称(图 2-17)。五亭桥始建于清乾隆二十二年(1757年),仿北京北海的五龙亭和颐和园的十七孔桥而建。1990年,重修

图 2-17 《浮生六记》中提到的扬州五亭桥

五亭桥桥亭。桥梁全长 57.99 米，宽 6.16 至 18.77 米，桥身中孔拱圈跨度 7.13 米。其最大的特点是阴柔阳刚的完美结合，南秀北雄的有机融和。桥的造型秀丽，黄瓦朱柱，配以白色栏杆，亭内彩绘藻井，富丽堂皇。桥下列四翼，正侧有 15 个券洞，彼此相通。作为扬州人，我们多次游览五亭桥。特别是农历八月十五皓月当空之时，站在瘦西湖边向五亭桥看去，15 个桥洞各洞衔月，金色荡漾，众月争辉，倒挂湖中，不可捉摸。正如清人黄惺庵赞道："扬州好，高跨五亭桥，面面清波涵月影，头头空洞过云桡，夜听玉人箫。"

看完五亭桥，我们又来到苏州沧浪亭。沧浪亭位于苏州市三元坊沧浪亭街 3 号，是一处始建于北宋的中国古典园林建筑，始为文人苏舜钦的私人花园，其占地面积 1.08 公顷，是苏州现存诸园中历史最为悠久的古代园林。沧浪亭与狮子林、拙政园、留园一起列为苏州宋、元、明、清四大园林，园内除沧浪亭本身外还有印心石屋、明道堂、看山楼等建筑和景观。《浮生六记》中多次提到了沧浪亭旅游。2020 年，笔者在苏州沧浪亭观看了实景版的昆曲《浮生六记》演出，这场沉浸式的演出，通过在沧浪亭现场的移步换景，将观众带入剧情中，让观众真实地感受剧中人物的所思所想（图 2-18）。

据介绍，《浮生六记》制作团队将和苏州水上游相关部门合作，在古运河上打造游船版昆曲《浮生六记》，再现当年沈复与芸娘游运河的场景。游船版依然采用沉浸式演出的方式，观众将在运河码头登上游船，随着游船前行，逐渐跟着演员的引导，进入到沈复与芸娘的往昔生活中，领略在水上漫游苏州古城的绝妙感受。

图 2-18　实景版《浮生六记》在沧浪亭演出

（二）《聊斋志异》与运河旅游

《聊斋志异》是清朝小说家蒲松龄创作的文言短篇小说集，全书共有短篇小说 488 篇。它们或者揭露封建统治的黑暗，或者抨击科举制度的腐朽，或者反抗封建礼教的束缚，具有丰富深刻的思想内容。作者蒲松龄，世称聊斋先生，自幼便对民间的鬼神故事兴致浓厚。蒲松龄曾任扬州府宝应县知县孙蕙的文牍师爷，在运河沿线的宝应、高邮一带为官，搜集了大量离奇的故事，经过整理、加工后，将其收录到了《聊斋志异》中。他曾在高邮盂城驿担任过一段时间代理驿丞，在《蒲松龄全集》中收录有一篇关于盂城驿的文章，传说他也在盂城驿写出了一篇聊斋故事。如今高邮盂城驿中还塑有蒲松龄的石像。《聊斋志异》中《胭脂》的故事发生地东昌府，就是今天的运河城市——山东聊城。相传当年蒲松龄骑着毛驴来聊城，在东昌湖边撷取素材写成《胭脂》。故事的原型就是山东学政施闰章断案、为学子洗冤的历史事实。如今美丽的东昌湖还有了一个富有诗意的别称"胭脂湖"（图2-19）。

图2-19 聊城胭脂湖

高邮盂城驿也承载着聊斋的故事，盂城驿是目前大运河沿线唯一保存完整的水陆驿站，是中国邮驿的"活化石"。位于淮扬运河畔的盂城驿始建于明洪武八年（1375年），是在元代秦淮驿的基础上发展起来的，位于高邮南门大街馆驿巷13号，占地面积约16000平方米。后不断加建，逐步形成了明清时代大运河沿线规模最大的古代驿站。在盂城驿，我们看到其建筑大部分为清代重建，驿站现存息厅、敞厅、后厅、秦邮公馆门楼、驿丞宅及监房等建筑；驿站东南有驿马饮水塘的遗址。临大运河堤有复建的迎饯宾客的皇华厅，在东侧建起了盂城驿商业街区。如今，盂城驿成了大运河精品旅游景点之一，到盂城驿了解中国古代驿站史和大运河的交通史，已成为游客们争相打卡的旅游项目（图2-20）。

图2-20 高邮盂城驿中塑有的蒲松龄石像

四、随着近现代小说游运河

(一) 鲁迅与运河城市绍兴

民国时期,运河沿线的社会生活成为小说家们创作的丰富题材,产生了一批在文学史上占据一定地位的小说作品。直接取材于运河及其沿线社会生活的小说以鲁迅的《故乡》、丁玲的《水》和叶圣陶的《多收了三五斗》影响最大。

《故乡》直接取材于浙东运河边的绍兴。民国八年(1919年),为了处理家族聚居的老屋,鲁迅从北平坐火车来到杭州,然后从杭州沿浙东运河乘船来到绍兴。在处理完老屋后,又从绍兴乘船到钱塘,乘火车到北平。他就以这次乘船沿浙东运河往返绍兴的见闻,创作了自传体小说《故乡》。小说中,鲁迅描写了运河边荒凉衰败的农村。"苍黄的天底下,远近横着几个萧索的荒村,没有一些活气。"小说把回忆中的聪明伶俐、天真活泼的闰土与这次回乡见到的木偶人似的中年闰土对比,揭示出在那个年代农民的悲惨命运。小说通过乘船离开家乡时的悲凉、沉重的心情,反映了浙东运河沿线农村社会问题的严重性。

《故乡》中描写的绍兴鲁迅故居位于绍兴市内东昌坊口新台门内(图2-21)。约建于1810—1813年,原为鲁迅家早年的住处。故居原为两进,前面一进已非原貌,周家的三间平房已被拆除。后面一进是五间二层楼房,东首楼下小堂前,是吃饭、会客之处,后半间是鲁迅母亲的房间,西首楼下前半间是鲁迅祖母的卧室。西次间是鲁迅诞生的房间。楼后隔一天井,是灶间和堆放杂物的三间平房。鲁迅的童年、少年时期在此度过,直至1899年外出求学。1910—1912年,鲁迅回乡任教亦居于此。1912—1919年,鲁迅也曾几次回乡在此住过。鲁迅故居后园是百草园,原是周家与附近住户共有的菜园,面积近2000平方米,童年时代的鲁迅常在这里玩耍、捕鸟。绍兴东昌坊口11号(今鲁迅路198号)是私塾三味书屋,12岁至17岁的鲁迅在此读书。鲁迅故居几经修葺,

(a) 三味书屋

(b) 鲁迅故居前的游客

图2-21 鲁迅故居

恢复了旧貌。这些景点在鲁迅的文章中都有叙述，作为文学爱好者，我们也曾到此寻踪，并在鲁迅故居旁的码头乘坐乌篷船。

（二）大运河之子刘绍棠的故事

现代著名乡土文学作家刘绍棠被誉为大运河之子，是"大运河乡土文学体系"的创立者。他的作品描写的就是大运河两岸人们的生活。作品题材多以京东运河（北运河）一带农村生活为题材，格调清新淳朴，乡土色彩浓郁。他于 1955 年出版了第一部小说《运河的桨声》。从维熙认为，刘绍棠的一生与大运河密不可分。刘绍棠的妻子曾彩美评价刘绍棠时说："大运河的乡土乡亲养育了绍棠，绍棠没有忘本，用一生的心血创作了大运河乡土文学，奉献给大运河。他被称为大运河之子。"1992 年 5 月，北京市通州区建立刘绍棠文库，立了"人民作家、光耀乡土"纪念碑，表彰他为祖国文学事业作出的特殊贡献。刘绍棠文库收藏了他的著作、手稿、书信、剪报、藏书、证章、证书、照片、实物等全部文学资料约 1600 余卷（件）。

通州区位于北京市东南部，京杭大运河北端。通州素为京东重要郊域，历来在华北地区地位显赫，古时素来就有"一京（北京）、二卫（天津）、三通州"的说法。2017 年开始，北京市属行政事业单位整体或部分迁入通州，市级机关正式搬迁入驻，标志着通州正式成为了北京市的行政中心。通州的旅游景点有运河文化广场、大运河森林公园等。三教庙由儒教的文庙（亦称学宫）与佛教的佑胜教寺（亦俗称塔庵）、道教的紫清宫（亦俗称红孩儿庙）这三座独立存在的庙宇构成，近距离成"品"字形布列在通州州治衙署的西围墙之侧，在佑胜教寺西侧，耸立着燃灯佛舍利塔，因而形成了"三庙一塔"的古建筑群。八里桥又名永通桥，明正统十一年（1446 年）建造，为三券石拱桥。张家湾为大运河最北端的码头，经辽、金、元三代，成为京东重镇。通运桥作为张家湾的南护城河桥，因横跨萧太后河上，俗称"萧太后桥"。原为木桥。明建城池时，于明万历三十三年（1605 年）在南门处建三孔石桥一座，称通运桥，长 41 米，宽 9.6 米。两侧护以石栏，望柱头雕狮，栏板两面浮雕宝瓶。既有文物价值，又有游览价值。

（三）金庸小说中的大运河

金庸先生的武侠小说中多次提到了大运河。有研究者认为，《射雕英雄传》中郭靖和黄蓉的爱情，也是沿着大运河南下而不断升温的。在第十一回两人相爱之后，从运河的最北端燕京南下，沿着大运河经过山东，来到扬州。跨过长江之后，遇到了丐帮帮主洪七公，三个人沿着运河"向南而行，来到一个市镇，叫作姜庙镇。"姜庙镇应该就在江南运河北端的镇江。在这里，郭靖向洪七公学到了降龙十八掌。随后，"两人沿途游山玩水，沿着运河南下，这一日来到宜兴"。当时江南运河分为东、西两条线，走宜兴应该是走的江南运河的西线南下杭州。金庸另一部小说《鹿鼎记》中的韦小宝出生在运河名城扬州，在功成名就后，退隐江湖，就是先从京师到通州，然后转车换船，回到扬州，这一条路线正是清代人从北方去南方，走大运河航道的标准路线。

扬州，古称广陵、江都、维扬，是与运河同生共长的城市，建城史可上溯至公元前486年的吴王夫差"开邗沟、筑邗城"。扬州历史悠久，文化璀璨，商业昌盛，人杰地灵。扬州地处长江与大运河交汇处，是南京都市圈紧密圈城市和长三角城市群城市，国家重点工程南水北调东线水源地。有着"淮左名都，竹西佳处"之称，有着运河长子的美誉，是中国首批历史文化名城。在中国历史上，扬州因其独特的地理位置和优越的自然环境，自汉至清几乎经历了通史式的繁荣，并伴随着文化的兴盛。扬州在经济上曾有过三次鼎盛，第一次是在西汉中叶，第二次是在隋唐到北宋时期，第三次是在明清时期。扬州城市的繁荣总与运河的兴衰紧密相联。隋唐、明清时期的扬州财富、资本高度集中，是整个中国乃至东亚地区资本最为集中的地区，规模最大的金融中心，其繁荣程度如同今天的上海、香港。扬州的名胜古迹有瘦西湖、大明寺、个园、何园等。扬州的旅游旺季为春季和秋季。烟花三月下扬州，此时的扬州城有清风、细雨、斜柳、琼花，柳絮纷飞，烟雨濛濛，堪称一年中最美的时候。秋季也是扬州最美的季节，丹桂飘香，银杏满地，扬州的古朴与富足也最能体现。这时的扬州也是美食的季节，作为世界美食之都，眼花缭乱的早茶点心，精细而又咸甜适口的淮扬菜，还有"早上皮包水，晚上水包皮"的生活在扬州流传至今，简直让人留连忘返。

（四）汪曾祺与运河城市高邮

从小生活在淮扬运河边高邮市的汪曾祺被称为运河作家（图2-22）。他自己在《说说我自己》一文中说道："我的家乡是一个水乡，江苏北部一个不大的城市——高邮。在运河的旁边。运河西边，是高邮湖。城的地势低，据说运河的河底和城墙垛子一般高。我们小时候到运河堤上去玩，可以俯瞰堤下人家的屋顶。因此，常常闹水灾。县境内有很多河道。出城到乡镇，大都是坐船。农民几乎家家都有船。"因此在他的小说《大淖记事》《受戒》中，自然而然地就写到了运河，运河的水，运河的故事，运河的风土人情。他在散文《我的家乡》中称运河是圣境，他写道："我的家乡高邮在京杭大运河的下游。我小时候常常到运河堤上去玩……运河是一条'悬河'，河底比东堤下的地面高，据说河堤和城墙垛子一般高，站在河堤上，可以俯瞰堤下的街道房屋……"

汪曾祺笔下的高邮是国家历史文化名城，有2000多年建城史。秦王嬴政于公元前223年在此筑高台、置邮亭，故名高邮，别称秦邮，是中国两千多个县市中唯一以"邮"命名的城市。高邮是运河名城，历史上大运河曾借高邮湖行船，今天大运河穿城而过，使高邮自古以来就成为水路交通十分便利的地方（图2-23）。富饶的高邮湖为江苏第三大湖，众多湖滩分布东西，数百条河流交错有致，高邮成为扬州市水面最多的县级市。现存全国重点文物保护单位4处：盂城驿、龙虬庄遗址、高邮当铺、淮扬运河高邮段，高邮民歌入选国家级非物质文化遗产名录。高邮是扬州首个省级全域旅游示范区。前不久，高邮跻身全国文学之乡行列，建在高邮老城区的汪曾祺纪念馆，以其新颖的建筑风格，吸引了全国各地的"汪迷"前来打卡。

图2-22　汪曾祺纪念馆的雕像

图2-23　运河古城高邮

五、吟着唐诗游运河

大运河诗歌中最早的是隋代的诗歌,有虞世南的《奉和出颍至淮应令》:"良晨喜利涉,解缆入淮浔。寒流泛鹢首,霜吹响哀吟。潜鳞波里跃,水鸟浪前沉。邗沟非复远,怅望悦宸襟。"隋炀帝杨广也有两首写大运河的诗,出名的是《泛龙舟》:"舳舻千里泛归舟,言旋旧镇下扬州。借问扬州在何处,淮南江北海西头。六辔聊停御百丈,暂罢开山歌棹讴。讵似江东掌间地,独自称言鉴里游。"充分反映了隋炀帝贯通大运河后,南下江都的满怀豪情。

(一)唐诗里流淌的大运河

唐诗中写大运河的诗很多,其中不乏古典文学精品,伴随大运河流传千古。主要有以下三类。

第一类是写开凿大运河民工的悲惨命运,揭露隋炀帝骄奢淫逸的生活。如罗隐的《炀帝陵》:"入郭登桥出郭船,红楼日日柳年年。君王忍把平陈业,只博雷塘数亩田。"李商隐的《隋宫》:"紫泉宫殿锁烟霞,欲取芜城作帝家。玉玺不缘归日角,锦帆应是到天涯。于今腐草无萤火,终古垂杨有暮鸦。地下若逢陈后主,岂宜重问后庭花?"胡曾的《汴水·千里长河一旦开》:"千里长河一旦开,亡隋波浪九天来。锦帆未落干戈起,惆怅龙舟更不回。"

我们来到2013年发掘的、位于扬州邗江区西湖镇的隋唐墓葬据考证为隋炀帝和皇后萧氏的合葬墓(图2-24)。史料记载,隋炀帝陵墓曾多次迁移。杨广死后,萧皇后与宫人用漆制床板做成棺材,将他葬于江都宫流珠堂。宇文化及率部离开江都后,镇守江都的大将陈棱感念隋炀帝旧恩,为其发丧并改葬于吴公台下。公元622年,唐高祖李渊下令将隋炀帝陵迁到雷塘。公元648年,萧皇后病死,唐太宗李世民命将其尸骨送至江都与隋炀帝合葬。正是根据上述史料,专家推测另一座墓的墓主应

图2-24 隋炀帝墓

为萧皇后。隋炀帝墓中出土一方墓志,铭文中有"随故炀帝墓志"等字样,显示墓主为隋炀帝杨广。据介绍,在此墓中还出土了鎏金铜铺首、金镶玉腰带等文物。萧皇后墓为腰鼓形砖室墓,出土玉器、铜器、铁器、陶瓷器、木漆器等200余件(套)。铜器有编钟、编磬、铜灯、铜豆等,成套的编钟16件、编磬20件,是迄今为止国内唯一出土的隋唐时期的编钟编磬实物,填补了中国音乐考古史上的一项空白。

第二类是肯定大运河的作用。如李白的《题瓜洲新河饯族叔舍人贲》称赞齐浣开瓜洲运河:"齐公凿新河,万古流不绝。丰功利生人,天地同朽灭。"李敬方的《汴河直进船》,"汴水通淮利最多,生人为害亦相和。东南四十三州地,取尽脂膏是此河",准确地反映出大运河成为维系唐王朝生命线的事实。皮日休的《汴河怀古》:"万艘龙舸绿丝间,载到扬州尽不还。应是天教开汴水,一千余里地无山。尽道隋亡为此河,至今千里赖通波。若无水殿龙舟事,共禹论功不较多。"被认为是对隋炀帝开通大运河的最公正的评价。

李白诗中的瓜洲运河开凿背景是这样的。扬子以南的长江中原有沙洲,名瓜洲。因长江泥沙的淤积,唐代时,扬楚运河南端入江口扬子已与瓜洲并连,从而使长江北岸南移二十余里,运道难以直通扬子。唐开元二十五年(737年),润州刺史齐浣开挖了一条长约二十五里的伊娄河,从长江北岸正通扬州。从江南运河来的漕船由京口埭入江,直渡长江二十里至瓜洲,再由伊娄河上行二十五里至扬子接淮扬运河。齐浣又在瓜洲建伊娄埭节水,立二斗门船闸通船。并在此设立税关,由官府在那里征税。又招回五百户流亡在外的人,将他们安顿在伊娄税关附近,这里就逐渐形成了一个市镇,就是后来的瓜洲镇。瓜洲运河(又名瓜洲新河)的开凿,省去了水陆转运环节和漕船绕道之苦,对大运河漕运功能的发挥作用很大。因此,李白特地写了《题瓜洲新河饯族叔舍人贲》一诗,称赞齐浣开瓜洲运河之功。瓜洲古渡也成为历代诗人咏颂的主题,如今瓜洲古渡也被称为诗渡(图2-25)。

第三类是对沿河两岸美丽风光的礼赞。张祜写镇江西津渡的《题金陵渡》:"金陵津渡

图2-25　瓜洲运河

小山楼，一宿行人自可愁。潮落夜江斜月里，两三星火是瓜洲。"唐代诗人刘长卿在《送子婿崔真甫、李穆往扬州四首》中写道："渡口发梅花，山中动泉脉。芜城春草生，君作扬州客。半逻莺满树，新年人独远。落花逐流水，共到茱萸湾。"这个茱萸湾就是古邗沟进入扬州的第一道湾，过了这个湾就进扬州古城了。无独有偶，孟浩然在茱萸湾也作过一首《问舟子》："向夕问舟子，前程复几多。湾头正堪泊，淮里足风波。"而高适的名句"莫愁前路无知己，天下谁人不识君。"（高适《别董大》）也是在运河边的沧州所作。王昌龄《芙蓉楼送辛渐》："寒雨连江夜入吴，平明送客楚山孤。洛阳亲友如相问，一片冰心在玉壶。"则是在镇江送客回洛阳的送别诗，"一片冰心在玉壶"成为千古名句。

王昌龄的一首《芙蓉楼送辛渐》使镇江芙蓉楼名扬中外：游人在这里将得到思绪的感染和情操的升华，芙蓉楼因此而成为名胜古迹（图 2-26）。据当地人介绍，芙蓉楼原建于古镇江城内的月华山上，为东晋刺史王恭所建，唐代犹存。1992 年将这座历史名楼遗址重建在金山中泠泉的塔影湖滨，由芙蓉楼、冰心榭、掬月亭及湖中三座石塔等建筑组成，构成了一幅美丽的图案。芙蓉楼依山傍水，轩昂宽敞，别致雅典，瑰丽无比，是文人骚客登临品茶、吟诗的胜地，登楼眺望，远山近水，一览无遗。

图 2-26　镇江芙蓉楼

（二）浙东运河与唐诗之路

浙东运河就是历史上的唐诗之路，无论是《春日留别》中孙逖思念江南之情，还是刘长卿的《西陵寄灵一上人》反映的运河游记，抑或者《回乡偶书》中贺知章的家乡情结，《梦游天姥吟留别》中李白的浙东游历，无不说明浙东运河是唐代诗人们创作的源泉。贺知章的《回乡偶书》流传最广："少小离家老大回，乡音无改鬓毛衰。儿童相见不相识，笑问客从何处来。离别家乡岁月多，近来人事半消磨。惟有门前镜湖水,春风不改旧时波。"表达了诗人久居客地,重返故乡的无限感慨和欣慰。李白的诗《别储邕之剡中》:"借问剡中道,东南指越乡。舟从广陵去,水入会稽长。竹色溪下绿,荷花镜里香。辞君向天姥,拂石卧秋霜。"记录了从广陵沿运河到东南一带游历的行程。

李白描写的浙东运河,又名杭甬运河,是中国大运河的组成部分。西起杭州市滨江区西兴街道,跨曹娥江,经过绍兴市,东至宁波市甬江入海口,全长239千米。浙东运河最初开凿的部分为位于绍兴市境内的山阴故水道,始建于春秋时期。西晋时,会稽内史贺循主持开挖西兴运河,此后与曹娥江以东运河形成西起钱塘江、东到东海的完整运河。南宋建都临安,浙东运河成为当时重要的航运河道。浙东运河沿线保留了大量相关文化遗迹,其中包含全国重点文物保护单位3处,主要为水利设施、桥梁及其他相关设施。其中浙东运河绍兴段的古纤道是一处绝佳的景观,浙东运河沿岸还分布着一批受运河影响的古镇值得我们游览(图2-27)。

(三)唐诗与运河名城扬州

李白、杜甫、白居易、刘禹锡、贺知章……这些诗人等都在大运河沿线留下了不朽的诗篇。运河名城扬州是诗人描写最多的城市。杜甫的"商胡离别下扬州"是对运河商贸兴盛的生动写照,孟浩然、高适、徐凝、白居易、杜牧等大批诗人都曾游历运河,来到扬州,并写下了数百首歌颂运河名城扬州风光秀美和市井繁华的诗歌。诗人笔下

图2-27 浙东运河绍兴段

的运河城市扬州无不是商贾如云,繁华热闹。杜牧笔下的扬州:"街垂千步柳,霞映两重城"。王建的诗:"夜市千灯照碧云,高楼红袖客纷纷。"更是将扬州的繁华描绘到了极致。在唐代诗人的眼中,扬州的繁荣是无以复加的,不仅雄富天下,而且是文化荟萃之地。史料记载李白曾六次游扬州,第一次来是在唐开元十四年(726年),当时李白在扬州逗留半年。离开扬州,李白漫游江汉,结识了诗人孟浩然,李白经常向孟浩然讲述他在扬州的经历,引起了孟浩然的浓厚兴趣,孟浩然启程游扬州,李白在黄鹤楼与孟浩然饮酒话别,吟咏出一首千古绝唱——《黄鹤楼送孟浩然之广陵》:"故人西辞黄鹤楼,烟花三月下扬州。孤帆远影碧空尽,唯见长江天际流。"这首诗成为扬州一张永不褪色的城市名片。唐天宝八年(749年),李白再游扬州,在这次游览中,他登临了扬州栖灵塔并留有《秋日登扬州西灵塔》诗(图2-28)。

图2-28 扬州历史上的繁华景象

唐代诗人徐凝也写过不少诗,但其代表作却是《忆扬州》:"萧娘脸薄难胜泪,桃叶眉尖易觉愁。天下三分明月夜,二分无赖是扬州。"从此,二月明月成为扬州的代名词,扬州也成为天下闻名的月亮城。为此,扬州专门建了一个城门叫徐凝门,现在还有徐凝门大街(图2-29)。同时,在附近大运河上建的一座桥也叫徐凝门桥,今天我们坐船在扬州古运河上游览,还能见到这座大桥。

《纵游淮南》是唐代诗人张祜所作的一首七言绝句:"十里长街市井连,月明桥上看神仙。人生只合扬州死,禅智山光好墓田。"全诗用夸张而又细腻的笔法,以自然流畅之语,将扬州的魅力写得深入骨髓,

图2-29 扬州徐凝门大街

抒发了对扬州的喜爱之情。诗中提及的扬州的四处景点：长街、月明桥、禅智寺、山光寺，都在运河边。扬州在张祜的眼中，不仅是生的好去处，也是死的好去处。从此"扬州死"成为扬州适宜人居的代名词。今天的禅智寺只剩一座山门，正对着古运河（图 2-30）。

（四）枫桥夜泊与寒山寺

枫桥本来叫封桥，因漕运夜间封闭此桥禁止船只通行而得名。它的出名是唐朝诗人张继的一首诗。在"安史之乱"中诗人张继逃离长安，回湖北襄阳老家，顺路沿着大运河游览。经过汴河到淮扬运河时

图 2-30　禅智寺

写下了《晚次淮阳》："微凉风叶下，楚俗转清闲。候馆临秋水，郊扉掩暮山。月明潮渐近，露湿雁初还。浮客了无定，萍流淮海间。"反映了他寂寥的心情。到了苏州，正值秋夜，诗人泊舟苏州城外的枫桥。枫桥其实就在大运河苏州段的一处小洲上，横跨在沙洲与河岸较窄一侧河面。江南水乡秋夜幽美的景色，吸引着这位怀着旅愁的客子，使他领略到一种情味隽永的诗意美，于是他信笔写下了这首意境深远的小诗："月落乌啼霜满天，江枫渔火对愁眠。姑苏城外寒山寺，夜半钟声到客船。"成为千古传颂的佳作。

张继笔下的苏州寒山寺位于苏州市姑苏区，始建于南朝梁天监年间（502—519 年），初名"妙利普明塔院"。唐代贞观年间，当时的名僧寒山、希迁两位高僧创建寒山寺。南宋绍兴年间（1131—1162 年）称枫桥寺。1000 多年内寒山寺先后 5 次遭到火毁，最后一次重建是清代光绪年间。历史上寒山寺曾是中国十大名寺之一，寺内古迹甚多，有张继诗的石刻碑文，寒山、拾得的石刻像，文徵明、唐寅所书碑文残片等。寒山寺听钟成为苏州人每年除夕夜的重要节目。枫桥景区也成为来苏州的游客必看的一个景点（图 2-31）。

图 2-31　苏州枫桥

（五）白居易与大运河

　　著名诗人白居易一生中几次沿着运河来往于洛阳和扬州、苏州、杭州之间，留下了众多诗作。其中最著名的是那首《长相思》："汴水流、泗水流，流到瓜洲古渡头，吴山点点愁。"形象地描述了沿唐代大运河旅行的线路。白居易出生在隋唐运河边的河南新郑，父亲在徐州等地做官，他十一二岁时就漫游吴越。他曾在杭州做官，离开杭州回洛阳时，走的还是运河，在《自余杭归宿淮口作》一诗中他写道："舟行明月下，夜泊清淮北"。唐宝历元年（825年），他受诏为苏州刺史，又一次沿着运河旅行。在苏州他带领百姓建起了七里山塘，就是今天从苏州城内直到虎丘云岩寺的山塘河前身。白居易的《赋得古原草送别》"离离原上草，一岁一枯荣。野火烧不尽，春风吹又生。远芳侵古道，晴翠接荒城。又送王孙去，萋萋满别情。"也是他在通济渠畔的安徽宿州所作，其中"野火烧不尽，春风吹又生"也成为千古名句。白居易在大运河城市扬州还有一个与刘禹锡以诗唱和的故事。唐宝历二年（826年），刘禹锡罢和州刺史任返洛阳，同时白居易从苏州归洛阳，两位好友都走的运河，在扬州他们喜相逢。两人同登栖灵塔，共话离别情。白居易在筵席上写了一首诗《醉赠刘二十八使君》，刘禹锡便写了《酬乐天扬州初逢席上见赠》来酬答他："巴山楚水凄凉地，二十三年弃置身。怀旧空吟闻笛赋，到乡翻似烂柯人。沉舟侧畔千帆过，病树前头万木春。今日听君歌一曲，暂凭杯酒长精神。"其中"沉舟侧畔千帆过，病树前头万木春。"成为千古名句。

众多诗人描写到的栖灵塔位于扬州大明寺内（图 2-32）。早在隋仁寿元年（601 年）就已兴建，塔高九层，塔内供奉佛骨，故称"栖灵塔"。李白登临此塔后，曾在诗中赞叹道："宝塔凌苍苍，登攀览四荒。"称赞宝塔气势磅礴。白居易写诗道："半月悠悠在广陵，何楼何塔不同登。共怜筋力尤堪在，上到栖灵第九层。"可惜在唐武宗"会昌灭佛"时一代胜迹化为焦土。到了北宋景德元年（1004 年），僧人可政募集资金在原址重建了一座七级宝塔，取名"多宝"，后朝廷赐名"普惠"。1980 年，东渡日本的鉴真大师塑像回扬"探亲"，各界人士倡议重建栖灵塔。1988 年，在大明寺东园选址重建栖灵塔，20 世纪 90 年代之初，高耸巍峨的栖灵塔重新拔地而起，屹立于蜀冈之巅，成为古城扬州的一个地标。新建栖灵塔为九层方形楼阁式，从外形到内部构造全部为唐代建筑风格。塔身之上还装有高达 8.55 米的铜质塔尖。塔前钟楼、鼓楼两相对应，晨钟暮鼓，梵音袅袅。栖灵塔建成后，缅甸仰光市给大明寺赠送了玉佛五尊，其中一尊卧佛长达 5.6 米，为我国国内所罕见。大明寺在栖灵塔北侧专门建了卧佛殿以供瞻仰。近年来，大明寺改建扩建了栖灵塔广场，塔内改装了从底层到顶层的电梯。我们也坐电梯直上顶层，登塔纵目，扬州全城景观尽收眼底，江南诸山也隐约可见。

图 2-32　扬州栖灵塔

在苏州还有一座白公祠，也是为了纪念曾任苏州刺史的白居易而建，又称白居易祠。它采用较为自由的苏州民居格局，由三组各具特色的院落构成。主院落为一水院，布局严整，沿轴线依次排列着大门、碑亭、乐天祠，两侧为碑廊；南院为生活起居场所；北院则作为后花园。白居易祠的北面是乐天广场，广场中心立白居易像（图 2-33）。

而在杭州有西湖白堤，据说白居易担任杭州刺史时，在西湖主持修建了白公堤，他曾作诗："最爱湖东行不足，绿杨阴里白沙堤。"即指此堤。后人为纪念他，称为白堤。白堤全长1千米，东起断桥，经锦带桥而止于平湖秋月。白堤横亘湖上，把西湖划分为外湖和里湖，并将孤山和北山连接在一起。宋代又叫孤山路。明代堤上广植桃柳，又称十锦塘。堤上内层是垂柳，外层是碧桃，春天是观赏白堤的最佳季节。白居易还留下了《忆江南》的词："江南好，风景旧曾谙，日出江花红胜火，春来江水绿如蓝。"今日人们所知的白堤，虽与白居易主持修筑的白堤不在同一个方位，但杭州人民为缅怀这位对杭州作出杰出贡献的"老市长"，仍把它命名为白堤。白堤旁还有著名景点"断桥残雪"，笔者曾在雪天专门赶过去拍了照片（图2-34）。

图2-33 苏州火车站广场的白居易塑像　　　　图2-34 西湖白堤上的断桥残雪

（六）十年一觉扬州梦：杜牧与运河名城扬州的故事

唐朝著名诗人杜牧与运河结下了不解之缘。杜牧曾为淮南节度使府掌书记，淮南道的治所设立在扬州。这也就决定了杜牧和扬州的不解之缘。他在这里写下的关于扬州的诗篇，到今天依然为人们所津津乐道。《唐阙史》有一则故事说：杜牧年轻时，丞相牛僧孺出镇扬州，任他为节度使府掌书记，"牧供职之外，唯以宴游为事。扬州胜地也，每重城向夕，倡楼之上，常有绛纱灯万数，辉耀罗列空中，九里三十步街中，珠翠填咽,邈若仙境。牧常出没驰逐其间,无虚夕。"杜牧曾结识一位红颜知己,写下了著名的《赠别》诗:"娉娉袅袅十三余,豆蔻梢头二月初。春风十里扬州路,卷上珠帘总不如。"对扬州的了解和热爱,使杜牧离开扬州后,还写下了那首《寄扬州韩绰判官》:"青山隐隐水迢迢,秋尽江南草未凋。二十四桥明月夜,玉人何处教吹箫"。一直到晚年,杜牧还深情地追忆他在扬州度过的这段梦幻般美好的生活,他写道:"落魄江湖载酒行,楚腰纤细掌中轻。十年一觉扬州梦,赢得青楼薄幸名。"折射出杜牧对扬州的痴情。

杜牧对扬州最大的贡献,是将二十四桥广泛传播。杜牧《寄扬州韩绰判官》诗句:"二十四桥明月夜,玉人何处教吹箫?"二十四桥有二种说法(图2-35)。据沈括《梦溪笔谈·补笔谈》记载,唐时扬州城内水道纵横,有茶园桥、大明桥、九曲桥、下马桥、作坊桥、洗马桥、南桥、阿师桥、周家桥、小市桥、广济桥、新桥、开明桥、顾家桥、通泗桥、太平桥、利园桥、万岁桥、青园桥、参佐桥、山光桥、北三桥、中三桥、南三桥24座桥,后水道逐渐淤没,到宋代仅剩6座。另一种说法,指一座桥,桥名"二十四"。据清代李斗《扬州画舫录》录十五:"二十四桥即吴家砖桥,一名红药桥,在熙春台后。"在吴语中二十,又读"念",今天扬州仍有称"念泗桥"的地名。按照李斗的说法,1991年扬州在熙春台旁新建了二十四桥景区,它由玲珑花界、熙春台、单孔石拱桥及望春楼四部分组成。前不久,我们曾专门去探访了二十四桥,从西往东走过呈玉带状的石拱桥,仔细数了一下,长24米,宽2.4米,两边各有24个台阶,24根玉石栏杆围以两侧,真是用的24这个实数。

图2-35 杜牧在诗中描写过的扬州二十四桥景区

六、唱着宋词游运河

宋代,大运河的作用发挥得更加明显,宋代出名的词人几乎都与大运河有密切的联系。

（一）范仲淹与范公堤

范仲淹既是诗词名家又是政治家与水利家，他曾在运盐河畔的扬州府海陵县（今盐城东台境内）筑捍海堰，带领民众抗洪水，又曾在苏州治水（图2-36）。他为好友滕子京所作的《岳阳楼记》因名句"先天下之忧而忧，后天下之乐而乐。"而传颂千古，被历代廉吏奉为圭臬。范仲淹中进士不久，即被任命为扬州府下面东台的盐官，他建议重修捍海堰，受朝廷重用，任为兴化县令，他征集通州、海州、楚州、泰州四地4万民夫兴工筑堤，甚至捐出自己的官俸作为经费。这期间，因自然灾害，有不少民夫在灾害中死去，范仲淹因此被弹劾调离。但海边民众继续筑堤事业，终于在北宋天圣六年（1028年）春完工，人们为了纪念范仲淹，将该堤命名为"范公堤"。

范公堤本名捍海堤，北宋天圣二年（1024年），范仲淹主持修建了从楚州盐城经泰州海陵、如皋至通州海门的捍海堰，俗称范公堤，它是一条重要的地貌界线，标志着当时苏中、苏北海岸的所在。后世屡圮屡筑，并续有增展，北起今江苏省阜宁县，南抵今启东市的吕四港镇，长五百八十二里。当时建成的范公堤，沿线海堤堤高5米，堤底宽10米，堤面宽大约有3米，在河穿堤入海的地方用砖头、石头围衬，而且在堤里种柳树植草皮，加固堤防，施工技术非常完善。元、明、清、民国，一直到中华人民共和国，范公堤多次维修。登范公堤东望，堤外有烟墩（烽火墩）70余座，远近相接，如有兵变匪警，即在墩上点火报警；还有潮墩（救命墩）103座，涨潮时，赶海人爬上潮墩避难。烟墩、潮墩星罗棋布，海雾飘忽，茫茫苍苍，别是一番风光。

图2-36 范仲淹塑像

（二）王安石笔下的运河景点

唐宋八大家的另一位代表王安石仕途的起点就在扬州，任淮南节度使通判时，他曾与当时的太守韩琦一起留下了"四相簪花"的故事，北宋庆历五年（1045年），韩琦任扬州太守时，官署后花园中有一棵芍药一枝四岔，每岔都开了一朵花，而且花瓣上下呈红色，一圈金黄蕊围在中间，因此被称为"金缠腰"，又叫"金带围"。因为花开四朵，所以韩琦便邀请同在扬州的王珪、王安石和路过扬州在大理寺供职的陈升之参加。饮酒赏花之际，韩琦剪下这四朵"金缠腰"，每人在头上插了一朵赏玩。说来也奇，此后的三十年中，参加赏花的四个人竟先后做了宰相。这就是有名的"四相簪花"的故事。曾做过扬州司理参军的北宋科学家沈括，将这个故事记载在他的《梦溪笔谈·补笔谈》中，后来，"扬州八怪"之一的黄慎还曾以此为主题绘制了一幅《四相簪花图》条轴和一幅《金带围图》扇面，可见这故事的影响之久远。今天，扬州将芍药花作为市花（图2-37）。

图2-37 扬州市花芍药花

王安石在运河入江口瓜洲写下的《泊船瓜洲》："京口瓜洲一水间，钟山只隔数重山。春风又绿江南岸，明月何时照我还。"让瓜洲远近闻名（图2-38）。北宋皇祐二年（1050年）夏，王安石在浙江鄞县知县任满回江西临川故里时，途经杭州，写下《登飞来峰》："飞来山上千寻塔，闻说鸡鸣见日升。不畏浮云遮望眼，自缘身在最高层。"这两首诗都成为千古传颂的名篇。

图2-38 瓜洲运河入江口

飞来峰，又名灵鹫峰，面朝杭州西湖灵隐寺的山坡上，遍布五代以来的佛教石窟造像，多达340余尊，为我国江南少见的古代石窟艺术瑰宝，堪与重庆大足石刻媲美。飞来峰山高168米，山体由石灰岩构成。由于长期受地下水溶蚀作用，形成了许多奇幻多变的洞壑，如龙泓洞、玉乳洞、射旭洞、呼猿洞等，洞洞有来历，极富传奇色彩。飞来峰的奇岩怪石，如蛟龙，如奔象，如卧虎，如惊猿，仿佛是一座石质动物园。山上老树古藤，盘根错节；岩骨暴露，锋棱如削。明人袁宏道曾盛赞道："湖上诸峰，当以飞来为第一。"据前人记载，飞来峰过去有72洞，但因年代久远，多数已埋没。仅存的几个洞，大都集中在飞来峰东南一侧。游飞来峰时，你会看到此山无石不奇，无树不古，无洞不幽，秀丽绝伦，其景观与周围诸峰迥异，徜徉在灵隐、飞来峰、三天竺一派悠远、深沉的佛国氛围里，寻访并尽情领略佛教艺术的魅力，能真切感受到蕴藏在西湖山水之间的丰厚的历史文化韵味。

（三）苏轼与大运河

"明月几时有，把酒问青天。"这是北宋文学家苏轼在密州（今山东境内）时写下的千古名篇，而他从杭州到密州就任时，就是乘船沿运河北上的。在徐州任太守时，他曾带领人民抗洪，他的诗作《百步洪》就记载了这段经历。苏轼在杭州时还有修西湖苏堤的故事，还写了《饮湖上初晴后雨二首》："水光潋滟晴方好，山色空蒙雨亦奇。欲把西湖比西子，淡妆浓抹总相宜。"成为歌咏西湖的千古名句。

苏轼曾任扬州知州，在扬州期间，他上奏激烈地批评盘检漕船之弊，要求恢复旧制，允许漕船携带一分私货，保护了漕运人员的积极性。除此之外，为了向他的老师欧阳修致敬，他还在欧阳修建的平山堂旁，建了一座谷林堂。在扬州的运河古镇邵伯，苏轼与秦观、孙觉、苏辙、黄庭坚、张耒、张舜民"七贤"在运河之畔的斗野亭作诗，使斗野亭成为了当时著名的文坛圣地。目前，斗野园内集苏（轼）、黄（庭坚）、米（芾）、蔡（襄）"宋四家"字迹，将这"七贤"诗，均镌刻在碑壁上。苏轼最后终老在常州，今天常州还建有东坡园，纪念这位文坛泰斗。

徐州境内的黄河故道让我们想起苏轼治水的故事。这段黄河故道是古泗水，在徐州城东北与西来的汴水相会后继续向东南流出徐州，自古以来就是漕运的通道（图2-39）。其间因受两侧山地所限，河道狭窄，形成了秦梁洪、徐州洪、吕梁洪三处急流。洪是方言，石阻河流曰洪。"三洪之险闻于天下"，而尤以徐州洪、吕梁洪二洪更加险要。苏轼曾在徐州带领军民抗击洪水，并写下了诗歌记录这一段历史："长洪斗落生跳波，轻舟南下如投梭。水师绝叫凫雁起，乱石一线争磋磨。有如兔走鹰隼落，骏马下注千丈坡。断弦离柱箭脱手，飞电过隙珠翻荷。"今天徐州城中的徐州黄河故

图2-39　徐州运河

道就是这一段。徐州黄河故道有一条林荫道,道路平坦且颇有情调,两侧垂柳林立,河边花木成簇。黄河故道两侧有大片的果林和粮田,让人有种置身江南水乡的错觉。

杭州的西湖苏堤是北宋元祐五年(1090 年),苏东坡任杭州知州时,疏浚西湖,利用浚挖的淤泥构筑并历经后世演变而形成的。后人为怀念苏东坡浚湖筑堤的政绩,就将这条南北长堤称为苏堤。苏堤现长 2800 米。堤上有映波、锁澜、望山、压堤、东浦、跨虹六桥,古朴美观。堤旁遍种四十多种花木。"西湖十景"中的苏堤春晓就此而得名。春天来到苏堤,我们看到春风吹拂着杨柳,犹如一位翩翩而来的报春使者,杨柳夹岸,艳桃灼灼,湖山胜景如画卷般展开(图 2-40)。

扬州的谷林堂也与苏轼有关。北宋元祐七年(1092 年),苏轼调任扬州太守,在平山堂后面建谷林亭纪念欧阳修。其时,欧阳修已谢世二十年。"谷林"二字出自苏轼《谷林堂》一诗:"深谷下窈窕,高林合扶疏。美哉新堂成,及此秋风初。"今天在平山堂后的谷林堂,成为文化人游平山堂必看的一个景点(图 2-41)。

在常州有一座舣舟亭也是纪念苏轼的。舣舟亭在常州市延陵东路南侧大运河畔的东坡园内(图 2-42)。舣舟亭始建于南宋,因为北宋大文豪苏轼来常州时泊舟登岸处,苏轼终老后,后人建亭纪念。我们曾登临过舣舟亭,这里三面环水,临运河而筑,小巧玲珑,布局得体,东有厅堂、西有土山凉亭、南有假山和乾隆碑廊、北有盆景园,中间还有造型奇特的龙亭,亭榭结合,浑然一体。还有抱月堂、御码头、半月岛等景点,成为常州著名的游览胜地(图 2-43)。

图 2-40　西湖苏堤

图 2-41　谷林堂

图 2-42　常州东坡园

图 2-43　常州的东坡舣舟半月岛

（四）秦观的故乡在运河边

自称邗沟处士的秦观，字少游，善诗赋策论，与黄庭坚、晁补之、张耒合称"苏门四学士"（图 2-44）。秦观善写优美的抒情词，他在作品中创造了许多深于情、专于情的优美女性的艺术形象，传达出词人的真挚情感，发展了词的技巧，如"鹊桥仙""浣溪沙"等词，被尊为婉约派一代词宗。生长在大运河畔的秦观，自小就与运河结下了不解之缘。30岁前秦观一直生活在家乡，大运河对他的生活产生了诸多的影响。他在家乡的运河边留下了众多的诗词，他曾写过一首七言绝句，题目叫《还自广陵四首·其二》："南北悠悠三十年，谢公遗埭故依然。欲论旧事无人共，卧听钟鱼古寺边。""谢公遗埭"即邵伯埭，为东晋名将谢安出镇广陵时所筑运河堤坝。邵伯埭在高邮、江都两县交界之处，又是从高邮沿邗沟南行的必经之路。北宋元丰三年（1080年）寒食节前，苏轼胞弟苏辙（字子由）贬监筠州盐酒税，途经高邮。秦观陪同两日，临别依依不舍，一直送行至邵伯埭。两人一路唱和，分别赋诗三首。舟行至斗野亭，两人洒泪而别，又分别题五律一首。一对挚友难分难舍之情，可谓情景交融。

秦观在《送孙诚之尉北海》诗中

图 2-44　秦观的塑像

写道:"吾乡如覆盂,地处扬楚脊。环以万顷湖,粘天四无壁。"说这高邮的地势中间特别高而突出,而四周却是十分的低洼,就象一只倒扣过来的水盂。同他和老师苏轼在大运河沿线城市游历,留下了许多美丽诗词和运河佳话。苏轼曾到高邮看望秦观,他们二人与孙觉、王巩会集于东岳庙附近,饮酒论文。后人就建了文游台以纪念这次四名士的雅聚。现在,高邮仍建有秦观纪念馆——文游台。

高邮文游台是古秦邮八景之一,始建于北宋太平兴国年间(976—984年),原为东岳庙(即泰山庙),因苏轼过高邮与本地乡贤秦观、孙觉、王巩会集于此,饮酒论文而得名,从此,这座本来依附东岳大帝神韵的庙台便独领风骚,历朝历代名人雅士纷纷登台,一瞻风采,并留下千古不朽的诗文。我们曾造访过文游台,经过塑有秦观雕像的广场,进入园中,西侧为明代建造的专为纪念秦观、苏轼、孙觉、王巩的古四贤祠,祠后是幽静典雅的秦观读书台,再往西为"映翠园""重光亭"等古典建筑,真是一处读书的好地方。

在运河边的邵伯古镇还有一座斗野亭,流传着宋代文坛七贤聚首的故事。邵伯埭是运河航线中重要的枢纽,北宋元丰二年(1079年),高邮籍诗人孙觉赴苏州经邵伯埭,首题五言古诗《题邵伯斗野亭》。此后,苏轼、苏辙兄弟,"苏门四学士"中的秦观、黄庭坚、张耒,以及诗人张舜民等先后来此,纷纷唱和。同一时代名重海内的七人同题赋诗,一时传为文坛佳话,斗野亭遂名声鹊起,游者云集。斗野亭现为古镇邵伯最为重要的名胜之一,恢复重建的斗野亭中镌有"七贤诗"。其中秦观的诗落款为"秦观和孙莘老题邵伯斗野亭"(图2-45)。

图2-45　今天的邵伯斗野亭

（五）辛弃疾与镇江北固楼

南宋时期，词人们主要围绕爱国情怀而创作。爱国诗人辛弃疾沿着大运河北上收复旧山河，在江南运河的起点镇江写下了《南乡子•登京口北固亭有怀》："何处望神州？满眼风光北固楼。千古兴亡多少事？悠悠。不尽长江滚滚流。年少万兜鍪，坐断东南战未休。天下英雄谁敌手？曹刘。生子当如孙仲谋。"

镇江北固山是镇江三山名胜之一，远眺北固，横枕大江，石壁嵯峨，山势险固，因此得名北固山（图2-46）。三国时"甘露寺刘备招亲"的故事就发生在北固山。以险峻著称的北固山，因三国故事而名扬天下。山上亭台楼阁、山石涧道，无不与三国时期孙刘联姻等历史传说有关，成为游人寻访三国遗迹的向往之地（图2-47）。甘露寺高踞峰巅，形成"寺冠山"的特色。相传始建于三国东吴甘露元年（265年），后屡废屡建，寺内包括大殿、老君殿、观音殿、江声阁等，规模虽不大，名气却不小。沿着大运河游镇江的游客，都喜欢到此一游，寻访当年刘备招亲的遗迹。

图 2-46　镇江北固山

图 2-47　北固楼远眺

（六）李清照、陆游与大运河

李清照与陆游两位词人也都是一直不忘复国心愿的南渡人士，他们两人因陆游的妻子而交接，唐婉曾是李清照的学生，后来嫁给了陆游。李清照在她那首著名的《夏日绝句》诗中写道："生当作人杰，死亦为鬼雄。至今思项羽，不肯过江东。"反映了李清照巾帼英雄的万丈豪情。她还写过《打马赋》："木兰横戈好女子，老矣不复志千里。但愿相将过淮水!"陆游位卑未敢忘忧国,一生都想着收复中原,曾向朝廷献计北伐,后又亲上边境战场,但无奈却只能寄情诗词。他在《诉衷情·当年万里觅封侯》记叙了这段经历:"当年万里觅封侯,匹马戍梁州。关河梦断何处?尘暗旧貂裘。"在《书愤》中他写道:"早岁那知世事艰,中原北望气如山。楼船夜雪瓜洲渡,铁马秋风大散关。塞上长城空自许,镜中衰鬓已先斑。出师一表真名世,千载谁堪伯仲间!"《示儿》则将陆游始终不渝的爱国之志表现得淋漓尽致:"死去元知万事空,但悲不见九州同。王师北定中原日,家祭无忘告乃翁。"而那首回忆唐婉的《钗头凤·红酥手》:"红酥手。黄縢酒。满城春色宫墙柳。东风恶。欢情薄。一怀愁绪,几年离索。错错错。春如旧。人空瘦。泪痕红浥鲛绡透。桃花落。闲池阁。山盟虽在,锦书难托。莫莫莫。"直接指向了运河景点沈园。

沈园是绍兴历代众多古典园林中保存至今的宋式园林,已有800多年的历史。在绍兴,我们探访过沈园,发现游客看的最多的是一堵用宋朝旧砖新砌成的照壁,壁上面刻了陆游回忆唐婉的《钗头凤·红酥手》。沈园因陆游和表妹唐婉凄美的爱情故事而闻名,如今已成为了绍兴的爱情之园(图2-48)。晚上的沈园比白天多了点浪漫和神秘,最值得看的是双桂堂的堂会,可以看到戏剧表演《钗头凤》等。

图2-48 绍兴的沈园留下了陆游的爱情故事

(七) 西津渡就是金陵渡

与陆游一样,就在瓜洲的对岸,南宋诗人宋伯仁也写过一首叫《西津渡》的诗:"掀天雪浪镇三边,亿万王师未必然。可惜大江如旧日,苦无人着祖生鞭。"这里的西津渡又称金陵渡,与瓜洲渡隔江相对,是长江南岸的重要渡口。作者面对波浪滔天的壮观大江,伤感河山依旧,南宋小朝廷偏安一隅的屈辱,虽号称亿万王师,但没有像祖逖那样的击楫渡江、扬鞭北上的英雄,一切都是枉然。作者与陆游一样,呼唤匡复中原的英雄人物。

西津渡,国家AAAA级旅游景区,位于镇江城西的云台山麓,是依附于破山栈道而建的一处历史遗迹。三国时叫"蒜山渡",唐代曾名"金陵渡",宋代以后才称为"西津渡"。是当时镇江通往江北的唯一渡口，具有极其重要的战略地位，自"三国"以来一直是兵家必争之地。西津古渡依山临江，风景峻秀，李白、孟浩然、张祜、王安石、苏轼、米芾、陆游、马可·波罗等都曾在此候船或登岸，并留下了许多为后人传诵的诗篇。西津渡古街全长约1000米，始创于六朝时期，历经唐、宋、元、明、清五个朝代的建设，形成了如今的规模，因此，整条街随处可见六朝至清代的历史踪迹。西津渡古街是镇江文物古迹保存最多、最集中、最完好的地区，是镇江历史文化名城的"文脉"所在。街区共有文物保护单位38处，其中国家级3处，省级6处。

（八）文天祥与黄埠墩的故事

南宋的民族英雄文天祥与运河结下了不解之缘，在南宋宝祐四年（1256年）春，他曾经和弟弟文天璧一起沿运河赶赴临安参加科举考试，途经无锡黄埠墩时，面对小溪山峰美丽的风光，发出"君子进而在朝，则行其道；退而在野，则乐其志"的感慨。考试结束，在601名进士中，他名列第一，成了状元。后来因为他抗元的英勇事迹，人们称他为状元中的状元。文天祥第二次来到黄埠墩时，正是国势日下、元军大举南攻之际。元将伯颜率二十万大军南下，南宋德祐元年（1275年）三月，元兵攻陷无锡。到了同年十月，伯颜将攻常州，时任平江知府的文天祥率部将前去增援，经过无锡。文天祥第三次到无锡是在南宋德祐元年德祐二年（1276年）春。由于战败被俘，文天祥被元军押解去大都，路过无锡时，为防止被人劫夺，元兵将船停泊在四面环水的黄埠墩上。当时正是农历二月，无锡百姓闻知文丞相经过，不顾元军阻挠鞭打，在运河两边排得密密麻麻，持香跪送，哭成一片。文天祥感动得热泪盈眶，吟诗一首《无锡》："金山冉冉波涛雨，锡水茫茫草木春。二十年前曾去路，三千里外作行人。英雄未死心为碎，父老相逢鼻欲辛。夜读程婴存赵事，一回惆怅一沾巾。"他回想起二十年前赶考时经过这里的情形感慨万千。由于黄埠墩四面环水，难以逃脱，文天祥被继续押送往北。谁知到了镇江后，他就被反元义士在半夜时分解救了出来，逃到福州继续领兵抵抗。后来文天祥再次被俘，面对敌人的屠刀，英勇就义，留下了"人生自古谁无死，留取丹心照汗青"壮怀激越的诗句。今天的黄埠墩上，建有"正气楼"，来纪念这位民族英雄。

黄埠墩是无锡段运河中的一个小岛（图2-49）。又称"小金山"或"黄婆墩"。相传春秋时吴王夫差曾浚治。后因战国时期楚国春申君黄歇在此治理芙蓉湖而得名。"黄埠墩"这一名称也历经更迭：明代，有无锡地方志书将其称作"黄阜墩"；清乾隆四十九年（1784年），乾隆帝第六次南巡时，将它写作"黄浦墩"。墩上建筑始建于唐代（618—907年）。占地625平方米，建筑面积226.6平方米。墩上主要存有蓬莱门、望山楼两座建筑，以及康熙帝题字"兰若"和文天祥诗词碑等文物。在古代是供运河中航行的人们休憩的小岛，曾因三帝（吴王夫差、康熙帝、乾隆帝）、二相（黄歇、文天祥）、一青天（海瑞）登临而闻名。

图 2-49　无锡段运河中的黄埠墩

清康熙、清乾隆时整修，清咸丰时毁于战火，清同治初复建。1927 年重修黄埠墩上的圆通寺、环翠楼等。1958 年，为扩建无锡段大运河，拆除黄埠墩上建筑，1981 年移建无锡城南门外水仙庙的戏台至黄埠墩，并在戏台上加建了一座亭楼，为纪念文天祥将其命名为"正气楼"；此外，还在黄埠墩上加建蓬莱门，成为大运河中一处独特的景观。如今，在古运河上坐船游黄埠墩也成为无锡旅游的一个项目。

七、咏着元明清诗词游运河

（一）元代运河诗人与运河旅游

元文学家萨都剌（1272—1355 年）也留下了不少运河诗词，萨都剌是我国文学史上著名的少数民族诗人之一。元泰定四年（1327 年），五十六岁的萨都剌以三甲进士及第，当年秋季授镇江录事司达鲁花赤，于赴任途中路过扬州。萨都剌有《过江后书寄成居竹》诗云："扬州酒力四十里，睡到瓜洲始渡江，忽被江风吹酒醒，海门飞雁不成行。"成居竹名原常，是隐居在扬州的一位不求仕进的人，萨都剌过扬州与他相见，过江后又作了这首诗相寄。元至正六年（1346 年）秋，七十五岁的萨都剌赴江南诸道行台御史职，又过扬州，这次离前次来已相隔十几年了，他回忆起上一次的情况，将前两首诗句重加组合，写成《过广陵驿》："秋风江上芙蓉老，阶下数株黄菊鲜。落叶正飞扬子渡，行人又上广陵船。寒砧万户月如水，老雁一声霜满天。自笑栖迟淮海客，十年心事一灯前。"寄托了他自己的身世之感和对大运河的深厚感情。他乘船沿大运河南下时，还写了一首《过嘉兴》："三山云海几千里，十幅蒲帆挂烟水。吴中过客莫思家，江南画船如屋里。芦芽短短穿碧沙，船头鲤鱼吹浪花。吴姬荡桨入城去，细雨小寒生绿纱。我歌《水调》无人续，江上月凉吹紫竹。春风一曲《鹧鸪吟》，花落莺啼满城绿。"

图 2-50　嘉兴月河街区

嘉兴月河历史街区被运河环绕，是嘉兴手工业、商贸最为繁盛之地（图 2-50）。月河是运河的一条支流，因"其水弯曲抱城如月"而得名，明清以来月河一带已形成繁华街市。街区内，传统的民居依水造势，古街深巷迂回曲折、纵横交错，小河、古桥、狭弄、旧民居、廊棚等还原并展现了浓厚的水乡古城风情，众多百年老字号透射出旧时嘉兴"江南府城"的繁华。街区里吃的东西很多，有真真老老粽子店、嘉兴特产文虎酱鸭店、陆稿荐糕点店、五芳斋粽子店、三真斋等数十家沿街商铺纷纷展出各式端午民俗特产，琳琅满目。街区内文博场馆也不少，有嘉禾水驿、端午民俗文化体验馆、粽子文化博物馆、玉穗丰米行等运河文博场馆，还引入了皮影戏馆、评弹书场、花鸟市场、古玩市场等休闲场所，这里是最能反映江南水乡城市特色的的历史街区。

元代诗人贡奎也有一首运河诗《二月二达通州》："河冰初解水如天，万里南来第一船。彻夜好风吹晓霁，举头红日五云边。"在这首诗中，诗人抒写了沿大运河北上到京任职的欣喜心情。元至元二十八年（1291 年）南方供应京城的漕米达到 128 万石，诗人看到大批漕粮运到北京，国家衣食无忧，心中十分愉快。贡奎北上京城时，曾在大运河的中心城市扬州逗留，饮了桂花露酒，赋诗："维扬城里花名酒，对酒却思花胜时。一笑东风八仙处，月轮空挂最高枝。"如今，北京通州的京杭大运河广场上的浮雕上就刻有这首诗。

从通州沿运河南下，就到了天津，这里古代又称直沽，是北运河与南运河交汇的地方，也是河运与海运的交汇点。元代诗人有诗《直沽口》："远漕通诸岛，深流会两河。鸟依沙树少，鱼傍海潮多。转粟春秋入，行舟日夜过。兵民杂居久，一半解吴歌。"这首诗描写了处于两条运河交汇处直沽口优美的自然风景，不但写了运河，也写到了海运，因为元代是河运与海运并存。特别是最后一句写道，因为来自南方的漕船多了，南北交流增多，连用吴语演唱的民歌当地人都能听得懂。

（二）明代运河诗词与旅游

明代汤显祖、归有光在内的著名文学家创作了很多大运河诗词。归有光曾作《初发白河》："白河流水日汤汤，直到天津接海洋。我欲乘舟从此去，明朝便拟到家乡。"明代的文坛领袖李东阳曾作《咏鳌头矶》，其一："十里人家两岸分，层楼高栋入青云。官船贾舶纷纷过，击鼓鸣锣处处闻。"其二："折岸惊流此地回，涛声日夜响春雷。城中烟火千家集，江上帆樯万斛来。"此诗第一首写运河至此分为两股，居民沿运河两岸分布，豪宅层楼矗立于云霄之中，显示着这座北方都市的不凡气势，以及繁华和富裕。运河上穿梭着此来彼往的官船和商舶，出闸进闸的钟鼓之声连绵不断，此起彼伏。第二首写诗人已登上鳌头矶之所见所闻。诗人从矶上俯瞰，但见从南旺北下的滔滔洪流从远处奔泻而至，然后至此西去与卫河相接后东移北上，河水受到阻遏和控制，因而浪涛汹涌、吼声如雷，诗人用十四个字写出会通河与卫河相接处运河水的狂暴与被人们控制的无奈，极具气势。最后用"江上帆樯万斛来"一句概括，写出临清繁荣的原因。

临清鳌头矶始建于明嘉靖年间（图2-51）。当年的会通河在靠近卫河附近分为两支，分别在南北两处流入卫河，因此，在会通河与卫河之间形成了一块周围环水的狭长陆地，人称"中洲"。鳌头矶处"中洲"突出之地，明代正德年间在此叠石为坝，状如鳌头，两支运河上的四处河闸像鳌的四只足，广济桥在鳌头矶后像其尾，"鳌头矶"因此得名。运河漕运鼎盛之时，文人骚客常登临楼阁眺望运河，见船来舟往、帆樯如林，即寄情抒怀、赋诗唱和。鳌头矶遂成为运河繁荣时期临清的一景。鳌头矶现尚存古建筑一组。北殿3间鳌头矶，称"甘堂祠"；南楼3间，名"登瀛楼"；西殿3间，曰"吕祖堂"；东楼3间，谓"观音阁"。

图2-51　临清鳌头矶

（三）清代运河诗词与旅游

清代康熙、乾隆祖孙两代皇帝南巡时也留下了众多的运河诗词。康熙帝曾作《潞河诗》："东风吹雨晓来晴，春水高低五闸声。兰浆乍移明镜里，绿杨深处坐闻莺。"乾隆帝的《堤上偶成》："运河转漕达都京，策马春风堤上行。九里岗临御黄坝，曾无长策只心惊。"清代词人纳兰性德曾在扬州作词《浣溪沙·红桥怀古和王阮亭韵》："无恙年年汴水流，一声水调短亭歌。旧时明月照扬州。曾是长堤牵锦缆，绿扬清瘦至今愁。玉钩斜路近迷楼。"词中写到的几个景观都在扬州。

红桥又称大虹桥（图 2-52）。要进瘦西湖，必须先经过大虹桥，这是扬州二十四景之一，建于明代，横跨保障湖水。

图 2-52　扬州大虹桥

原桥为木质红栏，故名红桥，清乾隆元年（1736 年）改建为石桥。十五年后，巡盐御史吉庆、普福、高恒相继重建，并在桥上建桥亭，改"红"为"虹"，意思是桥如彩虹。现已改建为 7.6 米宽的 3 孔低坡青石桥。虹桥在历史上曾经名噪一时，特别是清代红桥修禊的故事，更使红桥声名远播。据说，乾隆帝游扬州时也作诗赞赏红桥的景色："绿浓春水饮长虹，锦缆徐牵碧镜中；真在横披画里过，平山迎面送春风。"

清代王维珍的诗："云光水色潞河秋，满径槐花感旧游，无恙蒲帆新雨后，一枝塔影认通州。"则形象地描写了大运河最北端通州燃灯塔的景观。同样写燃灯塔的还有乾隆帝的诗《过通州》："树梢看塔影，烟外过通州。沙岭延东亘，潞河自北流。浮桥连巨鹢，野岸起闲鸥。发帑完城郭，无非保障谋。"

燃灯塔又被称为燃灯佛舍利塔

图 2-53　通州燃灯塔

（图2-53）。始建于北周，唐、元、明诸代曾予以维修。通州燃灯塔又被民间称为镇水塔，意在防止洪水泛滥威胁运河以保护两岸人民免遭水灾。燃灯塔的结构为八角十三级密檐式实心砖塔，高约45米。须弥座双束腰，每面均有精美的砖雕。塔身正南券洞内供燃灯佛，故名燃灯塔。其余三正面设假门，四斜面雕假窗。塔身以上为十三层密檐，第十三层正南面有砖刻碑记"万古流芳"。整座塔上共悬风铃2224枚，雕凿佛像415尊。如今，燃灯塔已成为到通州寻找大运河最北端的游客们必看的景点之一，它与文庙、紫清宫及佑胜教寺构成的三庙一塔景区，成为北京重要的运河旅游景点。

明代作家吴承恩有首叫《杨柳青》的诗："村旗夸酒莲花白，津鼓开帆杨柳青。壮岁惊心频客路，故乡回首几长亭。春深水暖嘉鱼味，海近风多健鹤翎。谁向高楼横玉笛，落梅愁绝醉中听。"明末清初程可则也有首《杨柳青》诗："初月空明荡晚汀，天风吹面更扬舲。数声欸乃夕阳暮，一曲烟村杨柳青。"这两首诗都描写了天津杨柳青镇的运河景色。杨柳青镇名据说就来源于运河，"杨柳"指柳树。因为隋炀帝赐柳树姓杨，而称杨柳。隋代以来运河沿线就遍栽柳树，杨柳成为运河的代名词。杨柳青镇的兴盛也来源于运河，特别是起于宋代、兴于明代、盛于清代乾隆年间的杨柳青木版年画，与苏州桃花坞木刻齐名，并称"南桃北柳"。杨柳青镇旧有戏楼、牌坊、文昌阁，称为杨柳青三宗宝。清代有津门著名的崇文书院及古寺院40余座，现尚存普亮宝塔、报恩寺、白檀寺遗址等。杨柳青镇现存有明万历四年（1576年）所建的文昌阁。杨柳青镇旅游观光景点有华北第一民宅石家大院、平津战役天津前线指挥部旧址、杨柳青年画和民间年画作坊、西河风光、普亮宝塔以及新辟景点杨柳青广场、杨柳青文化公园、报恩寺、关帝庙、安氏祠堂、御河人家、明清街、文昌阁、崇文书院等；此外，还有体现古镇传统风格的南运河民俗文化区。

第三章 运河旅游城市

一部浩浩荡荡的运河史，也是运河两岸的城市发展史。运河文化的基因顺着流淌的河水渗入到城市的每一个末梢之中，使得每一座城市从社会结构、经济形态、民风民俗，到城市的性格与气质，都被深深地打上了运河的烙印，也造就了运河旅游城市。水工遗产、漕运遗产、非物质文化遗产等众多旅游资源的积聚，使大运河沿线诞生了一批旅游城市。有运河都城的代表洛阳、开封、杭州、北京，有运河商业繁荣催生的旅游城市扬州、苏州、常州、绍兴，有运河带来的近现代工业形成的旅游城市天津、无锡。本章就带您游览一下这十座旅游城市。

一、运河之源——北京

（一）大运河与北京

我们从事先的攻略了解到，北京与大运河关系密切。随着大运河在隋代的开通，第一次开辟了从江南直达涿郡的运道，解决了漕运问题，从而不仅提升了北京地区的政治、经济和军事地理价值，也为其上升为全国政治中心奠定了基础。十世纪上半叶，辽国升燕京为五京之一的南京。1153年，金统治者正式将都城迁至北京，改称中都，并随即恢复了以中都为中心、以御河为主干、以黄河北流诸水为辅的漕运体系。公元1264年，忽必烈下令在金中都东北郊另建新城，并于1272年把新城命名为大都，定为全国的都城。元大都的兴建，使北京这块土地由北方区域中心第一次上升为统一国家的政治、经济、文化中心，成为北京城市发展史上的一次飞跃。

为解决南粮北运问题，元政府对大运河进行了一次大规模的整治和开发，重新开通的大运河以大都为中心，直穿山东、江苏全境，径抵江南，沟通了黄河、海河、长江、淮河、钱塘江五大水系，把南北方各大经济区更直接地联系起来，由此奠定了此后中国大运河的基本走向及规模。

明清两朝相继建都北京，继续沿用元代大运河作为连接北方政治中心与江南经济重心的水运通道。而作为元、明、清三朝都城的北京，素有"漂来的城市"之说。大运河每年为北京运进数百万石粮食，还把南方的其他物资如木材、铜、铁、铅及百货等，源源不断地运来。可以说，没有大运河，就没有北京的那些金碧辉煌的城阙和宫殿，也就没有北京历史上的兴盛和繁华（图3-1）。

北京市文物局专家向我们介绍，大运河北京段包括分别位于通惠河两端的两个遗产区："通惠河北京旧城段"和"通惠河通州段"。

图 3-1　北京故宫

1. 通惠河北京旧城段

通惠河北京旧城段包含了元、明、清时期大运河的北方终点段落什刹海以及通往什刹海的玉河故道，也见证着运河规划设计对城市形态、格局的影响。沿线运河遗产还包括澄清上闸、澄清中闸等。

什刹海位于今北京城区内，包括前海、后海、西海三个自西北向东南连续排列的弓形湖泊。元代时，什刹海作为大运河北方终点，是北京城内重要的漕运码头，属于利用湖泊水系建成的水库港。什刹海又名"积水潭"。积水潭码头当时"舳舻蔽水"，来自全国的物资商货集散于此，使得码头东北岸边的斜街和钟楼一带成为元大都城中最为繁华的闹市。自明代起，什刹海失去了运输和码头的功能，转化成文人游赏的景区。

玉河故道是从什刹海开始向东延伸至澄清中闸的运河故道，是始建于13世纪末的通惠河最北端通往什刹海的一段河道，长约0.5千米。15世纪，通惠河部分河道被围入皇城城墙内，自什刹海开始的一段通惠河失去航运功能，时称"玉河"。玉河现存元、明、清河堤遗存，是北京中心城区内唯一的古河道遗址（图3-2）。

为了调节通惠河河水的水位高差，便于航船出入什刹海，13世纪末（元代初期）在通惠河靠近什刹海的附近设置了澄清上闸与澄清中闸。澄清上闸已废弃不用，失去水闸的原有功能。闸体东侧的万宁桥仍作为交通桥使用。澄清中闸现仅存闸口遗迹。澄清中闸南部为东不压桥，现为遗址状态（图3-3）。

图 3-2　北京旧城玉河

图 3-3　澄清中闸

2. 通惠河通州段

通惠河通州段位于通惠河与北运河交汇的节点位置,是大运河最北的河段,是明清两代大运河漕运的转运关键节点。通惠河通州段始建于公元13世纪末(元代初期),河段西起永通桥,向东至通州北关闸汇入北运河,长约5千米,在元代至明初的时期内,是漕船经由通州向北京漕运的主要通道。现部分河道已改为城市景观河道(图3-4)。

图3-4　大运河北京通州段

(二)运河旅游景点、景区

北京是世界上拥有世界文化遗产数最多的城市之一,孕育了故宫、天坛、八达岭长城、颐和园等众多名胜古迹。北京共有文物古迹7309项,99处全国重点文物保护单位、326处市级文物保护单位、5处国家地质公园、15处国家森林公园、7处世界遗产,对外开放的旅游景点达200多处,是中国最著名的旅游城市之一。游北京不可能一次性完成,我们游北京的景点就前后用了五六次,这里就为您简单介绍一下北京主要景点的概况。

1. 北京故宫

北京故宫是中国明清两代的皇家宫殿,旧称为紫禁城,位于北京中轴线的中心,是中国古代宫廷建筑之精华(图3-5),也是世界上现存规模最大、保存最为完整的

图3-5　故宫的建筑太和门

木质结构古建筑之一,国家 AAAAA 级旅游景区。北京故宫于明永乐四年(1406 年)开始建设,以南京故宫为蓝本营建,到明永乐十八年(1420 年)建成。它是一座长方形城池,南北长 961 米,东西宽 753 米,四面围有高 10 米的城墙,城外有宽 52 米的护城河。紫禁城内的建筑分为外朝和内廷两部分。外朝的中心为太和殿、中和殿、保和殿,统称三大殿,是国家举行大典的地方。内廷的中心是乾清宫、交泰殿、坤宁宫,统称后三宫,是皇帝和皇后居住的正宫。

2. 长城

长城,又称万里长城,是中国古代的军事防御工事,是一道高大、坚固而且连绵不断的长垣,用以阻隔敌骑的行动。长城不是一道单纯孤立的城墙,而是以城墙为主体,同大量的城、障、亭、标相结合的防御体系。春秋战国时期,列国争霸,互相防守,长城修筑进入第一个高潮。秦灭六国统一天下后,秦始皇连接和修缮战国长城,始有万里长城之称。明朝是最后一个大修长城的朝代,今天人们所看到的长城多是明代修筑。

明长城总长度为 8851.8 千米,秦汉及早期长城超过 1 万千米,长城总长超过 2.1 万千米。现存长城文物本体包括长城墙体、壕堑、界壕、单体建筑、关堡、相关设施等各类遗存,总计 4.3 万余处(座/段)。1987 年 12 月,长城被列为世界文化遗产。2020 年 11 月 26 日,国家文物局发布了第一批国家级长城重要点段名单,北京的八达岭、慕田峪、司马台、古北口长城都名列其中(图 3-6)。

3. 周口店北京人遗址

周口店北京人遗址位于北京市房山区周口店镇龙骨山,距离北京城约 50 千米,是

(a)局部(一)　　　　　　　　　　(b)局部(二)

图 3-6　北京段长城

中国旧石器时代的重要遗址（图 3-7）。周口店遗址共发现不同时期的各类化石和文化遗址点 27 处，出土人类化石 200 余件，石器 10 多万件，还有大量的用火遗迹及上百种动物化石等，是人类化石宝库和古人类学、考古学、古生物学、地层学、年代学、环境学及岩溶学等多学科综合研究基地。1987 年被列入《世界遗产名录》。

4. 天坛

天坛，在北京市南部，东城区永定门内大街东侧。占地约 273 万平方米（图 3-8）。天坛始建于明永乐十八年（1420 年），清乾隆、清光绪时曾重修改建。为明、清两代帝王祭祀皇天、祈五谷丰登之场所。天坛是圜丘、祈谷两坛的总称，有坛墙两重，形成内外坛，坛墙南方北圆，象征天圆地方。主要建筑在内坛，圜丘坛在南、祈谷坛在北，二坛同在一条南北轴线上，中间有墙相隔。圜丘坛内主要建筑有圜丘坛、皇穹宇等，祈谷坛内主要建筑有祈年殿、皇乾殿、祈年门等。天坛是世界遗产、国家 AAAAA 级旅游景区、全国文明风景旅游区示范点。

图 3-7　周口店遗址

图 3-8　北京天坛

5. 颐和园

颐和园为古代皇家园林，前身为清漪园，与圆明园毗邻。它是以昆明湖、万寿山为基址，以杭州西湖为蓝本，汲取江南园林的设计手法而建成的一座大型山水园林，也是保存最完整的一座皇家行宫御苑，被誉为"皇家园林博物馆"。乾隆十五年（1750 年），乾隆皇帝为孝敬其母孝圣宪皇太后，动用 448 万两白银在这里改建为清漪园，形成了从现清华园到香山长达二十千米的皇家园林区。咸丰十年（1860 年），清漪园被英法联军焚毁。光绪十四年（1888 年）重建，改称颐和园，作消夏游乐地。1998 年 11 月被列入《世界遗产名录》，2007 年被批准为国家 5A 级旅游景区（图 3-9）。

6. 明十三陵

明十三陵坐落于北京市昌平区天寿山麓，总面积120平方千米。自明永乐七年（1409年）五月始建长陵，到明朝最后一位皇帝崇祯葬入思陵止，其间230多年，先后修建了13座皇帝陵墓、7座妃子墓、一座太监墓。共埋葬了13位皇帝、23位皇后、两位太子、30余名妃嫔、两位太监。明十三陵为世界文化遗产，全国重点文物保护单位，国家重点风景名胜区，国家AAAAA级旅游景区。已开放景点有长陵、定陵、昭陵、神路等。

7. 北京大运河文化旅游区

北京（通州）大运河文化旅游区是大运河的北端点。景区包括大运河森林公园、运河公园、西海子公园、燃灯塔和周边古建筑群四个区域。景区整合"三庙一塔"、运河公园、大运河森林公园三大核心景点，辐射城市绿心森林公园、环球影城主题公园、潞县故城、通州古城、张家湾古镇、西海子公园等北运河沿线文化和旅游资源，打造成为集休闲、度假、体验、购物于一体的国家5A级旅游景区。在"三庙一塔"景区，我们详细了解通州历史文化；在运河公园，我们乘船畅游大运河观赏两岸风光，参观奥运圣火水路传递所用仿古船、漕运码头；在大运河森林公园，我们看到运河平阔如镜，平林层层如浪，绿杨花树如画，水面上还有旅游船不时驶过，真

（a）局部（一）

（b）局部（二）

（c）局部（三）

图3-9 颐和园

是别有一番北国江南的好风光（图3-10）。

8. 大运河源头遗址公园

大运河源头遗址公园基于昌平区白浮泉历史文化遗产而建，一期工程主要依托白浮泉遗址、龙泉禅寺、都龙王庙三处文物景观，围绕"一泉贯出天下脉"主题，打造了龙泉漱玉、长流惠泽、山水清音三处景点，以及运河源、引水台、聆泉处、读泉圃、都龙王庙等五处节点，我们在运河源——白浮泉专门拍了照片（图3-11）。

图3-10 北京通州大运河森林公园　　图3-11 北京大运河源头遗址公园的核心——白浮泉

二、天子渡口　河海津韵——天津

（一）大运河与天津

从北京坐高铁，半小时就来到了天津。天津文物部门的专家向我们介绍，1214年，为了保障金中都（位于今北京城西南）及漕、盐储运安全，金朝政府在三岔口建立了军事设施直沽寨，成为天津城最早的建制。作为河、海漕运的交通枢纽，元代重开大运河和开展海运，使天津一跃成为京师门户，漕运、海运汇集，呈现出"晓日三岔口，连樯集万艘"的壮观景象。

明建文二年（1400年），燕王朱棣在此渡过大运河南下争夺皇位，定都北京后，明永乐二年（1404年）明成祖朱棣赐名天津，即天子经过的渡口之意。他在天津地区设置三卫，"天津卫"之名由此而来。到明代中期，随着运河的繁荣，天津的商品经济飞跃发展，并由漕粮转运枢纽发展成为北方商业重镇。漕运停止后，位于渤海湾岸边的天津凭着海运码头和京师门户的地位，一跃而成为北方最重要的工商业都会之一。

历史上的大运河纵贯了天津，北、南运河天津三岔口段是南运河与北运河的连接段，包括北运河最南端的部分与南运河最北端的部分，总长度71千米（图3-12）。其中北

图3-12　北、南运河天津三岔口段

运河部分北起筐儿港减河与北运河连接处，南至天津三岔口狮子林桥，长48千米；南运河部分北起天津三岔口狮子林桥，南至天津杨柳青镇镇区，长23千米。数百年来，南、北运河在沿岸的广大区域内造就了河西务、杨村、北仓、杨柳青、独流等一系列独具特色的历史名镇，留下了极为丰富的历史文化遗存。元代庞大的漕运促进了直沽（天津）的繁荣发展，直沽因而被马可•波罗誉为"天城"。

大运河给天津带来了多元的文化品格。天津被称为曲艺之乡，盛产相声表演艺术家，侯宝林大师就是天津人，马三立也在天津成名，当代相声演员郭德纲也是天津人。京韵大鼓、京东大鼓等都是在天津形成的。天津风味食品"三绝"是指"狗不理包子""十八街麻花""耳朵眼炸糕"。

（二）运河旅游景点、景区

天津旅游资源丰富，历史遗迹中多种文化并存，有建于元代的妈祖天后宫，有建于明末清初的大悲神院，以及代表道教的玉皇阁、儒家的文庙、基督教的望海楼。这一次我们游览了三处天津主要的旅游景点。

1. 天津之眼

天津之眼坐落在天津市红桥区海河畔，是一座跨河建设、桥轮合一的摩天轮，兼具观光和交通功用。摩天轮直径为110米，轮外装挂48个360度透明座舱，每个座舱可乘坐8个人，可同时供384人观光。我们坐上摩天轮，由于转动速度缓慢，并不是很刺激，眼见车辆从两边疾驰而过，别有妙趣。摩天轮旋转一周所需时间28分钟，到达最高处时，周边景色一览无余，甚至能看到方圆40千米以内的景致（图3-13）。

图3-13　天津之眼

2. 五大道

这里因曾是租界，遗留了各国风貌多样的建筑，现已变成了天津最亮的一道风景线。最特别的是马场道和睦南道，道路不宽，却有 300 座小洋楼，听老天津介绍，每座楼背后都有着一段历史，如果有时间细细游览体验，惊喜会更多。游览五大道的方式，最有特色的莫过于乘坐马车，此外还可乘人力车或电瓶车游览，全程有导游讲解。我们则是租了辆自行车四处逛了一下，还特地参观了著名的瓷房子（图 3-14）。

3. 三岔口

天津的第三站我们来到了位于天津城东北隅，海河、南运（潞）河、北运（卫）河交汇处的三岔口，这里被称作天津的发祥地、天津的摇篮（图 3-15）。俗话说"先有三岔口，后有天津卫"。运河滋养了一代又一代的天津人，三岔口则见证了这座城市的发展，作为运河漕运中转站，当年船舶云集，元朝廷于三岔口两岸敕建有天后宫，成为船工酬神、聚会场所。我们来到三岔口，首先参观了引滦入津工程纪念碑。在运河边远眺可以看到天津之眼，海河、南运河、北运河交汇处的风景也很优美，河边有人在垂钓，水面上不时还有游轮驶过。我们向游轮上的游客打招呼，得到了对方的响应。我们相约，下次来三岔口一定要乘船水上游（图 3-16）。

图 3-14　天津五大道的瓷房子

图 3-15　天津三岔口

图 3-16　天津古街

三、运河原点　风雅扬州

（一）大运河与扬州

运河城市游的第三站，我们来到大运河的原点城市扬州。事先做功课了解到，扬州是中国唯一与大运河同生共长的城市，公元前486年，吴王夫差开邗沟，筑邗城，从此有了大运河，也有了扬州最早的雏形。

走在扬州街头，我们发现，今天的扬州淡去了"故人西辞黄鹤楼，烟花三月下扬州"的气派，略去了"十年一觉扬州梦，赢得青楼薄幸名"的浮华，如今已归于平静。宜清风、宜月色、宜微雨、宜美食休闲。也只有到了柳絮纷飞、烟雨濛濛之时，扬州的婉约才能显现出来。

陪同专家向我们介绍，淮扬运河扬州段北起里排河与大运河连接处，南至长江边的瓜洲镇，全长153千米，与白马湖、宝应湖、高邮湖、邵伯湖四个湖泊毗邻。早期大运河正是充分利用了天然湖泊水域，通过人工挖掘，将这些天然湖泊连缀成一条畅通的水路。作为国家漕粮运输的重要水上通道，大运河扬州段不断完善河道的渠化。今天，大运河扬州段形成了河湖并行的独特景观（图3-17）。

大运河扬州段是漕运及漕粮转输重地。长江流域及南方漕粮都必须经过扬州北上。明清时利用大运河堤作为驿道，大运河边水陆驿站并举，保障了国家交通体系的有效

图3-17　河湖并行的高邮明清大运河故道

运作。大运河扬州段同时是盐的流通要道与集散中心，隋唐与明清时期大运河扬州段也在国家专卖商品盐的流通中起到了重要作用。

大运河扬州段对沿线城镇的兴起繁荣起到了很大的作用，并创造出独特的运河文化与生活。如宝应因河而盛、界首因驿成镇、邵伯因埭成镇、瓜洲因渡口成镇，扬州城一直在经济与文化方面都是中国历史城市的典范。大运河对沿线的城镇聚落的文化与生活方式的影响至今仍清晰可见。下面就来看看扬州的主要景点。

（二）运河旅游景点、景区

1. 扬州瘦西湖风景区

瘦西湖是来扬州必看的景点。位于扬州市西北郊的瘦西湖是从清代扬州城北垣绵延至北郊蜀冈的狭长水体，总长约 4.5 千米，宽度约 13～116 米。瘦西湖是由隋唐大运河水系和隋、唐、宋、元、明、清等不同时代的城濠连缀而成的带状景观，始终与大运河保持着水源相通的互动关系。现为国家重点风景名胜区、国家 AAAAA 级旅游景区、全国文明风景旅游区示范点（图 3-18）。

我们下榻在瘦西湖温泉度假村，这里地处瘦西湖畔，与万花园隔空相望。景区占地 13 万平方米，有形态功能各异的温泉池 68 个，分为公众区域和私密区域，公众区域又分为湖泊溪流、假山瀑布、小桥流水、亭台楼阁、竹林小径等多个各有不同特色的主题空间。

据介绍，瘦西湖最早的两段水体形成于隋代。宋元时期，与城濠连接成一个更大范围的水系，成为扬州城的西护城河。瘦西湖水道沿用历代扬州城护城河，并经人工疏浚、凿通，在清乾隆年间（1736～1795 年）形成一条连贯的细长又富曲折变化的线形水体。瘦西湖

（a）局部（一）

（b）局部（二）

图 3-18　扬州瘦西湖

是大运河的支流，同时也是大运河上独特的文化景观，瘦西湖作为扬州城市水系的重要组成部分，通过多条河道与大运河相连。瘦西湖反映了大运河沿线经济的繁荣和由此而生的文化发展情况，是与大运河带来的思想、文化、技艺的交流和汇集密不可分的运河文化景观。带着事先了解到的信息，我们向瘦西湖公园出发（图3-19）。

进入瘦西湖大门，经过两岸花柳全依水的长堤春柳，我们来到了徐园门口。这里原址为清初韩园桃花坞。民国四年（1915年）为纪念辛亥革命时期的徐宝山军长，构建徐宝山祠堂，名为徐园（图3-20）。徐园虽然不大，但小巧玲珑，外有曲水，内有池塘，花木竹石，恰到好处，充分体现了江南园林的精巧雅致。我们参观了园中的一馆、一榭、一亭，特别是听鹂馆取名来自"两只黄鹂鸣翠柳，一行白鹭上青天"，很有诗意。听鹂馆门口的两口铁镬，陪同人员介绍这是扬州的出土文物，据《铁镬碑》记载是南朝萧梁时代的镇水之物，说明扬州人对水的认识与使用十分普遍。主人还介绍，徐园处处都是景，是一处典型的湖上园林。"春草池塘吟榭"为客座，宜于客人小憩；"疏峰馆"为客厅，宜于宴请宾客；"冶春后社"为诗社，宜于吟咏诗句。

过了徐园，就来到了小金山，这是瘦西湖中最大的岛屿，也是湖上建筑最密集的地方。我们先后参观了风亭、吹台、琴室、木樨书屋、棋室、月观等。陪同专家介绍，小金山巧用了借字，小金山庭中挂了这样一副对联：弹指皆空，玉局可曾留带去；如拳不大，金山也肯过江来。只用了一个"小"字，就把镇江的金山借过来了。穿过小金山往东，我们来到月观。

图3-19　夜晚的瘦西湖

图3-20　徐园

扬州是"中国的月亮城",扬州的月色美,赏月的地方也多,瘦西湖月观就是其中之一。坐在月观中,我们边欣赏古琴演奏,边看风景,向东边望去,开阔的湖面上游船不断。陪同人员介绍,每当皓月东升的夜晚,凭栏而立,天上水中的两个月亮交相辉映,游人能充分体会到"月来满地水,云起一天山"的美妙意境。

因为是白天,我们虽然没有能在月观看到月夜的景观,但看到了月观对岸的四桥烟雨景观。在月观前凭栏远眺,在瘦西湖东岸有一座楼,特别显眼,有"山色空蒙雨亦奇"的感觉,这就是四桥烟雨楼(图3-21)。陪同专家介绍,站在这座楼上,大家可以看到四座色彩和造型各有不同的桥:春波桥、大虹桥、长春桥、莲花桥。烟雨朦胧中,四座桥有远有近,有浓有淡,有高有低。可以充分领略"四桥飞跨烟雾里"的景致。当年乾隆帝就是看到了这里的景色,多次吟诗作赋,并亲笔御赠"趣园"。今天,趣园已成了外地游客鉴赏扬州早茶文化的打卡点。来扬州,可别忘了去看下四桥烟雨楼,尝下扬州的早茶(图3-22)。

出了月观,向西走去,沿着一个栈桥,我们来到位于瘦西湖中间的钓鱼台。在中国,以"钓鱼台"命名的景点非常多,但扬州的钓鱼台却是众多钓台中体量最小,也是极富特色的一座。在专家的指导下,我们站在钓鱼台60度斜角位置,拍摄到了双景同框的照片,在北边的圆洞中看到的是五亭桥横卧波光,而南边的椭圆形洞中则正好可以看到巍巍白塔。扬州的五亭桥很出名,是皇帝南巡的产物,建于清乾隆二十二年(1757年),至今已有了两百多年的历史。桥上建有极富南方特色的五座风亭,亭上有宝顶,亭内绘有天花,亭外挂着风铃。五亭桥的桥墩由12大

图3-21　四桥烟雨楼

图3-22　月观中听琴

块青石砌成，形成厚重有力的"工"字形桥基。五亭桥的桥身由大小不一形状不同的券洞组成。如果乘船从桥下穿过，可以数出五亭桥一共有 15 个桥洞，洞洞相连，洞洞相通（图 3-23）。

我们从五亭桥上跨越瘦西湖，来到了白塔景区，只见高近 30 米的白塔，下面是束腰须弥塔座，八面四角，每面三龛，龛内雕刻着十二生肖像。门边导游在向游客讲着白塔的传说，相传在 1784 年，乾隆帝第六次坐船游览扬州瘦西湖。从水上看到五亭桥一带的景色，遗憾地说："只可惜少了一座白塔，不然这儿看起来和北海的琼岛春阴就像极了。"说者无心听者有意，财大气粗的扬州盐商当晚连夜用白色的盐包堆成了一座白塔，这就是在扬州流传至今的"一夜造塔"的故事。

离开白塔景区，我们沿着瘦西湖的南岸向二十四桥景区出发，首先来到的是熙春台（图 3-24），这里也是扬州"二十四景"之一的"春台明月"。"熙春"一词出自老子的"众人熙熙……如登春台"，意指熙春台前人来人往摩肩接踵的繁华场面。相传当年扬州盐商曾在这里为乾隆帝祝寿，所以这一景又被称为"春台祝寿"。这个熙春台是 20 世纪 90 年代重建的。我们登上熙春台的二楼，开窗看去，瘦西湖的景色一览无余，远处烟波缭绕的瘦西湖上，五亭桥、白塔如诗如画。

出了熙春台，就来到二十四桥（图 3-25），这个景点的出处是唐代著名诗人杜牧的诗句"青山隐隐水迢迢，秋尽江南草未凋；二十四桥明月夜，玉人何处教吹箫。"二十四桥由落帆栈道、单孔拱桥、九曲桥及吹箫亭组合而成。中间的玉带状拱桥长 24 米、宽 2.4 米。拾级而上，我们数了一下，桥东西两侧各有 24 个台阶，旁边围以 24 根白玉栏杆和 24 块栏板，真是应了二十四的数字。不过，陪同的专家向我们介绍，二十四桥有两种说法。一种说法说唐代时扬州有二十四座知名的桥，这是沈括在《梦溪笔谈》中记载的，并说到宋代时只剩 6 座了。另一种说法是清代扬州作家李斗在《扬州画舫录》

图 3-23　五亭桥

图 3-24　熙春台

图 3-25　二十四桥

中讲到：二十四桥即吴家砖桥，在熙春台北侧。后来扬州就按李斗的说法，建了这座二十四桥。

跨过二十四桥，我们来到万花园景区，这里主要依托瘦西湖的历史文化背景，打造成以花文化为主题、以古典历史名园为线索、着重恢复完善瘦西湖"石壁流淙""静香书屋""白塔晴云"等景区，据说这里是具有花事、博览、观奇、体验、智趣、休闲、教育、生态、娱乐、审美十大功能的景区。说实话，这里与瘦西湖的核心景区比，还是显得空旷一点，因此，我们坐着电瓶车，很快就游览完了万花园景区。

2. 个园

离开瘦西湖，我们驱车来到了不远处的个园（图 3-26）。这里是首批国家重点公园、全国重点文物保护单位。由两淮盐业商总黄至筠于清嘉庆二十三年（1818 年）在原明代"寿芝园"的基础上拓建为住宅园林，以遍植青竹而名。"竹"历来

图 3-26　个园

为中国文人所爱，不仅是因为竹子姿态清雅，色如碧玉，更主要的因为它"正直，虚心，有气节"的品格。宋代大诗人苏东坡说过"宁可食无肉，不可居无竹，无肉使人瘦，无竹使人俗"。在个园的"万竹园"，导游介绍说这是扬州城内最佳赏竹处。现有竹60余种，近2万竿，不乏稀有品种，如龟甲竹、方竹等。跟着导游走过竹径，来到一条由桂花树枝叶交错形成的林荫小径。这里种的是银桂，银桂谐音"迎接贵宾"，因此又称"迎宾道"。每到花开的时候，这条小径都浮动着清清悠悠的芬芳，令人沉醉。

个园的另一个特色就是以春夏秋冬四季假山而胜。在导游的陪同下，我们游览了个园的叠石艺术，笋石、湖石、黄石、宣石叠成的春夏秋冬四季假山。给我们印象最深刻的还是春山和秋山，一进春季假山，就看到一左一右两个花台。台上翠竹亭亭，竹间叠放了参差的松布石笋，远远看去，就像刚破土的春笋，阳光把稀疏竹影映射在园门的墙上，形成"个"字形的花纹图案，把人引入了春天的美景。黄色是秋天的色彩，设计者采用了黄石为假山抹上了秋的色彩，所以秋山也叫黄山。植物上选择了火红的枫叶，是秋的象征，设计者采用了大量的枫树凸现了秋的特点。个园假山采用了"春山宜游，夏山宜看，秋山宜登，冬山宜居"的"画理"，融造园法则与山水"画理"于一体，让我们叹为观止，难怪园林泰斗陈从周先生称个园叠石为"国内孤例"。

3. 何园

从个园穿过扬州双东历史街区和皮市街就来到了位于徐凝门街66号的何园。何园又名"寄啸山庄"，被陈从周先生誉为"晚清第一园"。由清光绪年间退休官员何芷舠所造。全园分为东园、西园、园居院落、片石山房四个部分。进门后首先参观的是何家后花园的东园部分。迎面月洞门上镌刻的"寄啸山庄"门额，导游介绍说这是当年园主人亲自题写的园名。"寄啸"两个字，取自东晋大诗人陶渊明《归去来兮辞》中句子："倚南窗以寄傲，登东皋以舒啸。"表达的是诗人寄情山水田园、不与黑暗官场同流合污的志节情怀。何园主人与陶渊明有着辞官归隐的相似经历，寓意不言自明。东园最壮丽的景观，是右边一座长达60多米的贴壁假山，它就像嵌在墙上一样，沿着墙面走向一路攀缘，状若游龙腾蛟，搅动万千气象，把原本封闭压抑的高墙深院，变成了一座抱拥天地自然山川的"城市山林"。这里又称片石山房，因整个山体均为小石头叠砌而成，故称片石山房。据传是清代石涛大师留在人间的唯一叠石作品。片石山房门厅处置有一滴泉，形成"注雨观瀑"之景。水池前一厅为复建的水榭，厅中以石板进行空间分隔，一边为书屋，另一边为棋室，中间是涌泉，并配置琴台，琴棋书画合为一体。

但游览何园,给我们印象最深的还是园内的两层串楼和复道回廊。何园的复道回廊被称为天下第一廊,回廊分上下两层,或直或曲,全长 1500 多米,将东院、西院及园居院串在一起,即便在雨天,也可免湿衣之扰,被誉为中国立交桥雏形。何园还有一个特别的地方——水心亭,是扬州园林中仅有的水中戏亭,供赏曲听戏、观景纳凉之用(图 3-27),是全方位无死角观戏台。据说还具有通过水面及走廊的回声产生音乐共鸣的作用,用现在的话说就是环绕立体声。另一端是主人的餐厅,来了客人,主人可以邀请客人坐在餐厅,边欣赏戏剧演出,边品茶喝酒。据说,《红楼梦》《还珠格格》等许多著名影视作品都曾在此取景。扬州有些老人过生日时,都喜欢来何园摆几桌,同时请一台戏,让亲朋好友边赴宴、边听戏,好不惬意。

4. 扬州三湾生态公园

扬州的运河景区还有三湾生态公园,这里以运河三湾及周边湿地风光为依托,因地制宜地配置人文景观及休闲设施而形成大型生态人文景区(图 3-28),总占地面积 3800 亩(约 253 公顷)。景区充分彰显水工技艺和运河文化,打造与瘦西湖相呼应的城市南部风景名胜区、体育休闲区和旅游度假区。2018 年被评定为 AAAA 级景区。2021 年,位于公园内的扬州中国大运河博物馆开馆,使三湾成为网红打卡点。

图 3-27 何园水心亭

图 3-28　运河三湾生态公园

5. 盂城驿

离开扬州城区，我们来到高邮，参观大运河沿线唯一保存完整的古代驿站盂城驿（图 3-29）。据高邮的同志介绍，盂城驿始建于明洪武八年（1375 年）。最盛时有厅房 100 余间，皇华厅和驻节堂是盂城驿的主体建筑。辛亥革命后，盂城驿被撤销，后用作居民住宅。1993 年，修复了驿站的主体建筑，与南门古街共同组成亮丽的明清民居建筑群。在大运河"申遗"期间，我们曾经参观过盂城驿，这次带着任务去，看得格外认真，特别是对墙上的《明代大运河沿线邮驿分布图》和《水驿歌》进行了认真研究，并拍了照片带回来。这是最能体现大运河交通功能的，《水驿歌》里唱道"试问南京到北京，水程经过几州城？皇华四十有六处，途程三千三百零。"我想，这首歌从交通枢纽的角度唱出了大运河对中华大一统国家的贡献。

图 3-29　盂城驿

四、中吴要辅——常州

（一）大运河与常州

运河城市游第四站来到常州，据事先做功课，常州起源于春秋末期（公元前 547 年），吴王寿梦第四子季札封邑在延陵，曾有过延陵、毗陵、毗坛、晋陵、长春、尝州、武进等名称，隋开皇九年（589年）始有常州之称。

江南运河常州城区段长约23千米，是南方城区段运河的典型段落（图3-30）。公元前495年，吴王夫差开凿此段运河。隋唐至明代之前，常州运河水系伴随着城市建设发展与航运、水利建设而逐渐完善；至明清时期，常州运河水系已趋完善，为当时常州城市依运河而盛的发展奠定了基础。19世纪以前，此段运河一直是大运河沟通太湖与长江水系的主航道的重要组成部分。19世纪漕运结束后，此段运河作为江南运河的一部分承担着区域航运功能。

2004年起，在常州城区段运河以南新建了一段南移改线航段，将江南运河常州城区段河道绕开，使其失去了原有的航运主航道地位，成为城市景观河道。

图3-30　大运河常州段

（二）运河旅游景区、景点

境内名胜古迹众多，历史文化名人荟萃。风景名胜、历史古迹有圩墩村新石器遗址、春秋淹城遗址、天宁寺、红梅阁、文笔塔、北宋藤花旧馆、苏东坡舣舟亭、中华恐龙园、溧阳天目湖旅游度假区、金坛茅山风景区等。我们选择了几处景点参观。

1. 中华恐龙园

首先来到国家5A级旅游景区中华恐龙城，因为这是以孩子玩乐为主的景区，我们就只在门前拍了照片，并没有进去游览。据陪同的专家介绍，这是一座占地面积4800余亩（约320公顷）的"恐龙王国"，包括中华恐龙园、迪诺水镇、恐龙谷温泉、恐龙城大剧场、香树湾花园酒店、维景国际大酒店、恐龙主题度假酒店、三河三园亲水之旅等旅游项目，是一座集主题公园、游憩型商业、文化演艺、温泉休闲、动漫创意于一体的一站式恐龙主题综合度假区（图3-31）。

2. 天宁寺

听说常州也有座天宁寺，我们决定去看看。景区依天宁禅寺、天宁宝塔而建，三面环水，占地面积不小，有130余亩（约8.7公顷）。天宁宝塔2007年开放，号称神州第一佛塔（图3-32）。我们乘坐电梯到塔上参观。在顶层，极目远眺，常州全城尽收眼底。我们还听了天宁梵呗，据说，这作为常州首批国家级非物质文化遗产而享誉海内外。专家介绍，常州天宁寺与镇江金山寺、扬州高旻寺、宁波天童寺并称为我国禅宗东南四大丛林。

3. 篦箕巷

从天宁寺出来，我们来到位于常州市区古运河段北岸的篦箕巷（图3-33），这是

图3-31　中华恐龙园

图3-32　常州天宁寺塔

图3-33　常州篦箕巷

一条傍水而生的街，与西瀛里明城墙相连。据介绍，篦箕巷原名"花市街"，因整街作坊与商户专做梳篦，所以清朝时更名为"篦箕巷"。巷内建筑为黑瓦白墙骑楼式，挑梁伸出巷道，梁下挂有宫灯。古时，大小作坊店铺依托运河便利的交通销售梳篦，从而闻名于世。篦箕巷有毗陵驿、真老卜恒顺梳篦店、文亨桥三处景点，我们专门去欣赏了"文亨穿月""篦梁灯火"的景观。

4. 春秋淹城名胜区

在常州同行盛邀下，我们还参观了春秋淹城名胜区（图3-34）。这是考古遗址改建的景区。经考古确认为春秋早期所筑，距今已有2800多年历史。专家介绍说，淹城遗址的神秘和独特在于其三城三河相套式的筑城形制，这在我国乃至世界上也都是绝无仅有的。1988年被列为全国重点文物保护单位。目前，已建成以淹城遗址公园为核心，淹城春秋乐园、淹城传统商业街坊、淹城野生动物世界、淹城春秋文化拓展区、宝林禅寺五区联动的春秋淹城风景名胜区。

图3-34　春秋淹城名胜区

五、江南水弄堂　运河绝版地——无锡

（一）大运河与无锡

运河城市游第五站来到被称为太湖名珠的无锡。出发前我们查了资料，了解到江南运河无锡城区段长约 14 千米（图 3-35）。最早的河道始建于春秋时代，隋代初期重新疏浚和拓宽此段河道，隋唐宋时代，沿着无锡江南运河河道，城镇市集持续发展并进一步增多。元明清时期，此段运河作为江南运河的主要航道，承担了航运的主要功能，并对无锡城市发展产生了巨大的促进作用。因为运河，无锡自古就是鱼米之乡，素有布码头、钱码头、窑码头、丝都、米市之称，是中国国家历史文化名城，中国民族工业的摇篮。

大运河漕运功能结束后，大运河无锡城区段依然承担了太湖周边与杭嘉湖地区的区域性内河航运功能。在1965年和1983年的两次改道工程中，一段新开挖的运河完全绕开此段运河，使其失去了原有的航运功能，改为城市景观河道与泄洪排水河道。

图 3-35　无锡段运河

（二）运河旅游景点、景区

无锡有鼋头渚、灵山大佛、无锡中视影视基地（三国城、水浒城、唐城）、梅园、蠡园、惠山古镇、荡口古镇、东林书院、崇安寺、南禅寺、无锡市灵山景区、清名桥古运河景区等景点，是中国优秀旅游城市。我们也参观了几处景点。

1. 无锡中视影视基地

无锡中视影视基地以中央电视台无锡太湖影视城所属的唐城、三国城、水浒城为主体，作为中国十大影视基地之一，拥有大规模的古典建筑群体。我们分别参观了三国城、水浒城和唐城。只见三国城内的建筑雄浑刚劲，主要景点有吴王宫、后宫、甘露寺、汉鼎、曹营水寨、吴营水寨、周瑜点将台等。而水浒城内的建筑工巧华丽，主要景点有皇宫、樊楼、清明上河街、御街、紫石街、水泊梁山等。唐城内的建筑特点则是金碧辉煌，主要景点有御花园、华清池、唐宫等。此外，我们还参观了仿建的"老北京四合院""老上海一条街"等明清风格的建筑景观（图3-36）。

2. 无锡市灵山景区

随后我们来到无锡市灵山景区，这个景区由小灵山、祥符禅寺、灵山大佛、天下第一掌、百子戏弥勒、佛教文化博览馆、万佛殿等景点组成。壮观的灵山大佛让人叹为观止。

3. 清名桥古运河景区

第三处景点是清名桥古运河景区，这里由两条交汇呈"丫"形的千年古河和两条沿河古街构成，荟萃了丰富的历史遗存和人文景观，被誉为"中国活态运河博物馆"。我们走在古街中，逛了一个个极富人文气息的文创店、咖啡馆、私房菜馆。站在清名桥上，看那条著名的"江南水弄堂"，满载游客的船从古运河这个"绝版精华地"缓缓驶过。我们还参观了窑群博物馆、丝绸博物馆。清名桥古运河景区拥有一大批明清时期的古窑、古宅、古桥、古街、古巷、古庙、古寺、古塔、古码头等历史文化景观。"桨声、灯影、古桥、民居"构成了一幅最纯粹的古运河"民俗风情水上图"，真是一个旅游、休闲度假的好去处，让我们流连忘返（图3-37）。

六、悠扬运河　天堂苏州

（一）大运河与苏州

我们来到第六个运河城市苏州，这是首批国家全域旅游示范区。经过事先做功课

图3-36　无锡惠山老街

图3-37　清名桥运河景区

图 3-38　大运河苏州段

我们得知，江南运河苏州段由不同历史时期开凿的多段运河组成，总长度约 73 千米（图 3-38）。最早开凿于春秋时期，隋大业六年（610 年）重新疏浚和拓宽。公元 9 世纪初，在苏州城西北部、上塘河以北新开凿了山塘河，作为大运河北入苏州古城的水道。20 世纪 50 年代和 80 年代，分别在苏州城西侧新开凿两段运河，绕开了原作为江南运河主航道使用的上塘河、西侧环城河与胥江、南侧环城河。上塘河、山塘河、胥江和护城河等河道自此不再作为大运河主航道使用，失去了航运的功能，改为城市景观河道与排水河道。

苏州古城自宋代以来形成的"三横四直"的主干河道系统存留至今。运河城区水系造就了古城水陆并行、河街相邻的城市布局，并直接促成了享誉世界的苏州园林。其中，平江历史文化街区和山塘河历史文化街区较为完整地展示了运河城市水道体系原貌，反映出苏州这座运河古城的历史风貌，代表了河街并行的苏州水陆"双棋盘"格局。

（二）运河旅游景区、景点

苏州素来以山水秀丽、园林典雅而闻名天下。苏州共有 5A 级景区 8 家，4A 级景区 28 家，3A 级景区 20 家，被确定为全国智慧旅游试点城市。我们重点游览了苏州园林、虎丘和金鸡湖景区。

1. 苏州园林

陪同的专家介绍，苏州古典园林的历史可上溯至公元前 6 世纪春秋时期吴王的园囿。私家园林最早见于记载的是东晋（4 世纪）顾辟疆所建的辟疆园。明清时期，苏州私家园林遍布古城内外，有园林 200 余处。现有拙政园、留园、狮子林、沧浪亭、环秀山庄、艺圃、耦园、网师园、退思园共 9 座园林被列入《世界遗产名录》。苏州园林是文化意蕴深厚的"文人写意山水园"。

我们首先来到拙政园，这座始建于明正德初年（16 世纪初）的江南古典园林的代北起苏州与嘉兴交界处,南至杭州钱塘江边,是江南运河联系太湖水系与钱塘江水系的河道,从北至南包括始建于不同历史时期的苏州塘、杭州塘、崇长港、上塘河、杭州中河、龙山河等多段河道。杭州中河南北纵贯杭州城区中部,南接龙山河,水流方向由南向北汇入上塘河,现为城市景观河道。龙山河原是杭州中河通钱塘江的水道,始凿于吴越钱镠时,现南起闸口,北至凤山门,连接杭州中河,全长4400米,与钱塘江已不相通,现为城市景观河道。杭州段运河仍作为长江三角洲地区重要的航运通道不断维护,至今还是江南地区重要的内河航道(图3-41)。

图3-41 大运河杭州段

(二)运河旅游景区、景点

杭州人文古迹众多,西湖及其周边有大量的自然及人文景观遗迹。其中主要代表性的独特文化有西湖文化、良渚文化、丝绸文化、茶文化。杭州拥有两个国家级风景名胜区,一个国家级旅游度假区,全国首个国家级湿地。全市拥有年接待1万人次以上的各类旅游景区、景点120余处。著名的旅游胜地有瑶琳仙境、桐君山、雷峰塔、岳庙、三潭映月、苏堤、六和塔、宋城、南宋御街、灵隐寺、跨湖桥遗址等。由于时间关系,我们也是择优看了几处景区。

1. 西湖

来杭州,必游西湖(图3-42)。整个杭州市就是以秀丽的西湖为中心展开。西湖景区是三面云山,中涵碧水,只见沿湖地带绿荫环抱,林木葱茏,画桥烟柳,群山透迤之间，林泉秀美，溪涧幽深，让人一下子就喜欢上了。据陪同的杭州运河集团同志介绍，西湖的 90 多处各具特色的公园、景点中，有三秋桂子、六桥烟柳、九里云松、十里荷花，更有著名的"西湖十景"以及相继建成开放的十多处各具特色的新景点，将西湖连缀成了色彩斑斓的大花环，使其春夏秋冬各有景色，晴雨风雪各有情致。可以说西湖山、泉、湖、桥、塔、寺样样俱全。给我们印象最深的是西湖景区不收门票，西湖沿岸，城市和公园并没有绝对的界限，茂盛的植被与各色小店融为一体。杭州人就是以这样的真诚，吸引了世界各地的游客来旅游（图 3-43）。

图 3-42　西湖风光

图 3-43　西湖：中国山水典范

2. 西溪国家湿地公园

杭州还有一处景点，西溪国家湿地公园也很漂亮，与西湖、西泠印社并称杭州"三西"（图 3-44）。我们按照电影《非诚勿扰》的指引，来到这处中国第一个集城市湿地、农耕湿地、文化湿地于一体的国家级湿地公园。因为时间紧，我们坐着旅游船，走马观花地看了这个首个国家 5A 级景区的国家湿地公园。只见公园内生态资源丰富、自然景观幽雅、文化积淀深厚。最近景区又开了二期和三期项目，游览的范围更大了。

3. 良渚遗址

杭州的第三张名片就是良渚文化遗址。上次来良渚是良渚成为世界文化遗产前，我们是来参加中国世界文化遗产预备名单遗产地联盟成立的。5 年后再来，这里已"申遗"成功。

图 3-44　西溪湿地

这次我们看得格外仔细，首先参观了良渚博物院，经过"申遗"成功后的改建，这里布展更加注重生态环保的理念，充分利用自然光，让展厅显得格外敞亮，也提高了参观者的鉴赏体验。我们还参观了复原的良渚遗址，这里有大片的水稻田，还有原始的船只，特别是良渚遗址的核心良渚古城遗址，以反山墓地出土玉器的类型、功能、纹饰与用玉制度，体现了文化特性——礼制的影响。反山遗址中的史前城市模型，向游客直观地介绍了良渚这处长江下游太湖流域一支重要的古文明。据说良渚文化时期的城址发掘是中华文明探源工程的一项课题，它关系到国家起源的实证（图3-45）。

（a）局部（一）　　（b）局部（二）

图3-45　良渚遗址

八、老绍兴　醉江南

（一）大运河与绍兴

我们从杭州继续往东，来到浙东运河边的绍兴，这是一座具有江南水乡特色的文化和生态旅游城市。据事先做功课，浙东运河杭州萧山—绍兴段包括如今的西兴运河、绍兴城内运河、绍兴护城河、山阴故水道等河段，西起杭州西兴的钱塘江边，东至上虞县东关镇曹娥江边，全长约90千米。

山阴故水道始建于春秋时期（公元前6—公元前5世纪），南北朝时期（公元4世纪）逐渐形成了以渠化天然河道为主的运河体系，唐宋时期在工程与制度上进行了较大的完善，形成了完整的水运体系。而绍兴护城河由北宋皇祐年间（1049—1054年）开凿的护城壕发展而来。后来此段运河作为连接海上丝绸之路与大运河的交通要道不断受到疏浚和维护。现除了部分河道保留了原有的航运功能外，其余河道改作城市景观河道或泄洪排水河道（图3-46）。

（二）运河旅游景区、景点

绍兴已有2500多年建城史，是首批国家历史文化名城，中国优秀旅游城市，也是著名的水乡、桥乡、酒乡、书法之乡、名士之乡。著名的文化古迹有兰亭、禹陵、鲁迅故里、沈园、柯岩、蔡元培故居、周恩来祖居、秋瑾故居、马寅初故居、王羲之故居、贺知章故居等。

图 3-46　大运河绍兴段

1. 鲁迅故里

我们首先参观了鲁迅故里，这里由鲁迅故居、鲁迅祖居、三味书屋等组成，一路上，曾出现在鲁迅笔下的咸亨酒店、塔子桥、土谷祠、长庆寺、恒济当铺等，都原汁原味地呈现在我们面前，让我们大呼过瘾。我们还在三味书屋前的乌篷船码头，乘上乌篷船来到咸亨酒店，在咸亨酒店品尝了太雕酒和茴香豆，说实话，太雕酒的口味还不错，但茴香豆的味道一般，而且比较硬，不知道愚夫子孔乙己怎么会把这个豆子当作宝贝的。

2. 大禹陵

绍兴的第二个景点，我们选择去了大禹陵，大禹陵在会稽山景区内，为国家级文物保护单位（图 3-47）。爬到半山腰，见到了禹陵。通向禹陵的是一条长350多米的步行神道，我们一路来到尽头的祭禹广场。广场上设有图腾柱与九鼎台等建筑，象征着古越先民信仰，又是各界祭祀大禹的场地。进入禹庙西辕门南侧的棂星门，沿石板铺就顺山势逐级升高的百米甬道直达大禹陵碑亭。大禹陵碑南侧为禹祠，祠外北侧有"禹穴"碑。祠内有前殿、后殿、放生池、曲廊和禹井亭等建筑，为大禹后裔宗族祭祀的场所。据介绍，禹庙始建于南朝梁大同十一年（545年），为我国江南少有的大型古建筑群。在茂盛的树林环抱下，禹陵显得格外庄重。

图 3-47　大禹陵

3. 东湖风景区

离开禹陵,我们驱车来到绍兴东湖景区(图3-48)。这里是浙江省的三大名湖之一,以崖壁、岩洞、石桥、湖面巧妙结合为特点。据绍兴文物局陪同人员介绍,东湖所在地原为一座青石山,秦始皇东巡时曾在此驻驾饮马,故被称为箬篑山。汉代以后,成了绍兴的一处石料场,经过千百年的开采,搬走了半座青山,并形成了高达50多米的悬崖峭壁。清末,绍兴乡贤陶浚宣眼光独到,利用采石场筑起围墙,对水面稍加拓宽,遂成山水相映的东湖。东湖经过百年的人工雕琢,成为一处巧夺天工的山水大盆景。我们租了游船在东湖划船,船儿在悬崖下通过,上面只有一线天,别有一番情趣。

图 3-48　绍兴东湖风景区

九、运河古都　牡丹花城洛阳

(一) 大运河与洛阳

离开绍兴,我们来到大运河的最西端洛阳市。我们从攻略得知,洛阳是华夏文明的发祥地之一、丝绸之路的东方起点、隋唐大运河的中心,历史上先后有十多个王朝在洛阳建都。隋代,以洛阳为交汇点的通济渠、永济渠的开通,形成了政治中心与经济重心的连通，位于水运枢纽的洛阳，成为漕粮与物资转运的集散地。为适应漕粮从江南各地集中运输到北方的运输中转，隋代开始建设一系列漕粮储存仓和中途转运仓，并初步形成了水运仓储体系。唐代这一体系不断完善，形成相对独立的管理体系。含嘉仓、回洛仓遗址均为隋唐时期大运河沿岸重要官仓遗址，反映了隋代大运河漕运的规模与相应的国家直属的仓储设施建设的情况。

通济渠的开通和持续使用还促进了沿线城镇的发展。隋东都洛阳是与大运河通济渠同期规划实施建设的规划史上堪称典范的城市。洛阳是通济渠的起点，运河水系洛水为运河提供水源，城市也因此而有完善的城河水系（图3-49）。

图3-49　大运河洛阳段

（二）运河景点、景区

洛阳市有二里头遗址、偃师商城遗址、东周王城遗址、汉魏洛阳城遗址、隋唐洛阳城遗址五大都城遗址，有龙门石窟、汉函谷关、含嘉仓3处世界文化遗产，有4A级以上景区30处，是中国重要的旅游目的地（图3-50）。我们首先来到洛阳的龙门石窟。

1. 龙门石窟

龙门石窟是世界上造像最多、规模最大的石刻艺术宝库，被联合国教科文组织评为"中国石刻艺术的最高峰"。沿着伊水前行，来到石窟景区（图3-51）。据龙门石窟管理处同志介绍，龙门由大禹治水时所开凿，鱼跃龙门的传说就发生于此。其石窟始凿于北魏孝文帝年间，盛于唐，终于清末。陆续营造长达1400余年，是

图3-50　武则天在洛阳建的天堂

（a）远景

（b）近景

图 3-51 龙门石窟

世界上营造时间最长的石窟。只见南北长达 1 千米的伊水东西两山的峭壁上，密布了一座座石窟，游客顺着游览路线，一个个参观。据了解，现存洞窟像龛 2345 个，造像 11 万余尊。只是大多数造像有损坏。陪同的专家介绍说，龙门石窟还有碑刻题记 2860 余品，有古碑林之称，代表作"龙门二十品"是中国书法艺术之杰作。

2. 隋唐洛阳城国家遗址公园

接下来，我们来到隋唐洛阳城国家遗址公园（图 3-52）。据了解，隋唐洛阳城是隋唐两朝的都城遗址。隋唐洛阳城分为宫城（紫微城）、皇城、外郭城、上阳宫等，全域约 51.9 平方千米，有 3 市 109 坊，占地面积 4.2 平方千米，被誉为万宫之宫，奠定了中国宫城基本格局，是隋唐以后宫殿建筑的范本，被宋、元、明、清皇宫所仿效。目前，遗址公园主要分布有唐代的明堂、天堂和九洲池等建筑遗址。明堂金碧辉煌，装饰华丽，在中央位置，还放了一座龙椅，让游客拍照留念。在明堂的北面，则是武则天命薛怀义造的一座天堂。这天堂主要用来安放一尊大佛。我们在《神探狄仁杰》这部电影中看到过，但一见实物，觉得还真是高大巍峨。九洲池遗址保存范围明晰，是紫微城遗址的重要组成部分。只见池边堤岸委曲，池中有数岛，鸟鱼翔泳，花卉罗植。池水向紫微城辐射，园内水网密布、殿台楼阁点缀其间，景色美不胜收。

图 3-52 隋唐洛阳城遗址

3. 中国国花园

图 3-53 洛阳国花园的牡丹

离开隋唐洛阳城遗址，我们来到了一旁的中国国花园，这里是目前国内规模最大的牡丹专类观赏园（图3-53）。以隋唐历史文化为底蕴，以牡丹文化为主要内容，融历史文化、牡丹文化和园林景观为一体，享有"中国国花第一园"之美誉。这里各种牡丹品种都有，姚黄魏紫，美不胜收，还有白牡丹、黑牡丹我们拍了好多照片。

十、一城宋韵　东京梦华——开封

（一）大运河与开封

运河城市游的最后一站我们来到开封。据了解，开封古称大梁，战国时曾为魏国国都。素有八朝古都之称。

战国时魏惠王开凿的鸿沟成为通济渠的前身。隋代开凿的通济渠，在后来的唐宋时期继续发挥重要的漕运功能，成为支撑国家经济的骨干交通。安史之乱以后，通济渠成为国家生命线，使开封作为交通漕运枢纽的地位得到进一步确立。

北宋王朝建立后，经反复权衡终于选定这里为国都。从此，这里就成为全国政治、经济、文化的中心城市。北宋时期，通济渠被称为汴河，以开封为中心东南入淮河，成为维系首都—东京汴梁的重要漕运通道，汴河漕运空前发达。除汴河外，开封还有向南经陈、蔡地区通往淮河流域的惠民河，向东经曹州通往齐鲁地区的五丈河，以及向西经中牟通往荥阳的金水河。这一以汴河为主的运河系统构成以开封为中心的放射状河网，为北宋漕运的发达和开封的繁荣，提供了良好条件。此后仅几十年时间，汴京（开封）城就成为全国最大的繁华都会了。到宋神宗时汴京城已成为拥有百万以上人口闻名于世界的大型城市。我们讲大运河不得不说的举世闻名的《清明上河图》就是当时汴京城繁盛景象的真实写照。同时，由于黄河泛滥淹没开封城，开封还是一座"城摞城"的城市，地下叠压着六座古代城池（图3-54）。

图 3-54 开封北宋东京古城西城墙新郑门考古遗址

（二）运河景区、景点

开封有众多的文物古迹，全国重点文物保护单位 19 处，包括闻名遐迩的铁塔、大相国寺、包公祠、延庆观、禹王台、繁塔等。全市共有 4A 级旅游景区（点）7 处，5A 级旅游景区（点）1 处，全国第一大地方剧种豫剧也发源于此。

1. 龙亭公园

我们首先来到位于开封龙亭区中山路北端的龙亭公园，这里是按清万寿宫布局而建的古建筑群体，我们自南向北参观，分别游览了午门（景区南大门）、玉带桥、嵩呼、朝门、东西朝房、照壁、龙亭大殿、宋代蜡像馆、东西垂花门和东西跨院、北宋东京城和皇城模型、北宋皇城拱宸门遗址、《五岳真形碑》方亭、北门、东便门等。最后登上了建于 72 级蹬道的平台之上的龙亭大殿，大殿属宋代皇宫后御苑旧址的一部分，殿下高台乃明代周王府花园中的土山。登上龙亭大殿，我们极目四眺，潘杨二湖近在脚下，龙亭公园的秀丽景色、繁华的宋都御道尽收眼底（图 3-55）。

图 3-55 开封龙庭

2. 清明上河园

来开封，怎能不看看清明上河园（图3-56）。这里是以宋代张择端的名画《清明上河图》为蓝本，集中再现原图风物景观的大型宋代民俗风情游乐园。我们游览了景区主要景点：城门楼、虹桥、街景、店铺、河道、码头、船坊等。园区内按《清明上河图》的原始布局，有宋代的酒楼、茶肆、当铺、汴绣、官瓷等，还有年画的现场制作。各种游乐项目有民间游艺、杂耍、盘鼓表演；神课算命、博彩、斗鸡、斗狗，充分反映了北宋的汴京风情。这里还有根据历史故事表演的"文包武杨"演出，我们还观看了宋代婚礼习俗节目。置身园内，有时空错乱的感觉。

3. 宋都御街

下一站我们来到了宋都御街，这是一条仿北宋商业街（图3-57）。北宋时期，东京御街北起皇宫宣德门，经州桥和朱雀门，直达外城南熏门，是供皇帝御驾出入的主要街道。新建的御街景区是在原御街遗址上修建。我们从南端新街口开始游览，经过400多米的街道，来到北边的五朝门。只见街道两侧角楼对称而立，楼阁店铺鳞次栉比，一路上的匾额、楹联、幌子、字号都充满了北宋风格，古色古香。50余家店铺各具特色。作为游客，我们漫步御街，仿佛一步跨越了上千年的历史长河，走进了北宋的东京梦华。

图3-56 开封清明上河园

图3-57 开封宋都御街

第四章
走进博物馆游运河

要了解运河文化,最便利、最简便、最快速的方法莫过于去运河博物馆。约三五好友,在美好的季节,结伴出行!

咱先做好游览攻略。大运河博物馆有哪些?展开地图纵横南北看看大运河沿线:综合性的博物馆,如中国国家博物馆;专题性的运河博物馆,如聊城中国运河文化博物馆、济宁南旺科技馆、淮安漕运博物馆、宁波海运博物馆;区域性的运河博物馆,如扬州中国大运河博物馆、洛阳隋唐大运河博物馆、淮北隋唐大运河博物馆、杭州京杭大运河博物馆;还有利用古代皇家宫殿建起的北京故宫博物院……

各种类型,不一而足。尽管受新冠疫情影响,我们的行程时断时续,一年多的时间里,我们还是游完了大运河沿线的十座博物馆。就让我们一起走进运河博物馆网红打卡地来游运河吧。

一、北京故宫博物院游

要说热度最高、粉丝最多的博物馆莫过于北京故宫博物院了。初夏的北京,天气晴朗,走进故宫别有一番滋味。一大早,我们站在参观入口午门,放眼望去,壮观的故宫博物院展现在眼前。据提前的攻略,故宫东西宽753米,南北长961米,占地面积723600余平方米,周围环以10米高的城墙和52米宽的护城河(筒子河)。城墙四面各设城门一座:南名午门,北称神武门,左右为东华门、西华门,午门为参观入口,神武门为参观出口。仔细端详整组宫殿建筑,布局与形制严格按照封建礼制和中国传统建筑学说设计与营造,映现出帝王至高无上的权威。

翻看手里预习后的资料:故宫又名紫禁城,是中国乃至世界上保存最完整、规模最大的木质结构古建筑群,被誉为"世界五大宫之首"。故宫分为外殿和内廷两部分,外殿以太和殿、中和殿、保和殿这"三大殿"组成,内廷以乾清宫、交泰殿、坤宁宫"后三宫"为中心,加上东西两侧的东六宫和西六宫,是封建帝王与后妃居住之所,也就是俗称的"三宫六院"。

我们首先走近故宫三大殿之一的太和殿,印入眼帘的是屋顶的琉璃瓦,金黄一片,在蓝天的衬托下闪闪发光。太和殿的墙和门窗全部是红颜色,在下面白色台基的衬托下,也显得非常鲜艳夺目。这是紫禁城中的至尊金殿,即民间所谓皇宫中的"金銮宝殿",是皇帝举行重大盛典的地方。明嘉靖皇帝时改名皇极殿。清朝建都北京后改为太和殿,蕴含天下和谐的宏旨。

顺着人流来到中和殿,顶为重檐歇山式,殿内沿袭宋、元"减柱造"法式,空间开阔,在清代是宴请王公、举行殿试等的地方。

下一站保和殿,殿名其意为"志不外驰,恬神守志",保持宇内的和谐,才能福寿安乐,天下太平。保和殿的匾额"皇建有极",是乾隆御笔,意思是君王建立政事要有中道,做到不偏不倚,取中庸之意。殿内对联"祖训昭垂,我后嗣子孙尚克钦承有永;天心降鉴,惟万方臣庶当思容保无疆"吸引了很多游客驻足观看。

匆匆走过养心殿和乾清宫。养心殿可以说是一个皇帝办公、起居、会客、宴饮的复合空间,后来皇帝还在这里接见过外国的使节。这里曾经是慈禧、慈安两太后垂帘听政的地方,清代有8位皇帝先后住在这里。乾清宫是明清皇帝日常起居和处理政务的地方,明永乐十八年(1420年)建造,现存建筑为清嘉庆三年(1798年)所建。

面前的坤宁宫是明代皇后的寝宫,清顺治十二年(1655年)仿照盛京清宁宫的式样重修。西端四间辟为萨满教祭神的场所,东端二间是皇帝大婚的洞房,年幼登基的康熙、同治、光绪三位皇帝均在这里成婚。

乾清宫和坤宁宫之间,有一座交泰殿,原来是皇后千秋节接受庆贺礼的地方,到了清代用来存放"清二十五宝"御玺。

我们穿过古老的宫道,参观了文华殿。文华殿是紫禁城三大殿东侧的一间正殿,是明清皇帝经筵之所。初为皇帝便殿,明天顺、明成化两朝,太子践祚之前,先摄事于文华殿,明嘉靖十五年(1536年)改为皇帝便殿,清康熙二十二年(1683年)开始重建。

与文华殿遥相呼应的是武英殿,清康熙四十年(1701年)以后,武英殿大量刊刻书籍,图册完善精美,书品甚高,世称"殿本"。

参观完几个大殿,我们来到太和门广场(图4-1)。广场南部自西向东蜿蜒流淌

图4-1 故宫太和门广场

着一条如弓形的金水河，阳光下波光粼粼，河上有五座并列单孔拱券式汉白玉石桥，这就是"内金水桥"。正中的是御路桥，供皇帝专用。东西两侧为王公桥，供皇室成员、亲王大臣通行。再两侧为品级桥，供三品以上官员行走。这是紫禁城内最大，也是最壮观、最华美的一组石桥。我们迫不及待地"咔嚓"拍照了一番。

在故宫参观了近4个小时，才把主要景点走马观花地游览了一遍，如果想把故宫看全面，最少8到15小时，故宫实在太大啦。不是说游览运河博物馆了解运河文化吗？故宫与大运河有关系吗？有关系啊，而且大了去了，可以说，没有大运河就没有故宫。且听我们细细道来：北京的建立与发展与大运河密切相关，尤其是紫禁城这种举天下之力的伟大工程，更是因运河才得以完成。故宫博物院原院长、故宫学院院长单霁翔在讲座上说过："紫禁城是大运河上漂来的"。他还著了一本书，就叫《大运河漂来的紫禁城》。明清时期中国的建筑主要以砖石木为原材料，修建像紫禁城这样的宫殿建筑群，建筑材料的消耗自然是巨大。而作为中国最为辉煌的工程，当时更是集结了全国各地最好的工匠以及天下各种珍奇名贵的材料。大运河就好像现在的铁道线路，担负起了主要交通功能，确保来自原产地的材料能够完好地运到北京。西南深山中的木材，沿江而下进入大运河。再由漕船一路来到京城。修建紫禁城专用的青石砖则来自山东、河南、江苏等地。为了运输方便，这些砖厂都建在运河沿线。山东临清贡砖场、苏州陆墓金砖窑都在运河边。随着运河而来的不光有材料，也有全国各地的文化，无论是物质还是非物质文化方面，一条大运河就像传输带一样把南方文化源源不断地输送到北京。从饮食娱乐到穿着配饰，从戏曲到园林，北京城里、紫禁城内无不透露着江南文化的影响力（图4-2～图4-4）。

图4-2　故宫武英门

图 4-3　故宫皇极殿

图 4-4　故宫重华宫

二、中国国家博物馆游

离开故宫，简单吃了点东西，我们乘观光2线来到了天安门广场东侧的中国国家博物馆（图4-5）。蓝天白云下，中国国家博物馆气势磅礴，从外观来看，两边巨大的方形立柱给整个建筑以庄严厚重的风格。中国国家博物馆与人民大会堂东西相对称，是代表国家收藏、研究、展示、阐释能够反映中华优秀传统文化、革命文化和社会主义先进文化代表性物证的最高机构，是国家最高历史文化艺术殿堂和文化客厅。

走进中国国家博物馆，置身宽敞明亮的西大厅，一个女导游正用京味儿十足的普通话介绍着，我们也靠近认真听讲：中国国家博物馆的前身可追溯至民国元年（1912年）成立的国立历史博物馆筹备处。2003年，中国历史博物馆和中国革命博物馆合并组建成为中国国家博物馆。2011年3月新馆建成开放。全馆建筑面积近20万平方米，是世界上单体建筑面积最大的博物馆。中国国家博物馆有藏品数量140万余件，涵盖多种门类。其中，古代文物藏品81.5万件，近现代文物藏品34万件，图书古籍善本24万余件，共有一级文物近6000件。2020年10月30日，中国国家博物馆被文化和旅游部确定为"第六批全国古籍重点保护单位"；2021年底，

图 4-5　中国国家博物馆

据《2020年全球主题公园和博物馆指数报告》显示,中国国家博物馆排名全球第二。导游甜美的声音里透着自豪与骄傲。

"古代中国"陈列是中国国家博物馆最大的一个展厅,文物布满展厅,令人目不暇接,资料上说有2026件,其中一级文物521件。我们漫步进入,在聚光灯下低头俯身,看着一件件穿越千古的文物,宛如穿越千年时空,行走在中国古老、辉煌灿烂的历史中。"古代中国"陈列很有特色,以王朝更替为脉络,以珍贵文物为核心,不同于我们中学教科书展示历史的方式。我们先驻足"远古时期""夏商西周时期",一路走过"春秋战国时期""秦汉时期""三国两晋南北朝时期""隋唐五代时期""辽宋夏金元时期",最后走到"明清时期"。眼前的文物仿佛会说话,向我们生动地讲述中华文明绵延不绝的发展史,展示各族人民共同缔造多民族国家的历史进程。

跟着人流我们走进"复兴之路"展馆,这是中国国家博物馆基本陈列的最新发展。除了基本陈列外,还有一些专题展览。

我们此行的主要目的是了解运河文化,因此特地去观看了专门反映大运河治理与功用的典藏《乾隆南巡图》长卷数字展示(图4-6)。《乾隆南巡图》是中国国家博物馆典藏的国宝级书画珍品之一。全套共12卷,纵68.6厘米,总长15417厘米,描绘清乾隆十六年(1751年)乾隆皇帝第一次南巡的情景。清乾隆十六年(1751年),

图4-6 乾隆南巡图

乾隆皇帝仿效祖父康熙皇帝的南巡旧例，从北京出发，沿大运河南巡。全程5800余里，历时112天。乾隆皇帝共写了520余首御制诗，并从中选出12首，本着"以御制诗意为图"的原则，令宫廷画师徐扬依前后次序分卷描绘。图卷以中国画的写实手法，将诗、书、画三者结合起来，描绘了乾隆皇帝南巡期间省方问俗、察吏安民、视察河工、检阅师旅、祭祀禹庙和游览湖山名胜的情景。虽然遗憾没能看到真迹，但用三维数字技术展示《乾隆南巡图》，活灵活现地动态还原画中恢宏的历史情境，还是深深地打动了我们。我们能看到乾隆皇帝的一举一动，看到文臣武将的着装、出巡仪仗的派头，看到大江南北的自然地理景观……我们目不转睛，心驰神往，仿佛走进了画里，与画中人物一起游览湖山名胜。

我们来的正巧，赶上了4月份开始展出的《舟楫千里，大运河文化展》，这个展览专门介绍中国大运河的历史和相关知识以及部分文物。这可是中国国家博物馆首次全面系统展现大运河及其衍生出的深厚文化底蕴的展览（图4-7）。因为策展时，我们帮中国国家博物馆提供过大运河相关照片，展览部负责人赵永特地过来陪同，并为我们讲解了这个专题展。展览在北1、北2展厅。分为"一河千载通南北""货通南北利四方""千舸并进万夫牵""神工当惊世界殊""因河而兴文化盛"五个部分，系统展示了大运河的开凿历史、通航功能、漕运管理、工程技术和非物质文化遗产。展品很丰富，有170件展品，还有多个数字影像和互动项目呢。看看，有好多难得一见的藏品，如体现水道画卷的《明代运河全图》，表现漕运盛景的《潞河督运图》，展现河道治理的《高明治水图》，反映水利技术成就的《河防一览图》，记录妈祖信仰的《天津天后宫过会图》等。从各地博物馆征调的运河文物也不少，有天津博物馆馆藏《漕运图卷》、通州区博物馆馆藏"军粮经纪密符扇"和《运河源流图》、扬州市文物考古研究所藏隋炀帝墓出土鎏金铜铺首和玉璋等重量级展品。

整个展览布展构思让人叹为观止：在空间上用曲线打造出运河蜿蜒般的造型，并将文物呈现在"河岸"之上，突出展览主题；同时，配以相关的辅助展品和多媒体，如"穿越时空的大运河"

图4-7 国博的"舟楫千里"大运河文化展

数字影像、"大运河文化"系列动漫短片、"中国大运河申遗宣传片"等,文物"活"了起来,观众身临其境,体验感增强。展览吸引了一大批渴望了解运河文化的观众。因时间有限,不能过细地看展览,好在中国国家博物馆出版了《舟楫千里,大运河文化展》图书。为了让我们更深入地了解展陈情况,赵永还向我们赠送了《舟楫千里,大运河文化展》图书。

三、聊城中国运河文化博物馆游

国内第一座以运河文化为主题的专题博物馆是聊城中国运河文化博物馆。既然是第一座,怎能不去打卡?我们乘高铁来到山东聊城,跟着导航来到聊城中国运河文化博物馆(图4-8)。博物馆东临大运河,西依东昌湖,主体建筑远远看去就像一只巨大的漕船,在运河里乘风破浪,昂首前行,跟运河文化主题太贴合了!

馆名由我国著名社会学家、人类学家费孝通先生题写,用笔线条遒劲,顿挫缓急,如行云流水,文化感十足。进入馆内,仔细阅读资料介绍:聊城中国运河文化博物馆建筑面积1.6万平方米,陈列面积7000平方米。博物馆共五层,地下一层,地上四层,分陈列区、收藏区、研究和学术交流区三个功能分区。可以说是聊城市最大的集文物收藏、保护、研究、陈列、宣传教育于一体的大型综合类博物馆。

我们去参观时,正值聊城中国运河文化博物馆提升改造后刚刚正式开放,凭借它的时尚感、科技感,一经亮相就吸粉无数,前来参观的市民游客络绎不绝。一进博物馆大门,我们看到的是一艘元代古船踏着悠悠运河水,向我们缓缓驶来。据讲解员介绍,它在2002年对聊城的运河进行整治时被意外发现,长17.5米、宽4.5米,内含有11个船舱,从它的载重量以及吃水度,我们也可以想象到元代时期聊城运河的规模还是非常大的……据介绍,改造提升后的运河文化博物馆,一改以往单一的展板和陈列,除了引进先进的多媒体设备,在内容上也进行了重新梳理,将展览设置为"水工科技""制度管理""运

图4-8 聊城中国运河文化博物馆

河风情"等六部分，以交互式的手段将馆藏精品文物、多媒体投影、微缩景观和大型艺术场景有效融合，为游客们带来了沉浸式的观展体验。博物馆新引进的裸眼3D影片《飞阅大运河》给游客带来了从视觉到听觉全方位的震撼感受。该馆的运河文化陈列荣获首届"山东省博物馆纪念馆十大精品陈列"。徜徉在"运河文化陈列"区，每一件文物有生命、有温度，在向我们讲述着运河的故事。我们仿佛上了一堂世界运河科普知识的大课。

四、探秘中国大运河南旺枢纽科技馆

离开聊城中国运河文化博物馆，我们乘火车来到地处山东济宁的大运河南旺枢纽博物馆。我们是慕南旺枢纽工程的名而来，这可是运河全线科技含量最高的水利工程啊。

南旺枢纽工程位于京杭大运河全线海拔最高点，是"运河水脊"，被人们称为"运河都江堰"。"引汶济运"南旺枢纽工程，使明清两代京杭大运河畅通500年，南旺枢纽工程对恢复水系、调水入运、展示运河枢纽工程、再现分水壮观场面有重要意义。它的筑坝截水、南北分流等因地制宜的治水思想和技术，在中国水利史上占有极其重要的地位。

抱着探究南旺枢纽工程的目的，我们走进了汶上南旺枢纽考古遗址公园内部的中国大运河南旺枢纽科技馆。南旺枢纽科技馆以文物史料与高科技巧妙结合，以沙盘、多媒体、三维动画等多种高科技手段，充分运用声、光、电等现代科技手段，全方位、多角度地收藏、保护、研究大运河南旺枢纽水工科技，反映和展现大运河自然风貌和历史文化。水工模型出现在我们面前，尽管不是太大，但该有的点位都有了，有引水的小汶河，有南旺分水枢纽，有控制水位的戴村坝，还有南旺湖、蜀山湖等运河水柜……全方位展示了大运河曾经的繁荣景象以及南旺枢纽工程的科技含量，使我们能身临其境地体验大运河悠久深厚的文化内涵。我们走近当年河工们用来打桩筑坝的石碾、用来控制河水的木制闸门、用来连接堤石的铁锔等，它们在默默述说着背后的运河故事（图4-9～图4-11）。

参观完科技馆后，我们接着参观了南旺枢纽遗址和南旺分水龙王庙。南旺枢纽是因运河而生的一处重要遗产。今天的南旺枢纽工程已是遗址状态，小汶河已干涸没有水了，但现场的标识牌还是为我们讲述了南旺枢纽在当年发挥作用的原理，让我们加深了对南旺分水枢纽的理解。另一侧的分水龙王庙遗址，则让我们看到了当地人民对宋礼、白英等治水英雄的怀念崇拜之情。

（a）局部（一）

（b）局部（二）

图 4-9 中国大运河南旺枢纽科技馆

图 4-10 中国大运河南旺枢纽科技馆展厅内部

图 4-11 中国大运河南旺枢纽科技馆中展出的宋礼事迹内容

五、洛阳隋唐大运河博物馆游

网红打卡地河南洛阳的隋唐大运河博物馆，每天的预约购票都非常火爆，要提前预约才能如愿以偿。我们好不容易通过微信公众号预约成功。

沿陇海线，我们来到了洛阳，洛阳有新旧两个大运河博物馆：隋唐大运河博物馆、隋唐大运河文化博物馆。我们先来到位于老城区的隋唐大运河博物馆，它是依托古建筑群山陕会馆筹建而成的（图4-12）。

山陕会馆是清康熙至清雍正年间建造的，现有琉璃照壁、东西仪门、山门、东西僧房、舞楼、东西廊房、东西官厅、拜殿、正殿、东西配殿，古建筑群看起来结构严谨、风格独特。听讲解说，山陕会馆是清朝初年山西、陕西商人为经商方便，在洛阳古运河北岸边、紧邻洛阳当时的南关码头和洛汭严关，集资兴建的经商聚会场所。

我们漫步进入设在山陕会馆东西廊房、东西官厅内的隋唐运河博物馆展厅，主要包括两个展厅。博物馆少不了图片展，图片展有4个部分，包括隋唐大运河的开凿、隋唐大运河的繁荣和作用、运河遗珠、隋唐大运河洛阳段的保护和申遗，我们看得津津有味（图4-13）。当然，比较直观的是实物展，像大运河河道的河堤石构件、含嘉仓的粮食标本、回洛仓的仓窖模型等与大运河有关的文物。全息投影更直观，长沙窑奔鹿纹青瓷执壶、越窑双系瓷注子、三彩珍珠纹贴花带盖罐展示在观众面前，我们仿佛伸手就可以触碰到。为让游客更加清晰地了解大运河的分布和流向，博物馆还在会馆中央广场上制作了一块150平方米左右的大运河水系浮雕图。在浮雕图上，大运河的流向及其沿线城市分布一目了然。

离开旧馆，来到新馆。才建成的隋唐大运河文化博物馆特别受欢迎，人流如潮。我们独辟蹊径，先到隋唐大运河文化博物馆东侧的斜拉跨桥，据说这是一处欣赏博物

图4-12 重新布展建成的洛阳隋唐大运河博物馆

图4-13 洛阳隋唐大运河博物馆展陈

馆风光的较好地点。我们站在桥上，举目远望，隋唐大运河文化博物馆的全貌就会展现在眼前。居高临下的视角，有点儿无人机航拍的效果。博物馆建筑立面是富于变化的"U"形装饰，像大运河波粼粼的水面，又像大运河水面上一艘艘帆船，让人浮想联翩（图4-14）。

隋唐大运河文化博物馆的设计理念是"运河源、隋唐韵、河洛技"，彰显隋唐洛阳城作为运河节点城市的时代特色和地域特色，凸显运河之源的象征意义。进入大厅内部，博物馆以《国运泱泱——隋唐大运河文化展》作为基本陈列，以贯穿大运河历史的时间脉络为线索，总体内容划分为四大部分：即"形胜天下，运河中心""千年运河，万物通济""东都盛世，国运繁华""古今辉映，源远流长"。基本陈列向我们讲述了隋唐大运河带来的洛阳繁荣和文化交流，展示了居于隋唐运河中心的洛阳城市地位，以及运河开凿的背景和天才的技术成就（图4-15）。展厅内的古船遗迹、三彩人物俑、石刻造像等隋唐遗物把我们带入了那遥远的隋唐时代。互动沉浸式体验也让人兴趣高涨，站在船板上，科技的力量让我们几十秒就能浏览山川湖海。闭馆时间到了，我们依依不舍地离开了隋唐大运河文化博物馆，如果有机会，还会再来看。

图4-14 洛阳新建的隋唐大运河文化博物馆

图4-15 洛阳隋唐大运河文化博物馆的展厅

六、淮北中国隋唐大运河博物馆寻古游

从洛阳沿着陇海线一路往东，我们来到了隋唐大运河沿线城市淮北市，直奔淮北市中国隋唐大运河博物馆。

这座博物馆位于淮北相山区博物馆路1号，远远看去，外形正如一艘乘风破浪的航船，象征着淮北这座新兴工业城市在历史的长河中勇往直前（图4-16）。"中国隋唐大运河博物馆"十个醒目的大字中正平和，是原中国文物学会名誉会长罗哲文先生题写的。我们拿出事先搜集好的资料：博物馆占地 40 余亩，陈列面积约为 5000 平方米，馆藏文物有 10000 余件。共设七个固定展厅：隋唐瓷器厅、汉画像石厅、十二大名人厅、运河遗韵厅、宋代瓷器厅、书画厅、规划厅。特别是隋唐瓷器厅、运河遗韵厅、宋代瓷器厅三个展厅，再现了隋唐大运河故道柳孜遗址当年的繁荣景象（图 4-17）。博物馆还设临时展厅 2 个，不定期地组织、举办展览，如《淮海战役展》《昆虫生物标本展》《海洋生物标本展》等。看来，我们如果想要研究式地好好逛一遍，半天的时间肯定不够。

馆藏文物有 10000 余件，哪里能够看完呢？我们只能挑精华部分看了。导游说，博物馆一楼的隋唐陶瓷厅、汉画像石厅、运河遗韵厅、宋代柳孜镇古街场景厅和大运河瓷展厅等是博物馆精华所在，推荐重点浏览。

在我们面前呈现了一块汉代石碑，是镇馆之宝，上面的石刻生动地描述了那个年代的贵族生活，出游打猎的场景十分形象，隔着如此漫长的时光，石碑依然保存完好。镇馆之宝还有北宋景德镇窑影青釉抱鞠童、磁州窑白釉黑花罐、东汉"铜缕玉衣"、虎形衔叶枕等，每一件文物都诉说了历史，蕴含了一段段尘封的往事。

运河遗韵厅内有一块刻着"柳江口"的石碑，还有一幅巨大的"开凿运河图"，

图 4-16　淮北市隋唐大运河博物馆全景

图 4-17　淮北市中国隋唐大运河博物馆展厅

再现了隋唐大运河的开凿场景。同时大厅内还展示了柳孜遗址复原，现场展示了一艘宋代货船。据介绍，这艘船是在柳孜运河遗址发现的8条沉船之一，这条船上当时出土的瓷器与南海一号上发现的瓷器是同一个窑口的，这充分说明了当时海上丝绸之路出海下西洋、下南洋的货物是从隋唐大运河运输过去的，大运河是海上丝绸之路的延伸段。

我们一直浏览到闭馆时间。淮北市中国隋唐大运河博物馆，向我们娓娓讲述了散落在历史尘烟中的淮北与隋唐大运河的种种繁华往事，今天的收获太大了！

七、杭州中国京杭大运河博物馆游

看运河博物馆，怎能不去杭州？杭州位于京杭大运河最南端，大运河杭州段是运河历史古迹最丰富、文化底蕴最深厚的一段。

2022年9月上旬，正好赴杭州参加大运河古镇发展论坛，借此机会参观了中国京杭大运河博物馆（图4-18）。中国京杭大运河博物馆就坐落在大运河南端终点标志——拱宸桥边，日复一日，见证着大运河的生生不息。博物馆总用地面积为52910平方米，建筑风格为"传统而不复古"，建筑环运河文化广场呈扇形驻立，造型平坡结合，立面细部上提取中国古代传统建筑符号，经提炼简化，通过独特的开放式格局，将室内外景观融为一体，将运河、桥、船、埠巧借为活的展物，呈现以"一馆二带二场三园六埠十五桥"为重点的运河系列景观。

图4-18　杭州中国京杭大运河博物馆

走进博物馆，迎面一艘古朴沧桑的漕运船在缓缓驶来，两侧是古老的桥墩模型，大厅的地板全由玻璃铺成，玻璃底下是波光粼粼的仿真水面。在设计成灿烂星空天花板的照耀下，我们置身其中，仿佛泛舟运河之上。

博物馆展览面积有 5000 余平方米，分序厅和"大运河的开凿与变迁""大运河的利用""运河畔的城市""运河文化"展厅等。各展厅通过图片、实物、模型等形式，展示和解释大运河丰富的自然人文景观，表现了大运河在中华民族发展历史中的地位和作用。我们租了语音导览，漫步在古老的文物之间，听着语音讲解，看着文字和图片，和古老的历史对话，感觉内心静谧而充实（图 4-19）。

据陪同的杭州同行介绍，在杭州中国京杭大运河博物馆的基础上，他们又在设计京杭大运河博物院（图 4-20）。它的设计背后还有一个故事：2019 年 8 月，杭州广发英雄帖，向全球征集新的京杭大运河博物馆新项目京杭大运河博物院的设计方案。来自瑞士、曾设计北京"鸟巢"体育馆的赫尔佐格和德梅隆事务所脱颖而出。博物院的设计灵感由大运河水道而生，腰间一道"玉带"，外立面由弯曲的玻璃组成，与波光粼粼的运河水相得益彰；中央的白色建筑像山，整体看起来是"依山面水"的格局。不同于综合博物馆，京杭大运河博物院是一个专题博物馆。未来这里既会运用高科技手段，让大家沉浸式地体验京杭大运河的文化，又会成为运河专题的研究重地，成熟的运河 IP 将走向全国乃至世界。我们期待着下次来杭州能看到新的京杭大运河博物院。

图 4-19 杭州运河文化广场的刀剪剑博物馆

图 4-20 新建的杭州中国京杭大运河博物馆效果图

八、苏州丝绸博物馆体验游

上有天堂，下有苏杭。看过杭州的中国京杭大运河博物馆，自然下一站就去另一座运河城市苏州了。在苏州我们选择了与大运河关系最密切的苏州丝绸博物馆。

来到位于苏州北寺塔风景区内的苏州丝绸博物馆，一跨进大门，就看见了一个大屏幕，上面播放着丝绸的起源，以及古代用丝绸织出来的各种各样的物品——衣服、鞋子、荷包等，五彩斑斓，让我们目不暇接，仿佛穿越到了古代。

据介绍，苏州丝绸博物馆占地9500平方米，展陈面积4000平方米。苏州丝绸博物馆设有历史馆、现代馆、少儿科普馆、桑梓苑和丝织机械陈列室、钱小萍丝绸文化艺术馆六大展区，其中历史馆包括古代厅、蚕桑居、织染坊、贡织院、民国街和非遗厅六部分。博物馆拥有从新石器时代到明清时期的文物级藏品700余件，各类标本及资料藏品3000余件。

走进旁边的染织坊，我们看见了古人做丝绸衣服用的工具。这是一个趣味十足的展示，非常吸引小朋友们，把丝绸放到"擀面杖"上卷起来，夹在两块大石头中间，人在上面踩着石头滚动起来，把丝绸压得光滑平整……

苏州丝绸博物馆充分体现了丝绸业与大运河的关系，图片展上有苏州织造局的旧址。特别是模型展区，一位身着蓝印花布的养蚕女正在喂蚕宝宝，这个蜡像做的十分逼真。这里还有活的蚕宝宝，可以了解蚕的一生——从卵到幼虫，再到蛹，最后变成成虫。蚕宝宝在叶子上慢慢地蠕动，时不时从叶子背面探出一个头来。这些蚕宝宝真馋，把桑叶吃得只剩下一根根脉络，让自己身体不断长大。顺着游线，在展馆的院子里，还真的种了一片桑树林，同行的游伴们好奇地去采了几片桑叶，说要拿过去喂喂蚕宝宝。

告别了蚕宝宝，穿过桑树林，我们来到了纺织机械展厅，在这里我们看到了反映古代纺织机发展过程的模型。各类纺织机的图片和实物琳琅满目地摆在我们的眼前，数不胜数。一旁的导游介绍道，明清时期，地处大运河畔的苏州，丝绸业十分发达，当时的丝织业从缫丝开始，要经过络丝、牵丝、治纬、开织等多道工序。其中的生产工具和操作技术在明代都有不少改进提高。开织是丝织生产中最重要的一环，当时所用的织机有两种，一是织平面纹的腰机，一是织花纹的花机。腰机俗称小机，构造简单、操作方便、足蹬脚踏、手投织梭。花机装置复杂，长达一丈六尺，其构造包括有缭门、的杠、叠助、老鸦翅等十多种部件，工作时需要两人协作，一人可织，一人坐立花楼上，负责提花。

导游说，在明代后期，更出现了专织某一丝织品的织机，织机的品种更加丰富。在明末的苏州，市场上有作为商品出卖的绫机、绢机、罗机、钞机、绸机、布机等六种织机。每种织机的构造和功能各不相同，织机制造更趋向专业化。随着生产工具的改进，明代江南运河沿线的苏州、杭州、嘉兴及湖州等纺织业发达的地区出现了资本主义的萌芽。大批丝织业市镇的兴起，把明代江南运河地区的丝织业推向了一个新的发展阶段。

在正厅，我看见了郑和下西洋的海船模型。正是这样的海船，开启了明代的海上丝绸之路，让大批丝绸通过大运河和海上丝绸之路来到国外，换回了香料和宝石，也促进了中外文化的交流。

在即将离开苏州丝绸博物馆时，我们遇到了一群不知哪个学校的学生，他们穿着各式各样的汉服，是来拍合影的。到丝绸博物馆拍汉服照，来个沉浸式体验游，这个主意真是不错（图4-21）。

图4-21　穿汉服来参观的学生们

九、淮安中国漕运博物馆沉浸游

天凉快了，继续我们的运河博物馆游打卡！我们来到了坐落在淮安市淮安区漕运广场内漕运总督署遗址附近的中国漕运博物馆。淮安漕运总督署遗址是2002年中国重大考古发现，中国漕运博物馆与漕运总督署遗址相整合，完整地展现了漕运古迹和历史。

淮安位于大运河畔，地理位置独特，历史上的南粮北调、北盐南运，都途经淮安（楚州）。随着讲解员的讲解，我们逐步了解了博物馆的建造史——明清时期，朝廷在淮安设立漕运总督公署，以督查、催促漕运事宜，主管南粮北调等漕运工作。位于楚州（今淮安区）的漕运总督公署是历史上主管全国漕运的机构。随着历史的变迁，这一建筑规模宏伟、具有较高历史价值的官署逐渐被毁坏，遗址也湮没于地下。2002年，在城市改造施工中，漕运大堂、二堂及其附属建筑遗迹被相继发现，大批的建筑石刻出土。为了使这一历史上重要的遗迹得到充分的展示与保护，进一步较为完整地研究古代的漕运史，国家有关部门在原先漕运总督部院遗址建设漕运广场的基础上新建了我们面前的这座中国漕运博物馆（图4-22）。

图4-22　中国漕运博物馆

中国漕运博物馆总体为"品"字形布局，采取的是我国明清时期建筑风格，分地面主体两层，总建筑面积6300平方米。这里集中陈列了古代漕运工具及附属遗留物品，漕运总督署内工作与生活用品，曾经担任漕运总督及其他漕运官员（如唐代副宰相刘晏，宋代范仲淹，明代的李三才、史可法，清代的施世伦、琦善等）的信函、书札、墨迹及生活用品，以及历代有关漕粮流通的记录、证券、量具、代用品（图4-23）。

馆内将现代化的高科技演示与文物史料巧妙结合，全面展示了中国漕运的恢宏历史和灿烂文化。我们走进序厅，180度巨幅投影卷轴与艺术沙盘模型的创意式组合，呈现出一场多感官的视觉盛宴，以具象而有震撼力的方式，还原漕运文化灿烂辉煌的历史原貌。踱进历史厅，印入眼帘的是清江造船厂彩绘雕塑（图4-24）。工人们正在制作一艘漕船，只见他们按照各自的分工进行铁钉连接、铜加固、拼接榫构、麻絮桐油、砺灰捻缝、船底涂漆，俨然就是一部真人演示版的漕船施工工艺流程图。幻影地球则讲述了我国水系从古至今的变化，讲解员从三个历史时期讲述了漕运是怎样从无到有、历经巅峰、最终走向没落的过程。而文化厅里最吸引我们的是一艘根据明清相关文献记载按比例缩小复原制作的漕舫。船头是一个巨大的"狮子"头，波浪形的毛发像涌动的运河水，船尾则是寓意平安的良渚文化的图腾神徽。这艘漕舫为明末清初督运漕粮的一种官船，名为"太平舟"，也叫"飞虎舟"。淮安厅最热闹，很多年轻人在拍照，厅内有模拟的河下古街，有种亦真亦幻的错觉。张记铜铺内炉火熊熊，淮丰米行里五谷满仓，淮宾楼美酒飘香，清溪馆的宴席上摆着软兜长鱼、开洋蒲菜、平桥豆腐、钦工肉圆等淮扬名菜，两位士子觥筹交错、谈诗论文……

在漕运博物馆，给我们感受最深的是沉浸式体验展，这是整个漕运博物馆最大的亮点。导游让我们坐在一块影幕前，放起了一段三维动画片。在由场景幻影成像形成的模拟运河上，我们仿佛坐在一艘满载着漕粮的漕船上，顺着运河一路往北，一路上

图4-23 中国漕运博物馆中的实景展

图4-24 清江造船厂模型

过船闸、过淮河、过黄河，顺利地到达北京。通过180度的巨幕投影，我们了解到当年漕运总督如何迎接圣旨、治理河道等。大量的声、光、电现代技术的应用，让观众穿越历史长廊，全面感受千年漕运文化。通过互动体验，我们可以详细了解运河沿线的人文历史。

十、扬州中国大运河博物馆深度游

2022年的国庆假日气温有点异常，居然达到35摄氏度，但异常的炎热也挡不住我们参观扬州中国大运河博物馆的热情。扬州中国大运河博物馆可是网红打卡地啊，尽管受到疫情影响，进行了限流，每天参观的人数仍旧达上万人次，许多人预约不上而到处找关系想进去参观，真正到了一票难求的地步。我们运气好，假期居然网上预约成功啦。

烈日下，我们排着长队等待进馆，长龙般的队伍蜿蜒前行，我们一边流着汗一边欣赏周边运河三湾的美景，前方的大运河博物馆与运河三湾的文化和生态紧密结合，大运河博物馆成了园中之馆，馆映园美，大运河的文化价值可以更好地呈现了。博物馆整体造型像一艘巨型船只，加上风帆元素，酷似一艘扬帆起航的巨轮（图4-25）。唐塔风格的大运塔与主馆紧密相连，塔高百米，可通过主馆馆顶的长廊进入高塔，整体建筑风格与运河主题高度吻合。博物馆由展馆、内庭院、馆前广场、大运塔和今月桥5部分组成，据说，登塔可以俯瞰"三湾抵一坝"的历史景观。

图4-25　扬州中国大运河博物馆正面照片

很幸运，这次来博物馆，有运河研究专家同行。他绘声绘色地向我们介绍了博物馆的概况及建造背景。扬州中国大运河博物馆，简称"运博"，占地有200亩（约20公顷），总建筑面积约8万平方米，扬州是大运河的原点城市，中国大运河申遗的牵头城市。在扬州建设中国大运河博物馆，文化意义和时代价值不一般啊。其实早在2012年扬州申遗专家就提议在扬州建设中国大运河博物馆，而且受到了国家文物局有关领导的认同。后来因为市里对选址的意见不一致，这件事被搁置下来了。2019年5月5日，扬州中国大运河博物馆建设工程正式奠基启动。按照"高起点规划、高质量建设、高水准展陈"要求，建筑设计大师张锦秋院士担纲博物馆建筑设计，设计理念为"历史文化与现代文明交相辉映、国家标志与地域特色有机融合、个体建筑与山水环境总体协调"，成为彰显大运河文化理念的时代经典之作。经过2年多的建设、布展，大运河博物馆雄姿亮展、精彩呈现（图4-26）。运河研究专家这样一说，更加激起我们游览的兴趣。

顺着人流进入馆内，立刻燥热消除。看指示牌，馆内设多个主题展厅、考古研究所、文创商品销售、餐饮、儿童体验、小剧场、文物库等，真的是集文物保护、科研、展览、休闲体验为一体的现代综合性博物馆，怪不得同行的一个朋友来过几次了今天还要跟着来。听运河研究专家说，在博物馆东侧板块建设了非遗文化博览园一期，定位为"以运河为主题、非遗为特色、多元休闲体验"的文旅休闲区，将与扬州中国大运河博物馆同步对外开放，为创建国家5A级旅游景区和中国大运河国家文化公园打下坚实基础（图4-27）。看来我们要成为这里的常客了。

图4-26 俯瞰扬州中国大运河博物馆

继续听专家讲运河博物馆建造的故事：博物馆的选址有一个过程，最初是在运河边的湾头、瓜洲、三湾等地点之间选择，后来初步确定在湾头镇，并开始了前期工作。到具体设计阶段时，又重新选择了扬州运河三湾作为博物馆的建设地点。三湾开凿于明代，"三湾抵一坝"，延缓水流，保障航

图4-27 扬州中国大运河博物馆展示的漕船

运，是古人尊重自然、顺应自然、利用自然的伟大水利工程遗址。昔日的三湾片区曾是化工工业区，生态环境遭到破坏，群众呼声强烈。大运河申遗过程中和申遗成功后，扬州市委市政府持续开展三湾片区的生态修复、河道清淤、绿化建设，于2015年，启动了三湾生态文化公园建设。于2017年9月正式对外开放，2018年12月被评为国家4A级旅游景区。随着三湾生态公园的建设，三湾地区成为扬州重要的文化旅游景区和百姓休闲娱乐场所。2020年11月13日，习近平总书记视察三湾生态文化公园。扬州市委市政府按照习近平总书记"让古运河重生"的要求，以扬州中国大运河博物馆、大运河非遗文化园一期工程两大精品项目的建成开放为主要抓手，精心打造好以三湾生态文化公园为代表的大运河国家文化公园扬州段。

我们开始参观，先从一楼展厅开始看起，一号展厅是"大运河｜中国的世界文化遗产"，是通史展，全景展示中国大运河历史风貌与文化价值，分为"运河沧桑、王朝基业""天工慧光、中华勋业""融通九州、社稷鸿业""泽被天下、万民生业""通古达今、千秋伟业"五个部分，主要选取了运河沿线省市的亮点特色，通过文物、辅助展品、图表、照片、场景、模型等多种手段进行展示。沉浸式体验空间——"5G+VR|720°直播大运"，全景呈现运河的美，全流域、全时段、全方位解读中国大运河，非常有代入感，重点推荐。加上同行的专家一路科普不少，我们享受了一场文化盛宴。

走进被同行朋友强烈推荐的二号展厅"运河上的舟楫"。运河上的百舸千帆——船模展示，让人眼花缭乱，运河舟楫的演变、舟楫的类型以及古代绘画作品中的舟楫，大开了我们的眼界。我们顺人流登上了"沙飞船"，体验了一场美妙的运河之旅——从杭州出发，经苏州、无锡、常州、镇江，一路航行到扬州。由船尾进入，船舱里，红色灯笼发出暖光。三五好友、数杯清茶、几道佳肴、轻柔戏曲，俨然一幅盛世方可享受的惬意生活画卷。船身轻摇，微波将河面劈成两半，入洞穿桥，走街过镇，两岸山水与城镇风光尽收眼底。在全数字化的立体环幕渲染下，舟行水上，微波将河面劈出两半，向前，入洞穿桥，和迎面而来的舟楫擦肩而过。两岸垂柳依依，店铺林立，街肆通明，叫卖声、洗衣声、喧闹声，身临古代市井，浓郁的生活气息带来穿越的错乱之感。船身轻摇，远山如黛，大运河的水墨画卷将运河两岸人民的恬淡生活呈现得淋漓尽致。

意犹未尽，走进三号展厅"因运而生——大运河街肆印象"，1∶1重现古代运河沿岸繁荣景象，更震撼！这个展厅以"城镇历史景观再现"的模式，打造了一个有历史场景和真实业态的空间。一条主街将不同时空的"运河故事"进行串联，以真实的视觉、触觉、味觉、嗅觉、听觉体验，多个维度让观众身临其境，开启一场穿越唐、宋、元、明、清的时空之旅（图4-28）。这里最大的亮点就是文化体验充满互动性、新颖性、兴趣性，人们在参观中感受运河文化的魅力。就是整个空间的光线不是太好，拍照片效果不怎样，用闪光灯又影响画面质量，如果您要拍照，最好准备单反相机和闪光灯！

"运河湿地寻趣"展览是针对儿童的，走进展厅内，明亮的展览颜色让人眼前一亮，逼真的动物标本、仿真的水环境系统以及小鱼小虾们在微缩景观内自由地游动，一切都充满了童真与趣味。展厅内设置多种互动方式，小朋友们可以从探究性学习的角

图4-28 馆中的运河街市

度，了解运河不同植物分布的情况。相较于"运河湿地寻趣"的低龄化，位于负一楼的"运河迷踪"展则专为青少年观众打造，在全开放式的体验空间内，以青少年喜爱的古风和二次元风格呈现，通过"密室逃脱"游戏方式，让青少年在解密中，了解运河水工科技、体验运河探索乐趣、领略运河沿岸风物。

我和朋友们共同喜欢的还是八号展厅"河之恋"，非常非常漂亮！无法形容，去过的就明白了。刚进去时吓了一跳，不敢往前迈步，因为地上全是水。后来才发现这不是真的水，而是投影机投射出来的水的影像。我们席地而坐，全息投影让我们全方位感受四季变化，一会儿桃花飘落，一会大雪纷飞，一会儿电闪雷鸣。随着画面的变幻，我们看到荷塘夜色、鱼水交融、亭台楼阁、船帆江鸟，我们还可以与这些影像互动，踩水嬉戏中波纹弥漫、锦鲤游来时伸手触碰又与我们擦肩而过、撩拨荷叶摇头摆首，亦幻亦真的景象让我们仿佛梦回古运河，与历史联结、与古人同游。这种感受真的太美妙了！

匆匆走过其他展厅，来不及细细观览，我们只能走马观花了。五号展厅"运河与艺术"（"中国大运河史诗图卷"阐述历史变迁）、七号展厅"大运河非物质文化遗产"、

九号展厅"紫禁城与大运河"、十号展厅"隋炀帝与大运河"（有萧皇后的一比一皇冠仿制品）、十一号及十二号展厅为临时展馆、十三展厅"大明都水监之运河迷踪"，各有特色。13个展厅，厅厅有收获，处处有惊喜。

3个常设展览、9个专题展览，堪称中国大运河的"百科全书"。博物馆陈列实现了从静态到动态、从单一到多元、从参观到参与、从知识到见识、从技术到艺术等多维度功能提升，体现出具有国际影响力的"千年运河"的时代活力。在这里，1万多件文物在叙说着古往今来，在这里可以观沧桑运河之历史沿革，叹水利工程之巧夺天工，晓国家管理之天下转漕，读万民生业之流蕴风物。在这里，我们不仅可以看到隋唐大运河、京杭大运河、浙东运河的"前世今生"，还能感受到运河沿线水利工程、漕运盐运、饮食风物、舟船样式、市井生活的社会生态，体验到中国大运河流域的历史积淀和人文风貌（图4-29～图4-30）。强烈推荐大家来此一游！我们几个同行者纷纷表示要二游三游多次游。

其实，大运河沿线与大运河相关的博物馆还有北京通州的漕运博物馆、天津的杨柳青年画博物馆、无锡南长街的中国丝业博物馆、嘉兴海宁的长安闸展示馆、宁波的运河文化展示馆、扬州的马可•波罗纪念馆等（图4-31～图4-39）。我们还要一直游下去。

温馨提示：除故宫博物院，其他大运河博物均实行免费，但都需要网上预约哦。

图4-29　晚霞中的扬州中国大运河博物馆

图 4-30　中国大运河博物馆夜景

图 4-31　杨柳青年画博物馆外观

图 4-32　无锡中国丝业博物馆

图 4-33　长安闸展示馆中的水波长廊

图 4-34　通州漕运博物馆

图 4-35　回洛仓遗址保护展厅

图 4-36　游客参观浙江湖州南浔运河遗产展示馆

图 4-37　苏州大运河遗产展示馆

图 4-38　宁波运河文化展览馆展示的船舶

图 4-39　扬州的马可·波罗纪念馆

第五章 水工研学游运河

大运河是世界上具有重大科技价值的运河，许多水工成就领先于同时期的世界水平，同时，大运河又是一条活态的运河，古代运河上的许多科技成果今天还在使用着，经过一代代的改进，成为当代高科技水工的代表。研学游是近几年兴起的一种旅游方式，而大运河水工研学游成为新的亮点。通过体验运河水工的科技成就，可以让青少年了解大运河知识，感受运河文化的博大精深，不断增强青少年对中华民族、中华文化的认同感、自豪感，激发他们对家乡的热爱，既能帮助提高学生的文化品位和文化自信，也是传承中华优秀传统文化的重要内容。本章就带您去边游边学大运河的水工遗产。

一、运河原点古邗沟探访游

谈到大运河，人们常会问到的问题就是大运河的原点在哪里？我们运河研学游的第一站就是去探访大运河的原点。这个原点就是开凿于公元前486年的古邗沟。从资料中我们了解到，公元前486年，吴王夫差在今长江北岸的邗（han）地（今扬州市西北一带）修建邗城的同时，从邗城向北开挖了一条邗沟（图5-1）。这条邗沟是春秋时联结长江与淮河的唯一通道，使长江以南的诸侯国有了向北与中原文化交流的机会。邗沟成为中国历史文献中记载的第一条有确切开凿年代的运河，也是中国大运河水系中最早的河段。无论是哪个朝代，邗沟都是大运河体系中最关键的一段，发挥了沟通南北的重要作用。

图5-1　古邗沟

邗沟真正上升为全国性的运河是在隋炀帝时期。隋大业元年（605年），隋炀帝在开通济渠的同时，发动淮南民工十余万人，对邗沟进行大规模的整修和拓宽，邗沟重新又回到东汉陈登所开的西道。这条经过后代不断开凿与拓展的邗沟作为隋唐大运河的重要一段，北通淮河与汴水，南贯长江与江南运河、浙东运河，直抵大海，形成了以洛阳为中心，北抵涿郡、南达宁波的大运河体系，完成了中国大运河的第一次全线贯通，邗沟及其延伸段发展成为贯通中国南北、联结东西的黄金水道。作为漕运的主要通道，以邗沟为基础发展而成的隋唐大运河，以及元代贯通的元明清大运河，成为中国古代中央集权的多民族封建国家的经济命脉（图5-2）。

现存的古邗沟故道位于扬州城北，从螺蛳湾桥向东直达黄金坝，长1.45千米，目前作为景观河道使用。我们跟着导航地图来到古邗沟畔，只见经过大运河申遗过程中的整治，这里已建起了古邗沟风光带，河道旁进行了驳岸维护，两侧绿树成荫。在故道的东端，在一个碑亭里立着一块石碑，上面写着"古邗沟"三个大字，旁边还有一块全国重点文物保护单位的石碑。

图5-2　古邗沟碑

等候在这里的当地专家带领我们来到了位于古邗沟北岸的吴王夫差广场（图5-3）。通过广场北侧的主入口高大的牌坊我们进入到邗沟广场，首先吸引人目光的是吴王夫差的雕像，夫差身着披风，内穿铠甲，左手指向东方，右手拿着羊皮卷，双目凝视远方。广场总体布局寓意邗沟开凿及大运河的贯通铸就了扬州的繁荣昌盛。广场南北中轴线由一条写意的山水碎石带组成，象征大运河的水奔流不息，碎石中间不规则地布置了27块景观块石，分别刻着大运河沿线27座城市的名称，代表27个拥有运河世界文化遗产的运河沿线城市。

在夫差广场的东南角，一座春秋时期垒土风格的建筑引人注目，这就是扬州水利部门修建的黄金坝闸站。据专家介绍，它的作用是抽取古运河的水进入古邗沟，通过古邗沟将

图5-3　吴王夫差广场上的夫差塑像

运河的清水输送到保障湖、瘦西湖水系及扬州城区水系，用古运河的清水冲刷瘦西湖及扬州城区河道，从而确保扬州城的一城清水。同时，闸站也可以行驶中型的画舫船。目前，有关部门正在古邗沟畔规划建设中国大运河原点公园，游客不但可以在岸上欣赏古邗沟风光，而且可以坐游船水上游古邗沟。

游览完古邗沟，专家陪同我们信步向东，来到古运河边，这里有本世纪初扬州人复建的一座邗沟大王庙（图5-4），供奉着春秋时的吴王夫差和汉代的吴王刘濞。据了解，纪念夫差的大王庙汉代就有，清康熙年间加上供奉汉代的吴王刘濞，又称邗沟二王庙。新建的邗沟大王庙位于扬州古运河北岸，坐北朝南，建筑面积近300平方米，硬山顶。庙前有一副楹联"曾以恩威遗德泽，不因成败论英雄"，横批是"恩被干吴（代指扬州）"，说吴王夫差和刘濞的恩泽覆盖了邗吴地区的人民。尽管夫差作为亡国之君被后世所诟病，但这副对联充分说明了扬州人对开凿邗沟的吴王夫差的感恩之情。

图5-4　邗沟大王庙

小贴士

吴王刘濞开运盐河。刘濞是汉高祖刘邦的侄子，因战功被封为吴王，统辖东南三郡五十三城，定国都于广陵，就是今天的扬州。公元前179年他主持开凿了从广陵到海安一带的运盐河，全长191千米。他在封国内发展制盐业和冶炼业，实现了富国强兵，成为江淮经济发展的功臣。刘濞的身影早已消失在历史的风尘中，但他留下的这条运盐河，仍在泽被后世。后人为了纪念他的功劳，称这条河为"吴王沟"。位于扬州古运河畔的邗沟大王庙至今还供奉着春秋时的吴王夫差和汉代的吴王刘濞。逢年过节，人们还来到大王庙祭祀两位吴王，祈祷平安和发财。

二、海宁长安三闸科普游

研学游的第二站我们来到位于浙江嘉兴海宁市的古镇长安。手中的资料显示这里的长安闸是联结江南运河和上塘河水系的重要水利枢纽工程，于1068年由长安堰改成长安三闸，形成复式船闸与拖船坝并存的格局，是世界水运史上最早的复式船闸之一。元至正二年（1342年）维修，于老坝之西增建新坝，是现在长安镇拖船坝的前身，并设专门机构进行运输管理与维护，清中期后逐渐废弃，现仅存遗迹。

我们从事先的攻略了解到，复闸是首先在淮扬运河上使用的，它多个闸门组成多级闸室，通过联合运用，有效地平衡航道水位差，将河段的高差集中到一处之后分级控制，使得整个河段的水流都比较平稳，船只航行的条件得到极大提高。沈括在《梦溪笔谈》中就记载了最早的复闸——真州船闸。它的出现比欧洲早了400年。

而作为配置澳及澳闸的复闸工程，长安闸的规划更加精细，运行条件也得到显著提高。在展示现场的示意图上，我们看到，澳有两个，分别以积水、归水为名，积水澳的正常水位高于或平于所连闸室（一般是上游闸室）的高水位（即复闸上游的水位），以补充船只过闸所耗之水，抬高闸室水位与上游持平以待下次开闸入船；归水澳正常水位低于或平于下闸室的低水位，以回收闸室水位降低时的下泄水量，使其不流失到下游；归水澳中的水可以根据需要提升至积水澳中重复使用。澳的水源是蓄积高处的流水或雨水，提升低处积水或流水，或者临近大江的地方在潮涨时引蓄潮水。普通的复闸过一次船最少也要消耗（下泄）一闸室的水，而"澳"的存在则使这些本来要下泻流失的水得以重复利用。澳闸在运行管理上也比简单的复闸要求更高（图5-5）。

据当地专家介绍，配备有澳的复闸是历史上曾存在于江南运河上的独特水利工程。但当时的管理体制无法匹配较高水平的工程，复闸需要严格执行运输组织管理，但从

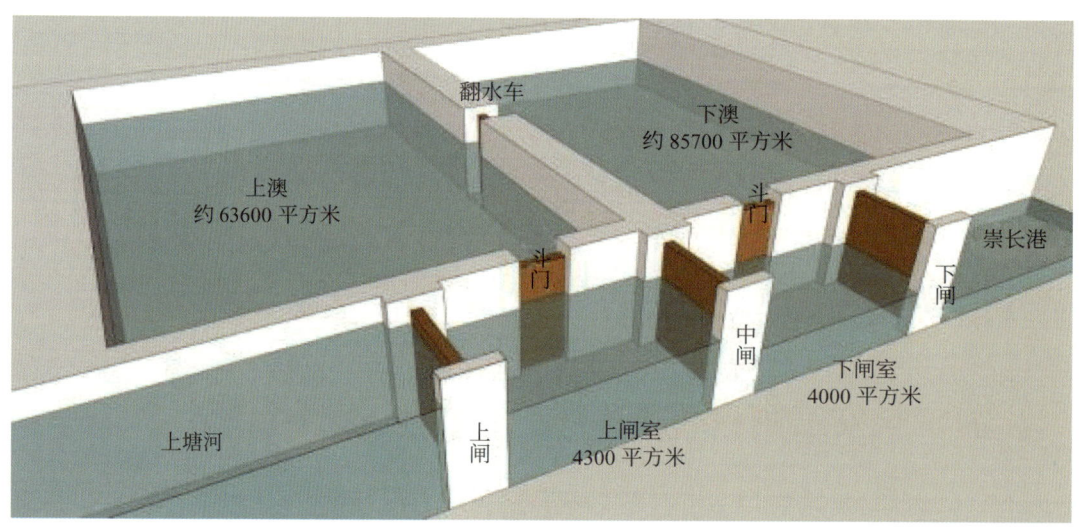

图5-5 长安闸的澳闸使用原理

它诞生开始管理便遭遇来自古老行政管理体制的制约。复闸工程并未应用多长时间，水澳很快就废弃，发生了废闸为堰的倒退现象。各复闸后都改建为单闸，有的甚至一度废闸为堰（图5-6）。

专家向我们介绍，历史上的长安闸包括新老两坝、上中下三闸和储水之用的两澳。除老坝位置不可考之外，其他各闸、坝均能确认其位置，基本格局尚存。现各闸均改建为闸桥，闸基闸槽都保存完好。两处水澳范围基本确认。

从专家的介绍中我们了解到，作为江南运河重要的水利水运工程遗产，长安闸首创运河澳闸制，达到平稳航道、节约水量、水量循环利用的多重工程目的，是我国古代先进水利技术的实证，是反映运河水利设施发展和运河河道变迁的重要实物。长安闸具有完善的工程设施，达到了引潮行运、蓄积潮水、水量循环利用的多重工程目的，具有保障程度较高的输水功能，是世界水运史上现存建筑年代最早的复闸实例，是这一时期中国水利水运技术领先世界的标志性工程。欧洲大约在300年后才出现类似工程。

2012年，考古专家曾对长安闸坝遗址中的下闸进行了考古发掘，发现系统性设计建造的闸基、闸体。闸体后侧由石柱和两排石板组成，石板后方堆着不少大石块。石柱与石板间都有"卡槽"，让两者对接得十分紧密。石柱与石板之间黏合的应该是古代的一种特殊的黏合剂，包括了鸡蛋清、糯米等。据初步判断遗存属于宋代，进一步证明了长安闸的历史价值（图5-7～图5-8）。

在专家的带领下，我们来到长安闸旁的长安古镇大运河（长安闸）遗产展示馆，

图5-6　现存最早的复式船闸长安闸

图5-7　今天的长安闸周边环境

这里运用现代的三维动画技术展示长安闸的功能,吸引了大批年轻游客前来参观、体验。嘉兴将数字化技术用于遗产展示走在了运河全段的前列(图5-9)。

图5-8　考古发掘中的长安闸　　　　　图5-9　大运河长安闸遗产展示馆

三、运河屋脊南旺枢纽游

早就听说大运河上的南旺枢纽很出名,它是为了解决大运河跨越水脊难题而建设的大型综合性水利水运枢纽,是大运河上最具科技价值的节点之一。它通过疏汶集流、蓄水济运、泄涨保运、增闸节流等措施,科学地达到了引汶、分流、蓄水的目的,达到了对水资源进行年际、年内调节的效果,从而保障了大运河在之后约四个世纪的顺利通航。

初秋时节,我们来到了位于济宁市汶上县的南旺镇,南旺枢纽就坐落在这里。这里是大运河全线位置最高的段落,平均海拔43米,由地势最高点南旺分水口分别向南北倾斜,与会通河南北两端高差达30余米(明代),地势高而水源不足是此段面临的巨大挑战。

从事先的攻略我们了解到,南旺枢纽主要由戴村坝、引水河(小汶河)、南旺水柜、分水口组成。南旺枢纽修建于公元15世纪(明朝初期)。在此之前,公元13世纪末(元代初期)为了解决大运河跨越水脊难题而修建了济宁分水工程,引汶河水由南旺以南的济宁附近汇入运河。但济宁地势较南旺低8米,造成济宁至南旺一段运河供水不足,难以行船。明初重新开通会通河时,工部尚书宋礼与民间水利学家白英经过反复勘测,在南旺东北的汶河上修建了戴村坝,将汶河水抬高,经小汶河将抬高的河水引入运河,由运河沿线地势最高的南旺分水口汇入运河,向南北两个方向给运河供水。在戴村坝建立之后约70年,为了精确调配供水与分水的水量,又在南旺分水口南北两侧的水道内陆续修建了柳林闸、十里闸、寺前铺闸等节制闸，起到调配向两侧供水水量的作用，多闸的联动和控制实现了会通河南北段的分水比例定量控制，达到了有效控制水道航深的目的（图5-10）。

后来，水利专家又考虑到由于汶河属山溪型河流，汛期洪水水量占全年70%，

图5-10　南旺枢纽遗址

水量分布十分不均衡，因此在引河水入运河处设置了多处水柜（南旺湖、蜀山湖、马踏湖等），蓄引多余水量和汛期洪水，以增加调剂运河供水的能力，并在水柜与运河之间设置了邢通斗门、徐建口斗门等水门以调控进出水柜的水量。水柜还起到为运河防沙防淤的作用。在汶河洪水期间开蜀山湖、马踏湖闸蓄水，泥沙随之入湖，经过沉淀后，再引入南旺湖蓄积，南旺湖的清水再入会通河。有了沙柜容蓄，由河道清淤转为沙柜集中清淤，疏浚可间隔数年进行一次。南旺疏浚工程巨大，但是集中在湖中疏浚，施工战线大大缩短，难度降低。在分水口附近还修建了分水龙王庙建筑群等辅助设施，逐步完善了南旺枢纽的配套设施，在4个多世纪的时间里实现了大运河全线最高的河段——会通河的持续畅通。

南旺枢纽还围绕济运保水建立了一整套严格的航运、水利管理制度。明清两代均设立严格的制度，禁止侵占水柜湖泊，严格管理会通河水源，有力地阻止了地方生产生活行为对运河水工设施的影响，维持了水柜的调蓄作用，使会通河漕运量大大增加，并得以畅通数百年。

（一）南旺分水龙王庙遗址游

我们参观的第一个点是南旺分水龙王庙遗址。为纪念明代著名水利专家、工部尚书宋礼和著名民间水利专家白英等创修南旺枢纽工程,在南旺汶、运河交汇处建造了"分水龙王庙"。分水龙王庙始建于明永乐年间（1403—1424年），由东、中、西并列的三组建筑组成，地面尚存关帝庙、禹王殿、观音阁等砖木建筑，其他建筑为遗址状态，主要包括龙王庙建筑群基址、水明楼建筑群基址、祠堂建筑群基址等。遗址总占地面积五万多平方米，规模较大。

图 5-11　分水龙王庙遗址

龙王庙建筑群位于分水龙王庙建筑群的东部，是分水龙王庙建筑群中的庙宇建筑（图5-11）。该建筑群以院落内的甬道为中轴线对称分布，自北向南依次为牌坊、山门、戏楼、钟楼、鼓楼、龙王大殿和关帝庙。近几年又恢复了一些建筑和景观，游人们可以来此感受古代的伟大工程，缅怀古代治水英雄的丰功伟绩。

（二）戴村坝遗址游

陪同专家对我们说，南旺枢纽工程中最著名的就是戴村坝（图5-12）。于是我们下午就来到戴村坝遗址继续研学。

汽车拐过一个弯，就见一条雄伟的大坝拦在一条大河上，上游是水天一色，下游是山间峡谷，这就是闻名遐迩的戴村坝。戴村坝位于汶河上的坎河口，它的作用是抬高大汶河河水水位，分流部分河水经小汶河向南旺分水枢纽供水济运。

据同行的运河专家介绍，戴村坝初建于明永乐九年（1411年），现为东北西南走向，略呈弧形，全长1500米，由三段组成。从南向北依次为主石坝、太皇堤和三合土坝。三部分既各自独立，又相辅相成，互为利用，互为保护，形成了"三位一体"的

图 5-12　戴村坝

独特布局。最南端的主石坝呈南北向,长443米,自身又分三段,北边一段叫玲珑坝,中间一段叫乱石坝,南边一段叫滚水坝。滚水坝在三坝中最低,它的作用是在汶水开始上涨、小汶河河水水位超过安全界线后向西漫水,以防小汶河决口。北边的玲珑坝比滚水坝高0.1米,中间的乱石坝又比玲珑坝高0.2米。随着汶水水位的升降,三坝分级漫水,可调蓄河水储量。据水利部门测量,"三坝"先后漫水的数量与大汶河洪水的流量及小汶河的过水是互相协调的,因而既保证了小汶河持续供水,又能排洪防溢。坝的建筑形状略呈弧形,弓背向着迎水面,增加了坝的预应力。为保证跌水坡与坝基的安全,又在坝的跌水面修了一道缓冲槛,水经缓冲槛而减速,减轻了对坝的冲击力。整个大坝为石结构,重达1吨至6吨以上的巨石,镶砌得十分精密。为防止洪水冲塌,石与石之间采用束腰扣榫结合法,一个个铁扣把大坝锁为一体,气势磅礴,雄伟壮观。

主石坝北的太皇堤,顺河向为东北西南向,堤为土石结构。汶水东来,太皇堤正面相迎,使水势减缓而南折再靠近石坝,既能保坝,又能助三合土坝泄洪。应当说,太皇堤起着保坝抗洪的双重作用。

太皇堤北端接三合土坝。三合土坝走向与太皇堤相同,因用三合土筑成,所以称为三合土坝。三合土坝的作用主要是抵御特大洪水。清代初期,在整体维修的同时,增筑此坝,坝长260余米,水平高度比坝面高2米。如果主石坝漫水水位超过2米、加之太皇堤吃紧,此时三合土坝即行漫水,起到泄洪保坝的作用,实为汶水溢洪道。

壮观的戴村坝三位一体,相互配套,是我国水利工程的杰作,也是水利史上的创举。20世纪以来,戴村坝至今仍发挥着稳定的水调蓄功能,现存情况较好,保存基本完整。如今的戴村坝位于济宁汶上县和泰安的宁阳县之间,从两边都能参观,宁阳县还建了一座博物馆供游客参观。

(三)运河水柜怀古游

南旺枢纽的第三个参观点是运河水柜。专家介绍说,由于会通河流域汛期洪水量大,易使沿岸决口。为削减河道流量,公元16世纪时期(明代中期)利用运河两岸的洼地,在南旺分水口附近建立多个湖泊,并建设斗门与运河连通,以调节运河水量,陆续形成了蜀山湖、马踏湖、南旺湖等"水柜",对运河供水进行季节性调节,汛期储存运河多余水量,枯水期放水(如运河济运),既减轻了小汶河下游汛期的洪涝灾害,又使枯水季节的运河航行不致中断。

我们在现场看到,今天这些运河水柜都已干涸了,基本已成为农田,只有从一些闸坝遗址中还能依稀辨别出昔日的功能。我们参观了南旺枢纽的一些辅助工程,其中,十里闸、柳林闸和寺前铺闸是分别位于南旺分水口南北两边运河上的配合进行水量调配的节制闸群，对进入分水口向南北两个方向供水的水量进行定量的分配与控制，而邢通斗门是运河与南旺西湖的重要减水闸，徐建口斗门是连接小汶河和马踏湖的通道，均建于明朝，现已失去原有功能。二闸结构相同，由闸体、闸基、闸板、雁翅等组成，均为石砌，现仅存闸基和部分闸体，木质闸板已不存。当地有关部门正在谋划将这些闸坝遗址进行修复，同时通过文字和图片，向后人展示南旺枢纽辉煌的历史（图5-13）。

图5-13　邢通斗门遗址

（四）微山湖湖中运道游

听当地专家说，会通河的这一段还有一处著名水工景观，那就是微山湖的湖中运道。我们乘车来到了微山湖，从岸上俯瞰，正好看到长长的船队似一条巨龙从绿色的湖中缓缓游过，场面绝对壮观。

专家介绍，会通河微山段是大运河会通河段南部的一段河道，北起微山县南阳镇，南至利建闸，长约9千米，是大运河全线独特的位于湖内的一段运道，是明代开凿的南阳新河的一部分，又称"湖中运道"（图5-14）。

1128年黄河改道南行后，至明（公元15世纪初）已经200多年，黄河下游河道已经抬高，黄河中游频繁决口北泛，对会通河干扰极大，甚至淤塞会通河河道达百余千米。1528—1567年，新开凿一段河道，将会通河由南四湖西改到湖东，试图以南四湖为滞洪区，缓冲黄河北泛对运河的影响。新开凿的河道名为"南阳新河"。南阳新河对后世运河影响深远，此后，会通河南四湖以下，不断向东开新运河，陆续形成后来的中河段（图5-15）。

随着微山湖水域的扩大，明万历末年，南阳新河全部淹没于南四湖中。19世纪末至20世纪初，漕运逐渐中断而此段会通河遭到废弃。此段运河现主要功能为景观、防洪、排涝、蓄水、灌溉等。游湖中运道，我们既看到了美丽的景观，又了解到运河的历史，真是不虚此行。

图 5-14 微山湖湖中运道

图 5-15 利建闸

离开南旺枢纽时，我们的研习有了初步成果。我在研习报告中写道：位于大运河全段最高海拔处的南旺引水与分水工程是大运河会通河段最重要的水源工程，它通过疏汶集流、蓄水济运、泄涨保运、增闸节流等措施，科学地达到了引汶、分流、蓄水的目的，从而保证了大运河会通河段的畅通运行。比欧洲早期运河建造史上最有影响力的法国米迪运河提供水源的黑山引水与分水工程早了约 200 年，它创造性地通过筑坝、引水、蓄水、分水等一系列互相配合的工程措施，利用地形地势等自然条件，完成对大运河水源流量与流向的定量控制，解决了为大运河全线最高河段的供水问题，保障了大运河在之后 300 余年的顺利通航。研学旅游南旺分水枢纽，可以了解大运河蕴含的卓越的地理测量、水利设计、施工等工程技术，见证中国古人所具有的超凡创造力，体验大运河是如何将中国运河的水利工程成就推向了历史顶峰（图 5-16）。

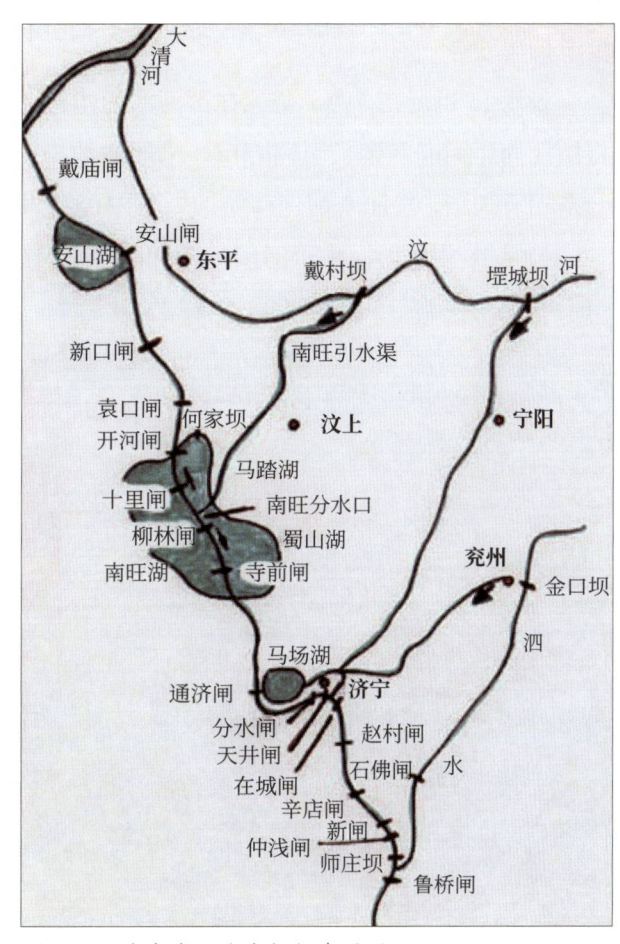
图 5-16 济宁南旺分水枢纽布置图

四、清口枢纽怀古游

离开南旺枢纽，我们来到大运河上的另一处重要水利工程——淮安的清口枢纽。我们从《中国大运河遗产》这本书中了解到，它是由多处河道、水工设施、相关古建筑群或遗迹组成，是大运河上唯一的一处综合遗存。

从事先的攻略中我们了解到，自公元12世纪起，黄河向南改道，主流逐渐固定的经原泗水河道从清口入淮河河道。由于黄河泥沙含量较大，将原淮河河道不断淤积抬高，使淮河泄流日趋不畅，在清口上游潴积形成洪泽湖。从公元14世纪起，黄河、淮河、运河交汇的清口地区面临着由于黄河泥沙淤积而产生的河床抬升问题，黄河洪水倒灌入运河与洪泽湖的防汛问题，保障运河水位的供水问题，以及克服运河、淮河、黄河之间的水位差进行通航的工程问题。

为此，公元15世纪至19世纪清口枢纽的主要工程目标在于防范黄河泥沙进入运河、利用淮河清水弥补运河与黄河之间的水位差，以及抬高洪泽湖以湖水冲刷黄河河床减少淤积泥沙等（图5-17）。

公元15世纪初，为了避免在黄河河道中行船面临的险滩等危险，疏浚北宋的沙河，将清江浦运河向西延长至鸭陈口，漕船由清口附近进入黄河。同时在运河河道上建立一系列节制闸，控制水流保障航运，其中包括清江大闸。

公元16世纪时，由于清口被黄河泥沙不断淤积抬高，使运河无法从淮河供水，并

图 5-17 清口枢纽俯瞰图

在汛期常常被黄河倒灌。为了解决泥沙淤积和运河供水问题,将西来的淮河河水潴积在洪泽湖内,以不断加高加固洪泽湖大堤,抬高洪泽湖水位,高过黄河水位,导引湖水从清口流出刷深黄河河道,并供应运河用水。同时将运口南移,远离黄河以方便从洪泽湖供水,并在运口内建立多处闸坝,节制水位防止淤塞。至此,具有防洪、挡沙和引水的清口枢纽初步形成。

在黄河水量大、泥沙含量高的背景下,清口枢纽持续受到泥沙淤积、河床抬高的影响。公元17~18世纪,清口枢纽不断调整改造相关工程设施,采取了导引淮河河水(引淮)、防御黄河决口(御黄)等多项综合措施,保障淮水顺利流出进行"刷黄济运"。引淮措施包括:不断加高洪泽湖大堤以蓄积淮河水;开引河引洪泽湖水进入淮扬运河"刷黄济运";建设转水墩、束清坝以调控洪泽湖水的水位来冲刷河床,并使湖水三分济运、七分刷黄。

几百年的沧海桑田,我们已看不出昔日的清口枢纽是如何发挥作用的。现场示意图显示清口枢纽的御黄措施包括:开凿中河将北运口南移至清口附近的杨庄,缩短"借黄行运"的距离;南移南运口、以南运口为核心建控制闸坝以减轻黄河水倒灌;在清口附近陆续修建堤防系统以固定黄河主河道;建设御黄坝防止黄河泛滥入洪泽湖。随着运口不断南移,清口枢纽的U形总体结构逐渐形成。

公元19世纪开始,清口枢纽已放弃原先采用的"蓄清刷黄"的方针,改为以"灌塘济运"方式通航。在临清堰和御黄坝之间形成一个可容一千多艘船的塘河,用水车抽清水入塘,塘内水位高于黄河时便开坝放船入黄河。至此,黄河与淮扬运河已实质上被截断。

1855年,黄河向北改道,夺大清河入渤海,清口水利枢纽也失去了调整黄河、淮河与运河关系和保障运河航运的作用。

20世纪后,在原清口枢纽范围内陆续新建了淮阴船闸、淮沭新河、二河等水利设施,替代了原有清口水利枢纽调整淮河与运河的关系,因此清口枢纽、洪泽湖大堤、清江大闸等大部分相关设施作为遗址或弃用河道保存较好,总体格局基本维持历史原貌(图5-18)。

图5-18 洪泽湖上的二河闸

(一) 洪泽湖大堤

清口枢纽最著名的景观要数洪泽湖大堤，我们清口枢纽研学游的第一个点就来到了洪泽湖东岸，这里史称高家堰，据说最早是由东汉广陵太守陈登筑的。今天这里已成为长达70多千米的防洪蓄水的巨大土方工程，是清口枢纽引淮措施的重要组成部分（图5-19）。

图 5-19　洪泽湖大堤

自公元12世纪开始，黄河向南改道，在其侵占的淮河河道下游积沙渐高，使淮河泄流日趋不畅，便在清口上游的洪泽凹陷区潴积，水面逐渐扩大，形成洪泽湖。明清两代，为配合清口枢纽"蓄清刷黄""束水攻沙"的工程策略，解决黄、淮、运交汇处泥沙淤积、汛期防洪等问题，在洪泽湖的东侧，大体以历代修筑的塘堰为基础，加筑土坝石堤，抬高洪泽湖水位，使之高于黄河水位，以蓄积导引淮河来水，冲刷黄河运口河床。

明万历七年（1579年）将洪泽湖大堤土堰改筑石工墙，并加高加固，向南延伸25千米到越城，此时大堤总长达42千米。清代延续明代的治水方略，在清康熙十六年（1677年）将大堤从周桥延伸到蒋坝，并全部建筑石墙护坡，以抵御风浪冲击。

明清时期的几个世纪里，为防止不断升高的洪泽湖溃堤决口，保障运河漕运的畅通，洪泽湖大堤被不断加固维修，陆续被改造为石砌堤。历经兴废，决而复修，毁而复建。

从明万历八年（1580年）到清乾隆十六年（1751年）的171年内，洪泽湖筑成长60.1千米，高7至8米的石工墙，蜿蜒曲折，甚为壮观。清朝时洪泽湖大堤上有五座减水坝，分别以仁、义、礼、智、信命名，又称上五坝，目前仅有信坝保存完好。在三河闸管理处，我们还见到了很多石碑，其中就有乾隆帝为洪泽湖大堤写的御碑。管理处还专门建一个亭子展示御碑，我们也拍了照片留存。

洪泽湖大堤是代表中国古代大规模工程施工科技的宏大工程。今天仍是淮河防洪工程的重要组成部分，受到重点维护。现存洪泽湖大堤全长70.4千米，大堤主堤保存完好，呈现的古代石工墙基本完好。洪泽湖大堤蜿蜒曲折共108弯，犹如"水上长城"。长堤沿线有众多的名胜古迹，如信坝、高良涧青龙庵、三国时大将邓艾饮马池遗址、九龙湾、周桥大塘、乾隆御碑、滚水坝、黄罡寺、三河闸等。洪泽湖古堰旅游风景区，北起西顺河镇，南至蒋坝镇，东至洪三公路，西依洪泽湖。

我们看到，如今的洪泽湖大堤上建起了自行车道，成了市民们锻炼的场所。据说每年都要举办环洪泽湖自行车拉力赛。陪同的人员告诉我们，这里主要旅游项目除了有古堰旅游，还重点建设了水釜城风景区、渔人湾风景区、洪泽湖欢乐园、洪泽湖大堤及沿线节点等几个部分，力求打造一个品位高雅、功能齐全的国家级生态旅游度假区，带动与促进苏北地区旅游经济的发展（图 5-20）。

图 5-20　淮安信坝遗址

（二）周桥大塘

我们参观的第二个点是周桥大塘（图 5-21），这里是清道光四年（1824 年）洪泽湖决堤冲击而成的。洪泽湖巨浪撕开堤坝造成周桥溃堤，由于决口太宽，到第二年仍然无法堵塞。1826 年朝廷令在家丁忧的林则徐前往现场指挥，他与当地的官民风餐露宿，经过几个月的奋战，终于完工复命（图 5-22）。决口堵住后，朝廷又出巨资，用 6 年时间，于清道光十年（1830 年）筑成长 737 米、顶宽 33 米的内堤，将大塘紧紧围住，并用条石砌成护墙，以防再决，自此形成一个半月形的大塘。由于它形状如月，深如龙潭，所以人称月潭。至今，淮安人民还记着林则徐的功绩，专门建了一组雕塑来纪念林则徐当年带领人民治水的事迹。

图 5-21　周桥大塘

图 5-22　林则徐治水雕塑

(三) 清江大闸

清口枢纽的第三个游览点是清江大闸。明代时，为了在航运过程中克服水位差，并调节黄河淮河涨落对运河的影响，公元15世纪之后，在淮扬运河河道上陆续修建了清江大闸等水闸，起到调水通航的作用。

其中，清江大闸位于清口枢纽东侧的里运河上，是明代开凿的"清江浦"上4座协同工作的节制闸之一（图5-23）。明清两代，作为大运河南北交通要道的清江浦上的清江大闸，位置十分重要，有漕运咽喉之称，闸体前后水位落差较大，水流湍急，每年过闸北运漕粮达400万担左右。现存清江大闸保存完好，正闸高11.5米，闸门宽7.3米。目前，清江大闸已成为淮安古运河夜游线的必经之地。我们坐着旅游船，从闸口经过，去体验过去的漕船是如何过闸的。在灯光的照耀下，清江大闸显得更加漂亮。

图 5-23　清江大闸

五、北京澄清上中下三闸寻踪游

在大运河的最北端北京，也有大运河的水工遗址可供研学游。这就是为了调节通惠河河水的水位高差，便于航船出入什刹海，公元13世纪末（元代初期）在通惠河靠近什刹海的附近设置的澄清上、中、下三闸。

（一）澄清上闸

我们首先来到位于万宁桥的澄清上闸，仔细观察这座闸结构大体分为闸门、闸墙和闸基三部分，现存除木质闸板已糟朽外，闸墙和闸基依然坚固，保留完好。澄清上闸已废弃不用，失去水闸的原有功能。闸体东侧的万宁桥仍作为交通桥使用。

万宁桥位于澄清上闸以东，是什刹海向东运河上的第一座桥梁。始建于元至元二十二年（1285年），跨通惠河而建。原为木桥，后改为单孔石拱桥，护岸上置镇水兽。元漕运船队经过万宁桥下，都会收起帆桅，体型过大的船只停在桥外岸边，通过雇佣人力搬运船货。现场我们看到有很多运河和历史文化爱好者来到万宁桥下，拍摄澄清上闸旁古代石质的镇水神兽趴蝮。这里的镇水神兽共有 6 组，形态各异（图 5-24）。

（二）澄清中闸

澄清中闸是漕船行至运河终点码头什刹海的必经之路，为通惠河北段河道上的重要水工设施。随着明皇城墙外扩，玉河故道失去行船功能，澄清中闸被废弃不用，现仅存闸口遗迹。

澄清中闸南部为东不压桥。东不压桥始建于元代以前，现为遗址状态。东不压桥整体呈西南、东北向，中间窄、两头宽，桥侧面呈弧形。桥两侧的引桥保存相对完整；清理出的桥面石以黄白色花岗岩与豆青石相间。今天这里建起了北京运河文化展示馆，各地游客和学生争相来此研学，了解北京段运河的前世今身（图 5-25）。

（三）澄清下闸

听北京同行说，在大运河申遗过程中发现了澄清下闸，于是请他们带我们去看看，坐着车子来到北河沿大街的一处工地，同行说澄清闸的下闸遗址就在这里，离"皇城根遗址"不远。据说在新修北河胡同到东吉祥胡同的一条水道时，发现了这处澄清下闸遗址。

历史上澄清下闸位于通惠河与玉河之间，作用是控制通惠河与玉河的水位。现在已见不到当初的通惠河河道，在北河胡同水道入口处地方立有两块石碑，上书"全国重点文物保护单位大运河——澄清下闸遗址"和"澄清下闸遗址简介"，这就是新修复的澄清下闸。目前，玉河遗址澄清闸下闸河段修复还正在进行中，但是已可见玉河河道水穿过的芦苇荡，水中偶有几尾小鱼缓缓游过，堤岸上柳树成荫与河边亭台楼榭和灰墙古街相映成趣，构成了一幅现实的古都风貌图。

图 5-24　北京澄清上闸旁可以见到古代镇水神兽　图 5-25　澄清中闸研学游

在这段河道的旁的墙面上,艺术家们制作了一幅类似砖雕的《京杭大运河风物图》,向游人及参访者全景展示了从北京到杭州的京杭大运河历史文化遗存,让游客们一图览遍京杭大运河全线的重要景点。

六、南运河糯米大坝游

离开北京,我们来到了南运河畔的沧州,听说这里有著名的糯米大坝,我们向当地同行提出要去看一看,并询问为什么会出现这些糯米大坝。同行介绍,古代南运河的海拔差比较大,因此在南运河沧州—衡水—德州段上设置了众多的弯道,以达到减缓纵比降、降低河水流速、方便行船的目的。由于弯道能较好地阻碍水流,弯道处也成为防洪的重点。为了保护弯道河岸附近的村镇聚居区,弯道附近的河堤被不断加固加高,成为运河沿岸的附属防洪设施。其中连镇谢家坝和华家口夯土险工是南运河上仅存的两座夯土坝,是大运河河堤防洪设施的典型代表。这两座坝又被称为糯米坎,是因为当初采用了糯米浆拌灰工这一中国建筑古老的工艺。

(一) 连镇谢家坝

我们首先由沧州的同行带着来到位于沧州市东光县连镇镇的南运河东岸的连镇谢家坝,这座大坝在运河五街、六街交界处,建于19世纪(清末)。全长218米,高3.2米以上,现存坝体稳定性好,局部风化。上下水位落差大。因为华北平原的地下水下降严重,这里一段南运河的水很少,加上大坝的历年增修,如今从坝顶到水面有10米的高差。尽管下到河底很困难,但为了一睹大坝的真面目,我们还是在当地同行的帮助下艰难地下到了河底,近距离地观看了严丝合缝的糯米大坝,并拍摄了不少珍贵的照片(图5-26)。

图 5-26 连镇谢家坝

(二) 华家口夯土险工

由于衡水市市区离华家口夯土险工所在的景县安陵镇华家口村较远,加上河北省大运河申遗办就设在沧州，于是我们没有去衡水市，而是由河北省大运河申遗办的同行陪同，直接来到了华家口夯土险工研学（图5-27）。

同行介绍，华家口夯土险工建于民国元年（1912年）。现存坝体全长250米，局部风化。大坝为灰土加糯米浆逐层夯筑，夯土以下为毛石垫层，基础为原土打入柏木桩，夯土层每步厚18～22厘米，平均收分20%。华家口夯土险工保存了历史时期的材料、工艺特征，是中国古代利用夯土技术建设水工设施的实物证据。如今，因为来这里参观研学的人越来越多，有关部门逐步建起了防护栏等旅游设施。在现场，我们就遇到了十几位从北京、天津、石家庄驱车到南运河来看糯米大坝的驴友。

图5-27　华家口夯土险工

七、运河古纤道游

大运河上的水工设施还有古纤道。纤道是古代以人力背纤为行船提供动力的通道，是运河船运的重要辅助设施。今天也成为重要的旅游资源。

（一）吴江古纤道

我们首先来到了江南运河上的吴江古纤道（图5-28）。据陪同的吴江区文体广电和旅游局负责人介绍，这里旧称"九里石塘"，是吴江塘路的一部分，位于吴江市松陵镇南，长约1500米，始建于唐元和十五年（820年），宋庆历八年（1048年）增石维修，元至正六年至七年（1346—1347年）复

图5-28　吴江古纤道

以巨石修筑。修筑时所垒的巨石由石工凿成统一尺寸，长 1.8～2.2 米，宽 0.6 米，厚 0.4～0.5 米，路基用直径 10～12 厘米的杉木梢打入土中。

明清时期，吴江古纤道既是运河河岸又是纤道，还被充作驿道，是水陆并用的交通要道。吴江古纤道为江南古塘路中最重要的一段，其构筑的科学性、实用性、美观性，成了后来许多塘路效仿的典范。纤道是水陆并用的交通要道，这里两面临水，曾有绝妙的风景。

大运河申遗过程中，吴江对这段古纤道进行了修缮，对缺失部分进行了增补。今天，走在吴江古纤道上，还能充分体会到古人的勤劳与智慧。

（二）绍兴古纤道游

告别吴江，我们来到位于浙东的绍兴古纤道继续研学，绍兴古纤道现位于绍兴市柯桥区地界的萧绍运河上，是绍兴独有的桥、路相结合的古道，是运河与天然河流交汇处的工程设施，作为古代以人力背纤为行船提供动力的通道，成为运河船运的重要辅助设施（图 5-29）。

据绍兴市文物局同行介绍，古纤道又称官塘，旧称新堤、运道塘、武林孔道等。在萧绍运河中，有些河段河面较宽，风急浪高时，有碍船只正常航行，需步行拉纤。浙东运河以自然河道为基础，近岸处弯弯曲曲，拉纤十分不便，古人便兴建了一条与运河并行的长桥——纤道桥。古纤道全长 7.7 千米，始建于西晋。当时开凿西兴运河后，即逐渐在岸边形成纤道。唐元和十年（815 年）进行大规模修整。明弘治年间改用石砌纤道，形成现有规模。

古纤道有单面依岸和双面临水两种类型。前者用条石错缝平砌间丁石或用条石顺丁垒砌，其上横铺石板为路面。后者又分为实体纤道和石墩纤

图 5-29　绍兴古纤道

道，其中实体纤道用条石错缝平砌间丁石，上铺石板；石墩纤道的做法是每隔2.4～2.8米，用条石错缝干砌桥墩，上置石梁，计281洞。纤道上还每隔一定距离间以石拱桥或石梁桥，以通行船只。

古纤道蜿蜒曲折，逶迤多姿，沿途梁桥、拱桥多，有"白玉长堤路，乌篷小画船"的景观，极具江南水乡特色。纤夫使用纤道，既提高了航运效率，又确保了纤夫的生命安全，在没有机械动力的过去，不失为一种天才的创造。

随着交通运输事业的发展，运河上来往船只已变为机械驱动，古纤道的功能演变成为观光旅游、欣赏水乡景色等。在古纤道研学时，我们正巧遇见杭州歌舞剧院《遇见大运河》剧组来采风，就与他们一起谈起了大运河。这些舞蹈家们还专门在古纤道上进行了表演，我们也留下了珍贵的照片（图5-30）。

图5-30 古纤道成了文艺家的表演场所

八、运河水城门体验游

看完了古纤道，按照计划，我们又对体现大运河高超建筑技术的水陆城门进行研学游。

（一）苏州盘门游

水陆城门最著名的要数苏州盘门。我们来到位于苏州城墙西南角的这座水陆结合的城门。导游向我们介绍，这是苏州古代军事、水运的重要通道，位于江南运河苏州城区运河故道上，是连接大运河与苏州古城的一个重要节点。战时守城防御，汛期防洪泄洪，平时水陆通行。

盘门始建于春秋时期吴国阖闾元年（公元前514年），为吴国都城八门之一，因门上悬有镇慑越国的木质蟠龙，最初名为"蟠门"，后因水流萦绕而改名"盘门"，后世不断得到维护和加固。现存盘门为元至正十一年（1351年）张士诚占据苏州时重建，盘门瓮城后又经明清两代多次修建。现苏州城墙已残缺不全，仅盘门水陆城门完好如昔。1983年修复城门以东城墙300米，1986年在陆门城台原址重建城楼。

盘门由两道陆门、瓮城与水门组成，水门内设置两道水闸，起军事防御与调控水位的作用。门朝东南，水陆两门并列，包括两道陆门和两道水闸门。两道陆门间为略呈方形的瓮城。通过水门的设置，可以较好地解决城市的防洪、泄洪。盘门采用"面东背水"抹角做法，避免了水流的直接冲击。结构上采取水陆两门错位并列，砌筑水、陆两道城门，并把它们巧妙地组合成一个整体（图5-31）。

现场我们看到，来盘门旅游的游客络绎不绝。盘门、吴门桥、瑞光塔构成苏州古城的重要景观，被称为"盘门三景"，也是运河过往船只通行方位的航标。现在盘门作为遗址对外开放，在盘门景区，游客可以一并游览瑞光塔、水陆城门、吴门桥三个景点。盘门还开通了水陆城门体验游，我们坐船体验了过水城门。听说，苏州古运河水上游览线就从盘门出发，这更带旺了盘门旅游。下一次一定从盘门坐船来一个苏州古运河水上游（图5-32）。

图 5-31　苏州盘门水城门

图 5-32　江南运河苏州段——盘门景区

(二) 杭州凤山水城门

水城门的第二个现存遗址在杭州。我们来到了位于杭州中河—龙山河上的杭州凤山水城门（图5-33）。这座古代水城门，处于杭州古城南端，扼守江南运河通往钱塘江的水道。水城门门洞由两个不同跨径的石拱券并联而成。南券中间有方形闸槽。两券间有石雕门臼，原来有木质城门，今天已没有城门，只剩下一个桥洞，有点像廊桥的感觉。

据杭州同行介绍，元至正十九年（1359年），起义军领袖张士诚组织重筑杭州城，始建凤山水城门。明代，对凤山水城门进行重建。现作为杭州城墙遗址的一部分对公众开放，目前，还未开通水上游览。未来开通后，凤山水城门可以从岸上和水上两条线路游览，为运河旅游又增一个去处。

图5-33　杭州凤山水城门

九、运河古桥梁研学游

世界运河古迹名录中评价的中国大运河的科技成就中，有一项很出名的就是桥梁建筑技术。江南水多，位于江南运河和浙东运河上的宝带桥、长虹桥、拱宸桥、广济桥、八字桥是大运河沿线众多桥梁中最典型的代表，它们体现了古代中国桥梁工程设计与施工的卓越水平。

我们从相关资料中了解到，从技术上看，这些桥梁从不同角度体现了古代中国桥梁工程设计与施工的卓越水平。苏州宝带桥是53孔薄墩连拱石桥，长度超过300米，采用密集木桩处理桥墩基础，采用榫卯结构连接砌筑石块，适应了南方软土地基经常出现的沉陷、变形情况。宝带桥既是桥梁也是纤道，同时也可以宣泄来自太湖的水量，可以说具有复合功能。长虹桥（嘉兴）、拱宸桥（杭州）、广济桥（杭州）均为高拱石桥，这些高拱石桥采用预应力的施工方式，使桥拱负载更大、变形更小。采用剪力墙结构以抵抗变形应力，采用榫卯构造而非黏合剂进行砌筑以适应微小变形的需要。拱券薄到非常大胆的程度，如拱宸桥拱石厚度只有30公分。三座桥梁中孔跨度都在15米以上，通航净空大，利于大货运量的船只通航。位于绍兴的八字桥为中国早期简支梁桥中的孤例。建造者根据特殊地形，结合周边环境，因地制宜，合理设计了跨越三河、沟通四路、状如八字的桥梁，巧妙地解决了复杂的水陆交通问题，是根据特殊地形，结合周边环境，因地制宜的合理设计。

（一）游宝带桥

首站我们来到位于苏州南部的吴江塘路上的宝带桥（图5-34）。陪同我们的专家介绍，这座桥始建于唐元和十一年（816年），由苏州刺史王仲舒主持修建，传说因王仲舒为筹措资金捐出宝带而得名，又或说因桥形似宝带浮于水上而得名。1442—1446年改建为53孔连拱石桥，沿袭至今。作为江南运河河岸上的桥梁与水门，宝带桥长度超过300米，代表了古代中国桥梁工程设计施工的卓越水平。明代吴门画派的代表人物文徵明曾作过一首《宝带桥》诗："云开霄汉远，春入五湖深。天外虹飞彩，波心日泻金。三江自襟带，双岛互浮沉。十里吴塘近，归帆带暝阴。"乾隆帝也曾作过一首叫《过宝带桥有咏》的诗："金阊清晓放舟行，宝带春风波漾轻。孔五十三易疏泄，涨痕犹见与桥平。"

与江南运河上的其他桥梁不一样，宝带桥为连拱桥，各孔拱形均属圆弧，接近于半圆形，孔高与孔径之比（即矢高比）接近1/2，属于陡拱。陡拱不仅对墩、台产生较小的水平推力，而且桥孔的净空较大，便于行舟。全桥为53孔联缀花岗石拱桥，采用纵联分节并列砌置法，全长316.8米，桥面最宽处5.2米。桥主孔矢高3.5米，净跨7.1米；次孔矢高3米，净跨5.8米；缀孔矢高1.85米，净跨3.8米。为方便大船通行，设计了14、15、16三孔高拱连桥，其中15孔跨径最高，为7.45米；14、16孔次之，为6.5米。为了避免这类柔性墩所引起一孔受损波及全桥的情况，在北起的第27号墩，以两墩并成一墩，构成能承受单向推力的刚性墩，也就是制动墩。

各拱拱券是由一条条

图5-34　宝带桥

弧形的板拱石并列砌筑而成，板拱石的端点之间设有横向长铰石，板拱石两端各琢有石榫，插入长铰石上预留的榫眼，相互结合。其独特的优点是，当桥拱发生温度变化、基础沉陷或承受不对称的荷载时，各条板拱石的石榫能在长铰石的榫眼里作微小的运动，自动对拱圈的形状作微小的调整，使拱圈的受力有所改善。在现场我们看到，虽然宝带桥很美，但拍照片时怎么也避不开背景里的高楼，苏州现代建筑对运河的环境景观影响还真不小。

（二）游长虹桥

离开苏州，我们顺着江南运河，来到嘉兴长虹桥（图 5-35）。在我国，有 4 座长虹桥，分别是嘉兴长虹桥、云南长虹桥、北京长虹桥、台湾长虹桥。嘉兴长虹桥横跨于江南运河上，位于苏州与嘉兴分界的王江泾镇的里街东南。始建于明万历年间，清康熙五年（1666）

图 5-35　长虹桥

重修，清嘉庆十七年（1812）再修，太平天国时桥栏石损毁，清光绪六年（1880）修复。

陪同专家向我们介绍，长虹桥是大运河上罕见的巨型三孔实腹石拱大桥，气势宏伟，形似长虹。桥全长为 72.8 米，桥面宽 4.9 米，东西桥阶斜长为 30 米，各有台阶 57 级，用长条石砌置。桥拱三孔，是纵联分节并列砌筑法的半圆形石拱。主孔净跨 16.2 米，拱矢高 10.7 米；东西两边孔净跨 9.3 米，拱矢高 7.2 米。桥边孔两侧有两副对联：一面为"劝世入善，愿天作福"，另一面为"千秋水庆，万古长龄"；中孔楹联一面为"淑气风光架岭送登彼岸，洞天云汉横梁稳步长堤"，另一面为"福泽长流物阜民安国泰，慈航普渡江平海晏河清"。长虹桥造型如长虹卧波，天气晴朗时，登桥远眺，北之吴江盛泽，南之嘉兴北门外隐隐可见。古人有"虹影卧澄波，登高供远瞻。南浮越水白，北接吴山绿"。长虹桥保存得很好，桥两坡各有 57 级石阶，用平整的长条石砌成，桥栏也是长条石，用石凿的榫卯联结，朝里侧凿成可供人休憩的弧形。游客走累了随时可以坐下休息。

在大运河申遗过程中，还发生了长虹桥守桥人英雄牺牲的故事，在运河沿线传为佳话。不过我们在长虹桥参观时,发现旁边的寺庙、新建建筑有点抢眼,对遗产的背景产生了冲击,实在是对世界遗产风貌协调区的破坏,同时也影响了游客的观感,期待嘉兴的遗产保护部门能够给予整改。

(三) 游塘栖广济桥

图5-36 塘栖广济桥

离开嘉兴,我们顺着上塘河来到了杭州的北大门塘栖,这里有座出名的广济桥(图5-36)。中国多处地方都有名为"广济桥"的桥梁建筑,在江南运河上就有常州的广济桥和杭州的广济桥。据事先攻略,杭州塘栖的广济桥曾名通济桥、碧天桥,俗称长桥,位于杭州塘沿线的塘栖古镇上,是大运河上保存较好的薄墩连拱七孔实腹拱桥,也是大运河上保存至今规模最大的薄墩连拱石桥。桥全长78.7米,面宽5.2米,矢高7.75米,中孔净跨15.6米。七孔,拱券纵联并列分节砌筑。

据陪同专家介绍,塘栖广济桥始建于唐宝历年间。明弘治二年(1489年)一个姓陈的僧人,为了建桥募捐一直到了北京,得到了皇太后的赏赐,也得到了宫中的众嫔妃与朝廷大臣们的资助,到了明弘治十一年(1498年)建成。今天的桥为清康熙年间(17世纪末)重修。如今广济长桥势如长虹,造型秀丽,历经沧桑仍雄踞大运河之上。

广济桥上还有一个走桥的民俗,相传广济桥是塘栖的骄傲,有人称它为塘栖的龙鼻,高峻挺拔。以前,这里的民间还有"走桥"的民俗。每年正月十五元宵节,除了吃元宵、迎花灯、猜灯谜外,还有走桥祈福的说法。据说元宵节晚上走的桥越多,得到的福分就越多。所以到了当天晚上,人们成群结队,提着花灯,在河边、桥上游走,远远看去,很是壮观。

如今桥边建起了美食一条街,四乡八镇的人们都会赶到塘栖来尝美食。

(四) 游拱宸桥

运河桥梁游的第三站是位于杭州的拱宸桥(图5-37)。拱宸桥横跨大运河,是京杭大运河到杭州的终点标志，也是杭州城区最大的一座石拱桥。我们来到了处于杭州市区大关桥北边的拱宸桥，从桥下看，这座三孔驼峰薄拱薄墩连拱桥就很壮观。据陪同专家介绍，大桥全长98米，桥面中部宽5.90米，桥身高约16米，采用

图5-37 拱宸桥

木桩基础结构，拱券为纵联分节并列砌筑。拱宸桥始建于明崇祯四年（1631年），由明末商人夏木江所倡建，现保存完整，仍在使用。

我们查阅了资料知道，在古代，"宸"是指帝王住的地方，"拱"即拱手，两手相合表示敬意。每当帝王南巡，这座高高的拱形石桥，象征对帝王的相迎和敬意，拱宸桥之名由此而来。现在的拱宸桥，名字已演变为杭州的名片。此桥在清代几经毁坏重建，清顺治八年（1651年）桥身曾坍塌；清康熙五十三年（1714年）由浙江布政使段志熙倡率捐筑，云林寺的慧辂竭力捐募款项相助。清雍正四年（1726年）右副都御史李卫率属下捐俸重修，把桥加厚2尺，加宽2尺，并作《重建拱宸桥记》。清同治二年（1863年）秋，左宗棠率湘军及"常捷军"向杭城的太平军猛攻，由于拱宸桥桥心设有太平军堡垒，经战火洗劫，桥再次濒于倒塌。清光绪十一年（1885年），在杭州人丁丙的主持下重修。十九世纪末杭州开埠后，日本人在拱宸桥桥面中间铺筑2.7米宽的混凝土斜面，以通汽车和人力车。中华人民共和国成立后，杭州市人民政府规定禁止通行机动车。古老的拱宸桥，以更坚强的形象，横跨在运河上。

在拱宸桥游览，最吸引我们的是防撞桥墩的设计。桥所属的运河段为V级航道，过往船只较多，再加上拱宸桥方孔只允许单向通航，极容易与桥两侧分布的4个主墩柱及桥拱券发生碰撞。为避免过往船舶撞击拱宸桥，在桥南北两边建造了四个防撞保护墩，从而保证了桥梁的安全。

（五）八字桥

告别杭州，我们来到被称为"桥城"的绍兴，绍兴的特点是"粉墙风动竹，水巷小桥通"，水多带来了桥梁众多。陈从周先生称绍兴为"我国石桥宝库，在世界桥梁史上占极光彩的一页"。绍兴最著名的要数被称为"中国最早立交桥"的建在浙东运

河上的八字桥。

我们在绍兴市文物局负责人的陪同下，来到位于浙江省绍兴市越城区八字桥直街东端，三河交汇处的八字桥（图5-38）。他向我们介绍，这座桥始建于南宋（公元12～13世纪），后多次维修。八字桥为梁式石桥，主桥东西向，横跨稽山河，总长32.82米，桥洞净跨4.91米，宽3.2米，洞高3.84米。八字桥为我国早期简支梁桥中的孤例。建造者根据特殊地形，结合周边环境，因地制宜，合理设计了跨越三河、沟通四路、状如八字的桥梁，巧妙地解决了复杂的水陆交通问题，是根据特殊地形、结合周边环境、因地制宜的合理设计。

图5-38　八字桥

八字桥虽已经历了近8个世纪的风风雨雨及天灾人祸，至今仍极为完好。八字桥处是三条河流的交叉点。南北流向的是主河，至今仍通船只，东西两侧各有一条小河。东去五云门，北通都泗门，西可进入市中心，南近东双桥，地理环境复杂、位置重要。南宋的匠师们非常聪明地利用了这里的天然条件，设计时把桥址选在三河交汇点的近处，正桥架在南北流向的主河上，全部用花岗岩条石砌成。副桥架于两侧的踏跺（引桥）下。

八字桥的设计非常独特，适应了地形的特点。桥平面布置独具特色，架三桥跨三河通三街，但整体是一座桥，既解决了水陆交通问题而且建桥时不拆屋不改道，和周围原有的环境自然地融会在一起。这是我国桥梁建筑史上极为优秀的范例。桥形非常优美，桥的踏跺，东侧沿主河岸向南北两个方向落坡，西侧向南面、西面两个方向落坡。从北边的广宁桥上过来沿着这条主河岸，可直达八字桥顶，从桥上再可分两边南下或西下。在这两条踏跺下面又各筑有两座方形桥洞，跨越两条小河。走下桥后，往北回首，这两条踏跺极像一个巨大的"八"字。这座古立交桥下还筑有纤道，可供背纤人拉船顺利通过，每个望桥柱上都雕刻着极为优美秀雅的覆莲形浮雕图案。八字桥引来了世界各地的建筑学家学习研究，在现场，我们就遇到了前来研习桥梁技术的同济大学的学生。

运河古桥梁游已成为运河旅游爱好者们游运河的一个重要项目。除了上述几座古桥，还有常州的广济桥、扬州的五亭桥、北京通州的永通桥等，都是人们研究古人桥梁建造技术的实例（图5-39、图5-40）。

图5-39　常州运河上也有一座广济桥

图5-40　扬州五亭桥

十、柳孜运河遗址游

参观完浙东运河,我们来到了隋唐运河上的安徽淮北。这里的柳孜河运遗址是我国隋唐大运河建筑遗址的首次发现。清理出石构建筑、木质沉船、瓷器、铜钱等一批重要的遗迹遗物,为了解、研究运河的形成、使用、淤塞、废弃过程提供了重要的实证资料,有力地证明了隋、唐、宋三个朝代期间(公元7至12世纪),大运河通济渠段的流经路线、航运方式、运输货物等重要历史事实(图5-41)。

据淮北博物馆的同志介绍,柳孜遗址主要包括运河河道,左右两岸的河堤,两岸的石筑台体(可能为运河桥梁遗址),河道中间的石墙体、木桩、木船、灰坑等。

北宋早期(公元10世纪)的运河两岸石筑台体(初步判定为桥墩),是大运河沿岸重要的桥梁建筑遗址。其中右岸(南岸)石筑台体长14.3米,宽9.2米,高5.05米,保存较好;左岸(北岸)石筑台体,长12.7米,宽7.7米,残高4.5米。两者相距18.7米,形制和砌筑方法相同,初步判断建于北宋早期,根据考古推测可能是桥墩。南岸石筑台体迎水立面的下方河道中,发现若干一端削尖的横置木桩,木桩直径30厘米左右,最长5米,为北宋时期木构件,推测可能为桥上用料。

现场我们看到,宋朝时的大运河右岸河堤遗址坡度为45度左右,其河坡中成排的木桩遗址,应证了史料中的"木岸狭河",即采用将木桩密集排列打入河中的方法,使河床束窄,水深加大,水流加快,以改善航运状况,并起到将断面宽度缩窄后,冲刷河床,减轻淤积的作用。它证实了宋代治汴实施的"木岸狭河、激流冲沙",将隋唐大运河由80米缩为40米的史实。

据同行介绍,当时遗址中发现了8条沉船。其中河道中压覆的两条沉船为宋代沉船。另外六条沉船发掘于南侧,即宋代河道的堤坝下,八条沉船中,两条为独木舟,可能为渡船,六条为中、大型运输船,根据残长推算,中型运量可达2万斤、大型7万斤,

(a)柳孜运河遗址考古现场

(b)柳孜运河遗址考古大棚

图5-41 柳孜运河遗址

应为当时的主要漕船。其中1号船和2号船经过考古整体提取，转移至淮北市博物馆进行考古研究，并对外展出。专家提醒我们，柳孜遗址的沉船中发现了大批宋代的瓷器，而出产这些瓷器的窑口与南海一号沉船上发现的瓷器大部分是相同的，这一考古发现充分说明，大运河是为海上丝绸之路运输货物的重要通道，是海上丝绸之路的延伸段。在现场我们看到，在大运河申遗成功后，柳孜遗址也成为世界遗产，当地人们立起了世界遗产标志碑，建起了考古大棚，以对遗址进一步发掘研究，同时正在建设柳孜运河遗址博物馆，博物馆筹建处的牌子已挂上了墙（图5-42）。

图5-42　运河研学游的孩子们

第六章 追寻商业遗存游运河

古代中国是一个传统的农耕文明社会,自古以来政府采取重农抑商的政策,而运河区域却是商业繁荣的特例。大运河的开通,将沿线城镇连为一体,带来了南北经济、文化的全方位交流,南方的大米、茶叶、丝绸、陶瓷被带到北方的家中,北方的松木、煤炭、皮货、大豆出现在南方的集市。运河促进着商业的发展,改变了古代中国人"轻商"的观念,带来了实用主义的商业文化。物资的交换带来了运河地区商业的繁荣,也留下了一处处商业遗存,成为今天重要的商业旅游资源。本章带领大家游览运河管理机构、运河当铺钱庄、运河会馆、运河商业住宅,以及运河商业街区。

一、运河管理机构游

为了维护经营秩序,保证经营的顺畅,同时也为了收取税费,自古以来,各朝政府都在运河上设置了一些商业管理机构和服务机构,有维护管理漕运的漕运总督府、管理盐运的盐运使司,还有负责收税的钞关。

(一)淮安总督漕运公署遗址

我们首先来到了位于淮安市淮安区老城中心的总督漕运公署遗址,这里又称漕运总督府,毗邻淮扬运河老河道,是明、清两代主管南粮北调等漕运工作的朝廷派出机构,统管全国漕运事务(图6-1)。

图6-1 淮安总督漕运公署

从资料了解到，淮安自明初就是连接南北漕运的转输中心，淮安的经济发展与漕运是密不可分的。为了适应漕运之需，明政府特设漕运总督于淮安，督理漕政。淮安漕运公署的建筑，始建于南宋乾道六年（1170年）。元代时期这里是淮安路总管府。公元14世纪时（明初）陆续改为淮安府署、淮安卫指挥使司署。明万历七年（1579年），改为漕运总督府。直到20世纪初（清末）裁撤漕运总督，公署逐渐废弃。

陪同的淮安市文化广电和旅游局专家介绍，这里的考古发掘工作表明，整个遗址呈长方形，南北长133米，东西30.55米，整体分为东、中、西三路，中轴线上由南向北依次为大门、仪门、大堂、二堂、大观楼、淮河节楼、后院等，与南面的北宋镇淮楼、北面的淮安府署在同一条中轴线上。另外遗迹下3米处发现有宋元时期文化层。目前大堂、二堂、大观楼遗址已按原状保护。现存部分建筑房基、础石等遗址已经完成保护工程，并对外展示开放，可完整呈现建筑群总体格局。

游客参观淮安漕运总督公署遗址，可以一并参观漕运博物馆，全面了解运河漕运的历史。漕运博物馆在上一章已介绍，这里就不重复了。

（二）扬州盐运使司衙署

淮安扬州之间的淮江公路是与淮扬运河平行的，我们沿着淮江公路向扬州行进，一路上看到大运河中长长的船队，想象古代大批的漕粮和物资通过大运河北运，支撑起了当时经济的发展，更加深切地感受到大运河在古代中国的重要性。同行的专家告诉我们，其实大运河也是盐运输的重要通道，此行我们到扬州看的重点就是两淮盐运使司衙署遗址（图6-2）。

据介绍，唐开元年间，江淮转运使在扬州"置输场、盐仓，以受淮盐"，使大运河沿线成为盐商汇聚、盐船密集的运输中心。古代东部地区最著名的盐场两淮盐场的盐几乎都是通过大运河运输的。随着两淮盐业的兴起，扬州就成为盐业中心，盐铁转运使司就常设在扬州。"两淮"指的是淮南、淮北，元明清三代，两淮盐运使司都设在扬州。两淮盐运使掌握江南盐业命脉，向两淮盐商征收盐税，下辖淮安分司、

图6-2 扬州两淮盐运使司衙署

泰州分司等。

当时，盐铁专卖成为朝廷的一项重大收入。据史料记载，在唐朝后期，盐政的税收实际上已经达到了中央财政实际总收入的五分之二左右，成为当时唐朝的主要经济来源。唐朝以后的其他朝代大体上都遵循了榷盐专卖制度。元世祖时，在扬州设立两淮都转盐运使司，明代设在扬州的两淮盐漕察院，统辖江南、江西、湖广、河南四省的盐税收入。

到清代，因为盐业的专卖使地处运河枢纽的扬州聚集了大批盐商，催生了扬州的极度繁荣。清道光年间全国九大盐区，总产盐量为580万引（当时每引为960斤），而两淮盐产量即达180万引，约占全国总产量的三分之一。九大盐区总课税额为库平银九百八十万两，而两淮盐课税额为六百一十万两，占总课税额的62%。由此可见两淮盐课税收之巨大，成为当时清廷命脉攸关的收入。无怪那时的盐运使多向清廷奏称"两淮盐课，当天下租庸之半，损益盈虚，动关国计"。千百年的盐运过程，使运河沿线留下了众多的盐文化遗存。

"盐运使"官名，始置于元代，设于产盐各省区。明清相沿，其全称为"都转盐运使司盐运使"，简称"运司"。其下设有运同、运副、运判、提举等官，有的地方则设"盐法道"，其长官为道员。这些官员往往兼都察院的盐课御史衔，故又称"巡盐御史"。他们不仅管理盐务，有的还兼为宫廷采办贵重物品，侦察社会情况。

位于扬州国庆北路的扬州两淮盐运使司衙署今天仅存门厅。坐西朝东，向着运河的方向，悬山结构盖筒瓦，面阔三间，进深五檩，门厅两侧筑有八字墙，门前有石狮一对，保存完好。现作为东圈门历史文化街区的西入口景点，可供游客拍照留念。我们站在遗址前，感慨历史的沧桑，回首望去，东圈门的城门巍然屹立，里面就是扬州盐商生活的历史街区。尽管扬州盐商已成历史，但他们创造的盐商文化成为扬州重要的传统文化，于是我们信步走进东圈门去体验扬州三把刀文化去了。

（三）祭祀盐神的盐宗庙游

每个行业都有自己的崇拜神，盐商也不例外，有自己的盐神，分别是最早煮海盐的始祖夙沙氏、最早的盐商胶鬲和最早的盐官管仲。同行的专家向我们介绍，在扬州还有一座盐商祭祀盐神的盐宗庙。于是，我们来到位于扬州市东南康山街的盐宗庙。从墙上的简介我们了解到，这座庙是清同治年间由两淮众盐商捐建的，是扬州盐商举行祭祖仪礼的场所。作为祠堂建筑，盐宗庙在布局上非常大气，前后三进房屋共有280多平方米。

图 6-3　盐宗庙供奉的三位盐业祖师

走进第三进正殿内，三位高大威仪的盐宗映入眼帘，这三位盐业始祖的雕像均采用汉白玉打造，神态栩栩如生，雕像两侧还布置了金色漆画，反映清代扬州盐务兴旺的历史盛况（图 6-3）。据介绍，大殿里面最值得一看的是房梁上的彩绘，这种彩绘在南方地区已经不多见，而且原汁原味地保存了一百多年。

2014 年盐宗庙随大运河成为世界文化遗产的一部分，如今建起了扬州盐业历史遗迹展示馆，成为对外展示运河盐文化的场所。

（四）十二圩淮盐总栈游

在扬州段运河上，还有一个盐业遗址，那就是位于仪征的十二圩码头。在朋友的推荐下，我们从扬州驾车半小时很方便地来到了十二圩古镇。在十二圩的中国两淮盐文化博物馆，当地一位文化专家向我们介绍了这个盐业重镇的历史。

仪征历史上就是淮盐出江枢纽，北宋行转般之法，东南六路漕船运粮到真州卸货入仓，再载淮盐返回；元朝在真州设淮南批验盐引所。太平天国运动后，两江总督曾国藩重新选址，将淮盐总栈定在了仪征十二圩。清同治十二年（1873 年）十二圩开埠，直到 1937 年日军占领，承担淮盐监掣、入江重任达 60 多年，其间商贾云集、市井繁华，沿江列檣蔽空，有 30 多个船码头。这些码头，大多是淮盐"销岸"的运商们建起来的。十二圩成为清朝淮盐汇集转运的重镇，被称为"食盐之都"。当时的十二圩有 15 万人口，有近 400 家注册的商铺和 2000 多的店员，江面有 2000 多艘巨大江船和 5 万多劳工，作为数省食盐供给基地，可称得上是个"经济特区"，繁盛一时。在十二圩的中国两淮盐文化博物馆，我们还看到了一张 19 世纪初的世界物产图，这上面就清楚地标出了十二圩是盐的重要出产点，与出黄金的南非、出羊毛的澳大利亚并列，当然这里说的是盐的集散地（图 6-4）。这就是当地人传说十二圩是当时世界地图上唯一标出"镇"的地方的来历。

如今的十二圩建起了中国两淮盐文化博物馆，向全国各地的游客展示辉煌的一段盐文化，还有两淮盐务总栈旧址和盐码头也供游人参观（图 6-5）。

图 6-4 十二圩的盐文化展示馆

图 6-5 十二圩古镇的盐运码头旧址

（五）游阿城盐运司

我们来到聊城参观阿城盐运司时，正值下雨天，游客不是太多。正好可以细细地品味这一运河遗址。陪同的阳谷县政协文史专家向我们介绍起了阿城盐运司。

阿城盐运司位于山东聊城阳谷县阿城海会寺西侧，亦称运司会馆、山西会馆，是聊城运河沿线仅存的古代盐业管理机构遗存，也是明清时期聊城运河经济繁荣的见证。现存建筑有山门、前殿、后殿、配殿等，南北长 72 米，东西宽 47 米（图 6-6）。

盐运司建筑技法精湛，大殿柱础雕刻精细传神，木构件制作精巧，彩绘流畅生动。2009 年 8 月划归文物部门管理，文物主管部门对盐运司进行保护、维修。目前，盐运司已修缮完毕，并对外开放。

图 6-6 阳谷县运河边的盐运司

（六）运河钞关游

离开阳谷县，正好来到相邻的临清市，这里有大运河上保存最完整的钞关遗址。这一次旅游让我们了解到了运河钞关的知识。

有了商业经营行为就要缴税，大运河上的商船怎么缴税？古代运河上有专门收税的钞关。钞关是明代征收内地关税的税关之一，又称榷关。设置钞关旨在征收船税，临清、杭州两关也兼收货税。明宣德四年（1429 年），因商贩拒用正在贬值的大明宝钞，政府准许商人在商运中心地点用大明宝钞缴纳商货税款，以疏通大明宝钞，并趁机增税，这些征收商货税款的税关，因此得名"钞关"。明代禁海，大运河是全国商品流通的主干，全国八大钞关有七个设在大运河沿线。从北至南依次为：崇文门（北京）、河西务（清代移往天津）、临清、淮安、扬州、浒墅（苏州城北）、北新（杭州）。明万历年间运河七关商税共计31万余两，明天启年间为42万余两，约占八大钞关税收总额的90%。清初运河七关全部保留下来，清代前期运河诸关关税在全国关税总额中仍占一定比重。

（七）临清运河钞关

明代八大钞关中，收税最多的是临清钞关。我们一行来到了位于临清老街上的临清运河钞关，这里是15～19世纪时期（明清时期）在大运河航线上设立的一个专门针对运河上来往的商用载货船只征收船税的机构，隶属于户部，户部在此设立户部分司管理收税事宜。明代万历年间，临清钞关年征收船料商税银八万余两，居全国八大钞关之首，占全国钞关课税额的四分之一。临清钞关见证了通过大运河进行的规模巨大的水路运输量与繁荣的贸易活动（图6-7）。

据介绍，历史上的临清运河钞关相当壮观，这一组建筑群，自运河而西依次为河口正关、阅货厅、"国计民生"坊、关堞、仪门、正堂等。南北三进院落，置设穿厅、船料房、鼓铸坊等，占地四万平方米，厅堂坊舍四百余间。占地东西长130米，南北宽96米。如今展示在我们面前的临清钞关，衰变中仍隐约地显露出昔日的繁华。现存有仪门，南穿厅及北穿厅、公堂、巡拦房、船料房、官属舍房等80余间古建筑，占地面积约0.7公顷，是大运河沿线保存最完整的钞关旧址。我们看到，这里正在筹建中国税务文化博物馆。因为临清钞关见证了通过大运河进行的商业贸易和税收活动，是研究明清经济生活、运河城市的形成与发展及中国税务史的宝贵实证资料。这个博物馆建在临清是实至名归。

图6-7 今日的临清钞关

二、运河会馆游

大运河沿线还有一类商业机构,那就是会馆。会馆是外来人口的民间组织,是地缘共生的乡土关系在异地的维系纽带。会馆原本有两个含义:一是指旅居异地的同乡人在一个城市共同设立的机构,建有馆所,供同乡同业聚会、寄寓之用的馆舍;二是指同业或同地域的商人相聚议事、交易的场所。在这个意义上会馆是同一地域的商贾聚会的重要场所。

在水运交通便利、商业发达、经济繁荣的运河沿线地区逐渐发展出会馆、商行等商业设施,反映了大运河沿线经济的繁荣和由此而生的文化发展情况,见证了大运河带来的思想、文化的交流和汇集。作为古代中国最主要的商业线路之一,大运河沿线会馆的形成原因是河运带来的商业繁荣、商贸兴盛、商家云集、商事众多,同一地域或同一行业的商人需要一个载体相聚议事、交易,在这种历史条件下,会馆应运而生。

大运河沿线会馆众多,时至今日,大运河著名的商业城市都有会馆遗存。北京有湖广会馆,天津有闽粤会馆,聊城有山陕会馆,开封有山陕甘会馆,淮安有润州会馆、江宁会馆,扬州有岭南会馆、四岸公所、湖南会馆、山陕会馆,苏州有全晋会馆、潮州会馆,杭州有绸业会馆,宁波有庆安会馆。这些都成为重要的运河旅游资源。我们就沿着大运河参观了几座会馆(图6-8)。

图6-8 大运河沿线重要会馆遗存

（一）告诉你晋商为何这样富：聊城山陕会馆游

图 6-9　聊城山陕会馆

在参观临清钞关后，我们顺道参观了聊城的山陕会馆（图6-9）。在门口就看到一副楹联："精忠贯日　大义参天"，赞誉山西商人心里装着精忠和大义。这座建筑始建于清乾隆八年（1743年），是山西、陕西的商人为"祀神明而联桑梓"集资兴建的。据说建了66年，共耗银9.2万多两。我们欣赏了聊城山陕会馆精妙绝伦的建筑雕刻和绘画艺术，还欣赏了在山陕会馆上演的一出戏。据说，历史上，山陕会馆的戏台是最热闹的戏台，大大小小的戏班都来这里演出，每年春节、端午、中秋三节更要演戏娱神，让老百姓免费观看。

据聊城博物馆的同行介绍，建设会馆的过程本身就体现了晋商善于理财、严格管理的特点。我们在会馆里发现有19块碑碣，不仅记载了会馆置地、建设、重修所用的银两开支数目，而且在8块石碑的背面刻上了所有商号的捐款数目，相当于现在的一个"财务公开栏"。我们想这就充分反映了山陕商人的特点：精于管理、讲究信义、目光远大，既一掷千金，又诚朴勤俭。这也是晋商从明朝开始迅速崛起的一个重要原因。[1]

（二）近代中国史的见证：扬州岭南会馆游

沿着京沪线南下，我们来到坐落于扬州市新仓巷4号至16号之间的岭南会馆，这里是清代广东盐商们在扬州议事聚集的场所。岭南会馆建筑特色明显，是扬州规模最大、布局最完整的会馆建筑群。

据介绍，岭南会馆原占地面积近5000平方米、屋宇近百间，现尚存老屋50余间，原组群布局由东、中、西三路住宅并列，中间夹两道深巷相隔相通，现存中、西两条轴线。我们看到，中轴线上，前有照壁，大门为砖雕牌坊门楼，入内有照厅、大厅、住宅楼。同行专家介绍说，岭南会馆还与清代一位名人魏源有关，魏源故居与它相距不远。道光年间魏源辞去两江总督幕中职务后回到扬州，常到岭南会馆走动，以期胸怀时事，目连天下，与龚自珍、林则徐、包世臣等一帮"经世"之士纵论于会馆，这一切，为《海

---

[1]　《晋商会馆》山西戏剧研究所

国图志》这一巨著的完成打下了基础。因此，我们怀着崇敬的心情游览了岭南会馆。

今天的岭南会馆已被利用为民居客栈，会馆老建筑的后面建起的新建筑成为客房，而会馆的原有老建筑则被改作了茶室和会议室，会馆中间的天井则被利用成为一个客人的活动空间，旅客可以坐在这里看书、休闲，观看墙上镶嵌着的"岭南会馆章程"石刻、"岭南会馆界址"石额，这些具有很高的建筑艺术、历史价值的文物可怀古。岭南会馆匾墙内的四组角花，也堪称扬州建筑遗存中的角花之最（图6-10）。

图6-10　扬州岭南会馆被改为民居客栈

（三）苏州全晋会馆成昆曲博物馆

从扬州向东，我们来到了苏州。在苏州，还有一座被改为昆曲博物馆的会馆，那就是位于平江路中张家巷的全晋会馆，这里是旅居苏州的山西商人所建的会馆建筑。全晋会馆始建于清乾隆三十年（1765年）。原位于山塘街半塘桥畔，后在清咸丰十年（1860年）毁于兵燹。清光绪五年（1879年）至民国初，在苏州的晋商在平江路中张家巷另建会馆，这座全晋会馆陆陆续续修了三十多年，才有了今天占地面积约6000平方米，坐北朝南，分为中、东、西三路的规模。

1982年苏州市启动了对全晋会馆中路、西路建筑全面大修，并移建正殿，重建庭园，复原了当年富丽堂皇与精雕细镂建筑风格相融合的会馆旧观。1986年10月，全晋会馆辟为苏州昆曲博物馆并对外开放。2003年11月，中国昆曲博物馆在此挂牌。为了更深入地了解会馆文化，我们在昆曲博物馆还看了一场昆曲演出（图6-11）。

图6-11　苏州全晋会馆改为昆曲博物馆

（四）运河文化和海洋文化的结合体：宁波庆安会馆游

从苏州南下，我们来到位于宁波的庆安会馆，这里既是会馆，同时又是祀神的庙宇，供奉航海保护神妈祖的妈祖庙。庆安会馆既反映了大运河沿线因运河而发展繁荣的贸易和工商业情况，代表了由于漕运维护修建的大运河的衍生影响，又反映了大运河与海上丝绸之路的关系，也是运河沿线文化传播与发展的见证。

宁波庆安会馆始建于清道光三十年（1850年）至咸丰三年（1853年），由甬埠行驶北洋的舶商组织修建。现保存完好，作为全国首家海事民俗博物馆对公众开放。在现场，我们发现会馆里的两座古戏台尤为引人注目，金碧辉煌的舞台，很容易让人联想起水运时代的繁盛。我们对南北方会馆中普遍设立的戏台很感兴趣，并且研究了南北方戏台的不同之处。发现北方的戏台都以彩绘装饰为主，显得很热烈；而南方的戏台以贴金等装饰，显得更豪华（图6-12）。

图6-12　宁波庆安会馆内的戏台

（五）开封山陕甘会馆有"三绝"

在聊城山陕会馆就有人向我们介绍，开封有座山陕甘会馆。于是我们从宁波赶到了开封。在开封市龙亭区徐府街北侧我们看到了这座会馆。导游介绍，会馆建于清乾隆四十一年（1776年），由居住在开封的山西、陕西、甘肃三省的富商巨贾在明代开国元勋中山王徐达的府址上集资修建而成，是清代山西、陕西、甘肃三省旅汴客商经商、贸易、联络同乡感情的场所。我们看到，会馆为四合院式布局，面积达3870.29平方米，主体建筑置于中轴线上，由南向北依次为照壁、戏楼、牌楼、正殿，附属建筑位于东西两侧，包含有左右掖门、垂花门、钟楼、鼓楼、厢房、东西跨院等。

据介绍，山陕甘会馆有三绝——砖雕、木雕、石雕，这三项艺术享誉全国。三绝的题材中除了传统的佛教故事、传奇人物之外，还带着浓郁的商人气息。会馆的照壁上分布着精致的砖雕，有一组砖雕是一本打开、一本合拢的账本，寓意账户只进不出。另一组砖雕则是传统的双龙戏"珠"，然而奇就奇在这龙戏的并不是传统的明珠，而是一只头朝下的"喜蜘蛛"。会馆导游介绍，这是商人表达美好憧憬的意思，古代中国民俗中"喜蜘蛛"本有"喜"的意思，头朝下代表"喜到了"；蜘蛛吐丝结网，则寓意商人们的人际关系脉络四通八达。于是在这精致的砖雕艺术下，隐藏的满满都是商人的世俗之雅。

除了砖雕艺术之外，山陕甘会馆"三绝"另外两绝是"石雕"与"木雕"。我们看到，山陕甘会馆的石雕装饰大多用于柱础、栏杆、抱鼓、壁芯、香案和墙基等处。会馆照壁里侧壁芯中央雕刻有一组外为长方形、内为椭圆形的高浮雕"二龙戏珠"，构图严谨丰满、华贵典雅，造型上下翻飞、扶摇飞翔、刚健威武，技法细腻精湛，充满了神奇力量，为清代石雕佳作。照壁四周雕刻镶嵌有四条夔龙捧寿，照壁的须弥座束腰部分雕刻有行龙，工丽严谨，气韵生动。

会馆内的木雕遍布于大殿和厢房檐下的桁、枋、雀替、挡板、垂花等，采取的雕刻手法有圆雕、半圆雕、高浮雕、浅浮雕、悬雕、透雕等多种技法。引人注目的是大殿檐下的龙型木雕，金龙口中所含的珠子与龙的舌头之间的距离仅有1毫米左右，却悬挂了200余年不曾脱落，足见工艺之精湛。我们一行都被开封山陕甘会馆的建筑艺术所折服，一方面感叹于运河商人的财富，另一方面也庆幸不虚此行（图6-13）。

图6-13　开封山陕甘会馆大殿前的牌楼非常气派

（六）北京湖广会馆成为德云社的剧场

无独有偶，在北京也有一座由会馆改造成的演出场所，那就是北京湖广会馆。寒冬季节，借着参加大运河阅读接力行动的机会，我们参观了北京湖广会馆。正好这里是中国文物学会会馆专委会的办公场所，对文物学会活动熟悉的专委会负责人接待了我们，并向我们介绍了湖广会馆的历史。

北京湖广会馆修建于清朝嘉庆年间，地址在西城区骡马市大街东口路南边（图6-14）。刚建时，会馆内就搭建了一个戏楼，吸引了很多的达官贵人前去，因此，也就在北京城内打出了名头。到了清光绪年间的时候，湖广会馆更是到了如日中天的地步，这里不仅是权贵人士的天下，许多的救国之士也是这里的常客。如以身唤醒千万

图 6-14　北京湖广会馆

同胞的谭嗣同，还有戊戌变法中的康有为和梁启超，都是在这里听过戏的人。2013 年德云社开始在这里固定演出。古色古香的四合院里，200 多年的老戏楼装修得富丽堂皇。当晚，我们就在湖广会馆听了一场相声，置身古老的湖广会馆中享受运河非物质文化遗产，感受一下中国传统文化的魅力，真是一种享受。

三、钱庄当铺游

（一）运河第一钱庄游

古代行商随身带着银两作为结算货币，随着生意越做越大，随身携带银两已很不方便，于是出现了为商人从事银钱兑换、存放款等业务的商业信用票号，即钱庄。当铺、钱庄、票号被称为金融三姐妹。在商业繁荣的运河沿线有众多的钱庄。我们选择来到了位于山东微山县南阳古镇的胡氏钱庄。

南阳古镇是微山湖与古运河形成的一块孤岛，形成"岛在水中、河在岛上、镇在湖内"的独特景象。古运河从镇中间穿越，南阳古镇成为货物集散的重要商埠，兴旺昌盛达 600 余年，被称为明清时期运河四大名镇之一。

大运河畔的商业城镇南阳古镇就以钱庄出名。南阳现存的钱庄遗存为号称"运河第一钱庄"的胡记钱庄。据导游介绍，胡记钱庄创建于清朝中期，是南阳古镇最早、也是现存唯一的钱庄建筑。它是由胡家典当生意发展而来。据说胡家历代以镖船押粮兼典当生意为生。在清康熙年间，胡家一个叫胡良玉的人被康熙帝钦点为武状元，此人善良正直，嫉恶如仇，有百步穿杨功夫，得到百姓的敬重。因此当地的地痞恶霸不敢来犯，就这样不仅许多劳苦大众拿些东西来此典当换些银两解燃眉之急，就连有钱人也把钱物送到这里保管。尤其是在清朝中期，随着漕运的兴盛，南阳镇成为运河沿线较大的商埠码头，在运河上南来北往做生意的南北商贾也经常把贵重物品和多余银两存到胡记当铺，后来当铺慢慢地发展成钱庄。同时经营与票号相同的业务。由于胡家在大运河沿线的夏镇、济宁、徐州、镇江、扬州等设立了 30 多家分号，所以称为"运河第一钱庄"（图 6-15、图 6-16）。

 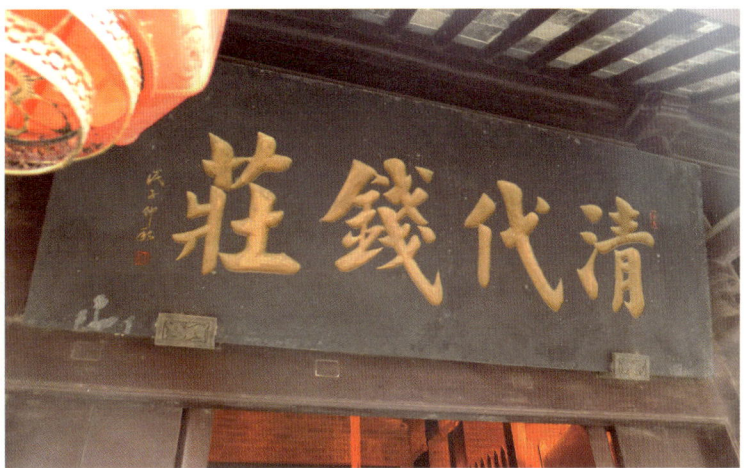

图 6-15　南阳镇的清代钱庄　　图 6-16　南阳镇清代钱庄的匾额

在现场我们看到，如今的胡记钱庄为典型的四合院格局，由前厅、账房、银窖、银库、正房等几部分组成。前厅是办理业务的地方，也是客户主要接待区。整个院落保存完好，其规模和装饰都胜过其他房屋。墙上钱匾上写着"承诺守信"，还有四个大铜钱上分别写着"一本万利""日进斗金""汇通天下""通财惠民"。来这里参观的人还真不少，好多游客都在这些铜钱前拍照留念，也是为了讨个发财的吉兆。

（二）高邮同兴当铺游

做生意在资金周转不灵时，有些商人会典当货物，获取周转资金，待有钱时再将货物赎回，这就产生了当铺。运河沿线因商业发达，当铺众多。在淮扬运河沿线重要城市高邮的北门大街，就有一座建于清代早期的同兴当铺，相传为清乾隆时的权臣和珅的私产。作为扬州人，我们利用周末赶到高邮的同兴当铺参观（图 6-17）。

图 6-17　高邮同兴当铺

穿过高邮北门大街,我们来到了同兴当铺。根据《高邮州志(三续)》记载,清乾隆年间(1736—1795年)高邮有当铺6家,清同治年间(1862—1874年)增至11家。其中规模最大、最为出名的是同兴当铺。我们看到,高邮同兴当铺从外面看像一座方形城堡,采用合院式布局,建筑面积2700平方米。房屋四周是高大的防火墙,东西留有宽大的巷道和两边房屋隔开,整个楼房给人以森严神秘之感。当铺共有房屋80余间,其中柜房3间、客房3间、存箱楼24间、号房30余间,另有更房、厨房及其他生活用房20多间。当地文史专家专门带我们看了当铺内的5口水井,并告诉我们这是当铺专供防火用的。

当地专家介绍,和珅倒台后,同兴当铺转为民当,并数易其主。清末民初马士杰成为当铺最大股东,后由何梓独家经营。民国十六年(1927年),当铺遭军阀孙传芳部抢劫而破产停业。后由宰姓"朝奉"等筹资复业,日军占领高邮时关闭,中华人民共和国成立后被作为合作社的生产用房。2006年,高邮同兴当铺被公布为第六批全国重点文物保护单位。2014年,在大运河申遗过程中,作为运河遗产的一部分,高邮当铺受到当地政府的重视,当地遗产保护部门对同兴当铺进行了整修,搬迁了住在里面的居民,恢复了部分建筑,现作为运河当铺博物馆对外展出(图6-18)。

我们随即参观了同兴当铺的存箱楼,这里又称首饰房,俗称走马楼,位于当铺的中心,是存放金银首饰和贵重物品的地方。楼为上下两层,平面呈回字形,由前后两进厅房及东西两侧厢房组成。前厅底层正中设大门,外有石库。东西各置边门,门上饰"八仙过海"砖雕。中央为长方形天井,四周以高大的防火墙围合,东西两侧为巷道,便于防盗、防火。楼东为客房和柜房,四合院式,主要梁架上有鲤鱼、莲花等吉祥浮雕纹饰。在存箱楼南侧是柜台,专门用于接受当品,柜台很高,外面的人看不清里面的东西,同时也是为了安全。新布展的当铺柜台里有朝奉蜡像,做得很逼真,我们差点就认作真人,要上去打招呼了。同兴当铺成为高邮旅游的主要景点之一,为研究当铺这一特殊行业的特殊设施功能提供了一个重要窗口,也为研究清代运河沿线的典当制度及民居建筑提供了实物资料。

图6-18　高邮同兴当铺如今建成了运河当铺博物馆

四、运河粮仓游

历史上,为适应漕运的需要,大运河沿线建有众多的粮仓。运河上的仓储设施展现了不同历史时期,在大运河关键节点设置的仓储设施体系规模和形制,见证了大运河作为国家漕运通道的主体功能,也展现出在隋唐时期和元明清时期的粮仓建造与粮食保存技术。今天,这些粮仓也成了重要的旅游资源。

现存粮仓遗址主要有两类,第一类是隋唐运河沿线的含嘉仓、回洛仓、黎阳仓等,这类修建于隋代和唐代的粮仓都是向地下挖掘后,建在地面以下的;第二类是元明清大运河沿线的富义仓、南新仓,这类粮仓建设于明清时期,是建于地面上的砖木结构建筑(图6-19)。

图6-19 回洛仓仓窖遗址

(一)洛阳含嘉仓游

运河粮仓游的首站我们来到了洛阳含嘉仓,这是隋炀帝建东都洛阳城时在城东所建,供东都百官、皇室之需。含嘉仓的规模有粮窖400座以上,每座粮窖储约50万斤粮食。据此推断,含嘉仓可储粮12.5万吨,并沿用至唐末。

洛阳文物考古队的同志带领我来到位于隋唐洛阳城皇城内含嘉仓160号仓窖,并对我们介绍说,这是含嘉仓迄今发现的最完整、储量最大的仓窖遗存。含嘉仓建于隋大业元年(605年),与通济渠开凿于同一时间,唐以后正式作为东都洛阳的大型粮仓沿用。文献记载,唐天宝年间,全国储粮约1200万石,而仅整个含嘉仓的粮食储量就达到580万石。

1970年洛阳博物馆对含嘉仓遗址进行了钻探和重点发掘(图6-20),发现仓城的东西长612米,南北宽

图6-20 含嘉仓160号仓窖遗址

710米,总面积43万平方米,探出粮仓287座,发掘粮窑40余座。据统计,含嘉仓共有圆形仓窖400余个。大窖可储粮1万石以上,小窖也可储粮数千石。含嘉仓储粮的窖都在地下,最深为12米,一般为7至9米。粮窖口大底小,窖口最大直径为18米,一般为10至16米。

我们好奇地问:"含嘉仓的粮食储存在地下的仓窖里,怎么防潮?"专家为我们解读说,含嘉仓有一套完善的防潮措施,窖底夯实后,用火烘干,周壁和窖底铺设草、木板、糠、席等物,然后储粮,粮入窖后,上面铺席,堆糠和垫草。窖顶为圆锥形,最外层是厚厚的黄泥。整个仓窖防潮、密封,温度又低,能很好地保存粮食。含嘉仓仓窖个体储量惊人,其中一个窖里,存有北宋时放进的50万斤谷子,至1969年考古发现时大都颗粒完整。不得不佩服古人的智慧。

据介绍,除了防潮技术先进,含嘉仓的管理制度也很健全,在已发掘的仓窖中,出有刻铭砖,记载仓窖位置、漕粮来源、入窖年月以及授领粟官的职务、姓名等(图6-21)。砖文所记大都是唐高宗至唐玄宗时期,有调露、天授、长寿、圣历和开元等年号。粮仓储存的粮食品种有糙米、粟、小豆等。其来源有苏州、徐州、楚州、润州(镇江)、滁州、隋州(邢台)、冀州(河北冀县)、德州、濮州(山东濮县)和魏州(河北大名)等地。

图6-21　含嘉仓遗址出土的刻铭砖

(二)洛阳回洛仓游

图6-22　回洛仓遗址

离开含嘉仓,洛阳同行又带我们来到了位于洛阳市北郊瀍河区邙山南麓的回洛仓遗址(图6-22),这里历史上距离隋唐洛阳城宫城只有七里,是京城的要地,而今天却成了村民的耕地。专家介绍说,回洛仓是隋代大运河沿线的大型国家性漕仓之一,始建于隋大业二年(606年),后毁于隋末农民战争，沿用时间较短，千余年来，逐渐荒废埋于地下。2004年6月，在第一拖拉机厂轮胎公司整体搬迁改造工程中，考古钻探人员发现仓窖71座、古代道路3条、古代墓葬数百座。截至2013年1月，考古人员已布大小探方11个，发掘总面积4000平方米。回洛仓仓城保存完整，规模宏大，仓窖已探明数量达200余个，仓城面积为22公顷。

据史书记载，回洛仓的粮食到了唐贞观年间依然可以食用，因此回洛仓保存粮食水平之高让后人叹为观止，仓窖的制作工艺一直令外界着迷。我们看到，回洛仓成为世界文化遗产后，洛阳文物部门在遗址建设起了一座仓窖博物馆。

（三）鹤壁黎阳仓游

看过小说《隋唐演义》的都知道，瓦岗军攻占了一座粮仓并据此与隋军展开了激战，这座粮仓就是黄河边的黎阳仓。我们在鹤壁市文化广电和旅游局领导的陪同下，来到了位于浚县伾山街道办事处东关村的隋代永济渠沿线规模最大的官仓黎阳仓。这里地处大伾山北麓，东邻黄河故道，东北距黎阳城遗址约1千米，西距卫河约1.5千米。这种特殊的地势使黎阳仓成为漕运的重要转运仓。从运河运来的粮食，在黎阳仓进行中转，然后用船通过黄河运往京师长安或洛阳、开封，唐宋两代都沿用黎阳仓，利用大运河漕运北粮供应京师。

专家向我们介绍，2011年12月，河南省文物考古研究所对黎阳仓遗址进行发掘（图6-23）。通过出土的陶瓷标本和地层叠压关系看，自隋朝建立起，黎阳仓横跨隋、唐、宋三代，沿用了600年。隋开皇三年（583年），利用黄河向京师长安转运关东粮食。杨玄感在黎阳仓起兵反隋，瓦岗军攻占黎阳仓，宇文化及与瓦岗军争夺黎阳仓大战等一系列重大历史事件，更使黎阳仓名垂青史。北宋政和年间（1111—1117年）黄河改道，黎阳仓逐渐废弃。

黎阳仓沿用时间由隋至宋达5个世纪，见证了由地下仓至地上库的粮食仓储方式变化过程。仓城内的水道与码头遗迹，展现了运河水道可直达仓城内部进行漕粮

图6-23　黎阳仓发掘现场

装卸的历史场景。仓储设施展现了不同历史时期，在大运河关键节点设置的仓储设施体系规模和形制，实证了大运河作为国家漕运通道的主体功能，也展现出在隋唐时期的粮仓建造与粮食保存技术，是大运河漕运文化的一个重要印证。

现场我们看到，鹤壁市文物部门对黎阳仓进行了整体保护与展示，建了考古展示大棚，向世人展示黎阳仓的独特工艺。

（四）北京南新仓游

早就听说北京有一处名叫皇家粮仓的文化园区，那就是位于北京东四十条 22 号的南新仓。在北京考察大运河期间，我们一行慕名来到了南新仓（图 6-24）。同行的专家介绍说，南新仓是明清两代皇家仓库之一，明永乐九年（1411 年），征调 30 万民工疏通元代的河道，开展漕运，使江南粮食得以源源不断地运至北方，为此，后来逐步修建了包括南新仓在内的许多粮仓。清代仍实行南粮北运，官家仓廒仍盛。清初时南新仓为 30 廒，后屡有增建，到清乾隆时，已增至 76 廒。清乾隆中期以后，贮粮日益减少。到清道光年间，该仓贮粮比清初大幅度减少。民国时，南新仓改为军火库，中华人民共和国成立后成为北京市百货公司仓库。

我们看到，现今的南新仓虽然只剩下 9 座仓廒，但已被辟为南新仓文化休闲街，街区占地面积 2.6 万平方米，建筑面积 3.2 万平方米，步行街总长千余米。由南新仓古仓群、仿古建筑群和南新仓商务大厦底商组成。游客可以喝咖啡，尝盐帮菜。南新仓文化休闲街主打文化创意牌，在"皇家粮仓"上演的厅堂版昆曲《牡丹亭》，吸引昆曲爱好者纷纷前往观看。我们一行中的一位昆曲发烧友还专门去看了昆曲演出。而我们则去附近的大董烤鸭店，尝了著名的大董烤鸭（图 6-25）。

图 6-24　南新仓旧址

图 6-25　盐帮菜馆

（五）杭州富义仓游

富义仓是江南运河杭州塘运河沿岸保存较完整的古代城市公共仓储建筑群，位于杭州市拱墅区运河主航道与支流胜利河的交叉口附近，这里便于粮食的收储与转运。

陪同我们参观的杭州运河集团的专家向我们介绍说，富义仓始建于清光绪年间，占地约2.36公顷，是清代国家战略粮食储备仓库。原有四排仓储式长房，现尚存三排，基本格局尚存，卸货的码头仍在。是杭州城北部地区重要的仓储建筑群，见证了历史上米市、仓储和码头装卸业等经济业态曾经的发展、繁荣。

大运河申遗过程中，杭州市对富义仓的利用主要是作为历史文化的展示，南面是反映接驾文化的御码头，往北是佛教文化气息浓厚的香积寺和大兜路历史文化街区，东面为特色临水古街——胜利河美食街，西面则与运河特色画舫"乾隆舫"隔河相望。

目前，富义仓被利用为创意文化产业园，从单纯的古建展示、供游人参观到打造以体现"运河文化""仓文化""旅游文化"的富义仓创意空间。在富义仓，我们看到宋书房里正在进行国学讲座，文创空间里众多富义仓百年历史打造的文创产品引人入胜，许多游客都在争相选购。富义仓变得更生活、更时尚，百年古仓恢复了朝气与活力（图6-26～图6-28）。

图6-26　富义仓

图6-27　富义仓仓房

图6-28　富义仓创意文化园

五、运河码头游

运河漕运和商船都离不开码头,在大运河沿线布满了各类码头遗存,有的是漕粮运输的码头,有的是大运河上各类物资销售的码头,还有皇帝南巡时留下的御码头。这些也成为今天游客们争相打卡的网红旅游点。

(一)游邵伯大码头

我们首先来到位于淮扬运河扬州段的邵伯古镇的邵伯大码头。邵伯明清大运河故道东堤上共有四个古码头遗址,自北向南分别称为竹巷口码头、大码头、朱家巷码头和庙巷口码头。

通过大码头旁的遗产标识牌上的介绍我们了解到,自从邗沟贯通江淮,邵伯成为南北往来必经之路,船舶往来日渐繁盛,因此在邵伯镇明清大运河故道两侧形成了大量码头。公元 18 世纪时,修建邵伯运河东岸大堤,同时修建了竹巷口码头、大码头、朱家巷码头和庙巷口码头共四座现存的码头。

这四座码头是往来大运河南北的客商在邵伯镇的主要停靠之处,也是邵伯镇及大运河以东地区进行对外货物贸易的主要场所。邵伯镇在清代以前的繁荣,很大程度上依赖于这四座码头。

1936 年运河改道之后,这些码头也被逐渐废弃,现作为遗址展示。邵伯镇结合明清运河故道的修缮,对大码头进行了修复,大码头前的故道河水又变得干净起来,附近老百姓又来大码头淘米洗菜了,我们与其他游客一道拍下了一组组运河生活画卷(图 6-29)。

图 6-29 邵伯大码头成了游客的打卡地

(二)游扬州"御马头"

离开邵伯,我们顺路来到位于扬州北护城河的天宁寺"御马头",这是皇帝南巡时上岸的码头。清代皇帝南巡到扬州时,多次在扬州天宁寺西园的行宫内居住,而天宁寺前的码头就是上下龙舟的码头。也称"御马头"。谈起御马头的"码"字为何写成"马",当地还有一个说法,说因为清朝是马上得天下,所以将码头写成马头,其实,我们经过考证,在古代"马"与"码"是通假字(图6-30)。

据介绍,乾隆帝南巡6次,5次住在天宁寺。当时的码头还很简单。清乾隆十八年,即公元1753年,扬州盐商于天宁寺西园兴建行宫,三年而成。宫前建码头,乾隆帝游瘦西湖于此登船。题"御马头",码头及周边的河堤均为青石所砌,历经二百多年风雨,完好无损。我们看到,今天的"御马头"位于冶春茶社旁,为扬州著名的"乾隆水上游览线"的起点,"御马头"下河道上10多艘布置的金碧辉煌的龙船一字排开,等候游客上船。吃完冶春包子,我们就乘着龙舟,沿着北护城河往瘦西湖驶去,重温当年皇帝巡游湖上园林的盛景(图6-31)。

(三)探访塘栖"御马头"

与扬州"御马头"一样,在杭州塘栖古镇上也有一个"御马头"(图6-32),同样是因为乾隆帝南巡时在此上岸而得名。塘栖镇位于杭州市北部,与湖州市的德清县接壤,大运河穿镇而过,使其成为苏、沪、嘉、湖的水路要津,历朝历代以来,塘栖均为杭州市的水上门户。乾隆帝数次下江南都曾在塘栖码头上岸,而且现今还存有乾隆帝亲笔题写的御碑。塘栖人专门建了一个御碑亭,存放御碑。我们参观完塘栖御碑亭后,顺便上了码头旁著名的广济桥参观,从远处观看这座御码头。

图6-30 扬州"御马头"

图6-31 如今扬州"御马头"成为"乾隆水上游览线"的起点

图6-32 塘栖"御马头"

六、运河商业住宅游

古人都喜欢逐水而居,有河流的地方必有人居住,特别是南方的枕河而居的运河人家,沿着运河建房。而运河沿线商业的繁荣,造就了一批富商,这些富商在运河沿线建起了一批名宅,有扬州的盐商住宅,有河洛的康百万庄园,还有湖州南浔的丝商住宅,今天都成了著名的旅游目的地。

(一)汪鲁门盐商住宅成了扬州大运河盐文化展示馆

在扬州,我们参观完扬州天宁寺"御马头",随导航来到了位于扬州古运河边的汪鲁门盐商住宅(图 6-33)。从门前的标识牌上我们了解到,汪宅始建于清光绪年间(1875—1908 年),建筑面积 1700 余平方米,布局规整严谨,体量宏大,用料考究,装修精致,是扬州现存面积最大的盐商住宅。

汪鲁门宅原房主是刘赓唐,民国八年(1919 年),汪泳沂(字鲁门)以白银五千五百两和大洋九千七百五十元从刘氏手中购得。汪鲁门是安徽歙县人,后捐职南河同知。由于处理漕河政务得力,深得历任漕运总督器重,曾署理山阳县篆。与他人协作,呈请盐署于淮北苇荡左营地方,开铺盐圩二十一条,创建同德昌制盐公司,后改名为大德制盐公司,又主营扬州七大盐业公司。

图 6-33　汪鲁门宅

我们看到,汪鲁门宅前嵌上了扬州大运河盐文化展示馆的牌匾,盐商住宅成为向游客们介绍扬州运河盐商文化的窗口。

展现在我们眼前的汪鲁门宅面阔三间,在同一中轴线上,前后九进,分别为门楼、大厅、二厅、住宅楼等,总长 115 米。楠木大厅保存完好,在扬州盐商住宅中独一无二(图 6-34)。据专家介绍,为保护好这座住

图 6-34　汪氏盐商住宅的楠木厅

宅，扬州市遗产保护部门组织对汪鲁门宅进行了维修，对本体部分进行了原状修复，对一些损伤的木构件进行了修补，损坏的地面重新铺设，并对门窗进行了纠偏。同时恢复了东侧火巷，重建了花园，对花园中部分被拆除的房屋进行了考古。同时拆除了南侧部分违章建筑，打通了汪鲁门宅与大运河的物理联系。

（二）卢绍绪盐商住宅成了淮扬菜博物馆

从汪鲁门宅沿着南河下街往东1千米，就来到了扬州另一盐商大宅卢绍绪盐商住宅（图6-35）。这座坐落在扬州老城区康山街22号的大宅始建于清光绪二十三年（1897年），是大运河扬州段现存规模最大的盐商住宅建筑之一，也是中国大运河沿线晚清盐商大型住宅的代表。原前后共有九进建筑，200多处房间。

图6-35　卢绍绪宅

据介绍，卢绍绪宅建于清光绪年间，当年兴建此宅耗银7万余两。它以绵延的建筑群落、精美的建筑风格成为诸多盐商住宅中最耀眼的。现存建筑前后共九进，建筑占地约5000平方米，主要有正厅、藏书楼、意园等。

一走近卢绍绪住宅，气派而考究的大门就吸引了我们的目光。门楣上的砖雕异常精美，虽经沧桑岁月，但仍可辨出砖雕上神态各异的人物活泼灵动、栩栩如生。置身其中，淮海厅、兰馨厅、涵碧厅、怡情楼，厅厅相连，厅堂开阔，气派非凡。导游带我们参观了那个可供100人同时就餐的楠木大厅，叫庆云堂，据说又被扬州老百姓称为百宴厅。导游介绍说，前些年，扬州市民日时，市政府曾请了100位百岁老人在这个百宴厅就餐。

从外表看古宅青砖黛瓦与一般住宅无异，但置身其中，一种"藏富不露"的恢宏之气扑面而来。卢绍绪宅的火巷就很引人注目，从第一进贯穿到第九进，长长的廊道，成为旅游者争相拍照打卡的地方。卢绍绪宅前后进深达百余米，占地面积6100多平方米，是反映扬州盐文化的重要古迹。漫步宅内，从第一进到第四进，天井两侧分布着小型花园，假山、花草、布局风格各异，构思精巧。深入后院，意园里盔顶六角亭、石船舫、水池等相映成趣。

我们看到，在卢绍绪宅的一旁，扬州淮扬菜博物馆正在布展，布展结束后，将与

图6-36 作为淮扬菜博物馆的卢氏盐商住宅

卢绍绪宅中的扬州盐商生活展示馆一起对外开放（图6-36）。

（三）"中原活财神"河洛康百万庄园游

参观完扬州盐商大宅，我们又来到河南巩义市的康百万庄园（图6-37）。导游介绍说，这里又称河洛康家，位于河南省巩义市的康店镇，始建于明末清初。康家大院是一处典型的十七到十八世纪封建堡垒式建筑。它背依邙山，面临洛水，因而有"金龟探水"的美称，与刘文彩庄园、牟二黑庄园并称全国三大庄园，同时又与山西晋中乔家大院、河南安阳马氏庄园并称"中原三大官宅"。

康百万庄园是康氏家族第六代传人康绍敬建造的府邸。由康家的十二代庄园主康大勇于清乾隆初年大建。康氏家族前后十二代人在这个庄园生活，跨越了明、清和民国三个时代，共计400余年，庄园也从最初的山腰建至山顶。康百万庄园是一处典型的十七到十八世纪封建堡垒式建筑。我们看到，康百万庄园临街建楼房，靠崖筑窑洞，四周修寨墙，濒河设码头，集农、官、商风格于一体，布局严谨，规模宏大。总建筑面积64300平方米，有33个院落，53座楼房，1300多间房舍和73孔窑洞。分为寨上主宅区、寨下住宅区、南大院、祠堂区、作坊区、菜园区、龙窝沟、金谷寨、花园、栈房区等十余部分，全庄园由19个部分组成，占地16公顷，是一座集"古、大、雅、美"于一体的恢宏建筑群。

图6-37 康百万庄园

中华人民共和国建立初期，当地政府对庄园实施了改造，使其延续了"明时楼院清时廊"的旧貌。如今，康百万庄园成为巩义市重要的旅游景点。

（四）游南浔张氏旧宅建筑群

从河南乘高铁南下，我们来到了湖州，这里的南浔区也有一座运河古宅。南浔是湖丝重镇，湖丝带来的商业繁荣造就了南浔众多的富商，这些富商建起了一批商业住宅。南浔张氏旧宅是国民党元老张静江堂兄张石铭的私家住宅（图6-38）。位于江南运河湖州南浔镇段的頔塘故道旁。建于清光绪二十五年至三十二年（1899—1906年）。

我们走进古宅看到，这座建筑的风格与其他古宅不一样，前面数进为晚清中式建筑风格，南、中部后进为巴洛克式风格的建筑群。据陪同的南浔区负责人介绍，整座建筑群占地面积5135平方米，建筑面积6137平方米，各类建筑风格的房间达244间。旧宅坐西朝东，分为南、北、中三部分，宅内各种房屋建筑风格类型俱全，砖、木、石雕极为丰富；中式建筑中的装修部分大量采用欧式材料及工艺；保存有大量书法名家的手迹，在江南民宅中极为罕见。

张氏旧宅将中西建筑形制相互穿插、融会贯通，体现了清末西风东渐的时代特征。它集东西方建筑、文化、艺术于一体，具有较高的历史、艺术价值。如今，到南浔古镇旅游的游客必须来张氏旧宅一游体验中西文化的融合之美。

图6-38 南浔张氏旧宅

七、运河商业街区游

运河的商业文化使商人们群聚而居，同业相邻，逐步形成了一批商人聚居的街区。在南方，利用运河支流或城镇内的水系，将大运河之水引入家家户户门前，形成了独特的"水陆相邻、河街平行"的居住模式，大运河沿线因水系形成了一批商业文化街区，如苏州的山塘街、平江路，绍兴的八字桥街区，杭州的桥西历史街区，如今成为人们旅游的重要资源。离开湖州，我们首先来到苏州，参观山塘街和平江路这两个商业街区。

（一）山塘商业街区游

据事先的攻略我们了解到，平江历史文化街区和山塘河历史文化街区中河道与街道并行，在街道与河道相交的地方，通过桥梁进行立体交叉，形成了水路立体交通的"双棋盘"格局，是公元13世纪石刻城市图《平江图》写实状态的缩影，是研究古代城市规划、城市建设的重要范本。山塘河是大运河进入苏州古城的主干河道，北起白洋湾，南至阊门，长6200多米。山塘河与大运河连接贯通，是大运河水网的重要组成部分，是古代大运河苏州段的主干航道之一。"七里山塘"，河街相连。与河相伴相生的则是以河道为骨架、街巷相依附，是具有"水陆相邻、河街平行"特点的居住街区（图6-39）。

图6-39　苏州山塘历史街区

据专家介绍，山塘街有着悠久的历史，早在中唐时期，大诗人白居易任苏州刺史时，看到当地百姓游览虎丘，都是从田间小道和塘沼中穿行，为了便利交通，"始凿渠以通南北而达于运河"。这渠就是山塘河。同时沿河筑堤，既可免行人涉水之劳，亦可阻挡流水侵袭。人们为了纪念白居易，将这一条通往虎丘的路称作"白公堤"，也就是后来的山塘街。这条街全长3600米，故称作七里山塘。经过以后不断发展，至明清两代这条街成为苏州最繁华的地区之一。我们看到，今天的街区现仍保持着居住、商业等城市功能，并完好地保存了河道、堤岸、桥梁，以及相关历史建筑和街区历史格局。这里文物古迹众多，有会馆、寺庙、祠堂、戏楼、牌坊、园林、名人墓、古桥、宅第等。我们坐上游览船，沿着山塘河一路往虎丘，沿途充分感受了两岸民居、河道、桥梁的历史气息。位于山塘河西侧河岸边的虎丘云岩寺塔建于公元959年，因其独特的地理位置、建筑形制，成为大运河进入苏州段的航标性建筑。这次也因大运河申遗，成为世界文化遗产，弥补了虎丘未能与苏州园林一起进入世界文化遗产的遗憾。

（二）平江商业街区游

离开山塘街，我们来到了平江街区（图6-40），这里形成于公元13世纪之前，街区内的水系及街巷比较完整地保存了宋《平江图》和明末《苏州府城内水道总图》等古地图上所展示的城内水道体系干支河结构的原貌和前街后河、街河平行的水陆"双棋盘"格局。

据导游介绍，平江历史文化街区自北向南街河并行，其河道为苏州城内

图 6-40　苏州平江历史街区

主要水系之一。平江河水系与护城河贯通，街区内的通利桥、朱马交桥、胡厢使桥（又名胡相思桥）、唐家桥、新桥、雪糕桥等在公元 13 世纪《平江图》碑上均有记载。800 年来，平江河道、街巷、桥梁的位置、格局未变，是水城苏州水陆并行、河街相邻的典型区域，有着一巷沿河、二巷夹河、一街一廊夹一河等多种多样的城市独特布局。街区面积约 8.1 公顷，包括胡厢使巷河、大柳枝巷河、大新桥巷河、中张家巷河等多条河流，以及全晋会馆等多处建筑遗产，并保持着原有的居住、商业等城市功能。我们还来到这条街上的会馆弄，拜访了大名鼎鼎的全晋会馆。

（三）清名桥商业街区游

离开苏州，沿着沪宁高速，半小时就到了无锡，这里的清名桥商业街区也很有名。街区地处无锡旧城南门外古运河与伯渎港相交处（旧称南塘地区），古运河穿其而过，受到运河航运与水系的直接影响。

清名桥始建于明代。由无锡"寄畅园"主人宋代诗人秦观（字少游）后代秦燿的两个儿子捐资建造，因兄弟二人的名字分别是"太清""太宁"，故名"清宁桥"。清康熙八年（1669 年）重建。清道光年间，为避道光帝名讳改为"清名桥"。我们在刻于清同治九年（1870 年）的《重建清名桥记》上看到："清名桥，原名清宁桥，创建于明万历年间（1573—1619 年），重建于清康熙八年（1669 年），清宁俗称清名，邑人敬避庙讳，徇俗而易今名。"据无锡同行介绍，清名桥商业街区的发展始于宋代锡山驿的设置，以此作为契机，出现了众多商业、手工业作坊和住宅。明清时期，无锡南门外形成了众多的粮行堆栈，是清名桥历史文化街区的前身。街区沿河分布长约 1.6

图 6-41　无锡清名桥历史街区

千米，以南长街、古运河、南上塘—南下塘为平行轴线，组成各巷弄，形成网络式的空间格局。历史街巷以古运河水弄堂和南长街、南下塘为骨架，垂直呈鱼骨状分布（图 6-41）。

我们看到，清名桥商业街区现存有大量古桥、古街、古建筑，是古运河水乡传统风貌的精华地段，是富庶江南漕运重地的见证。陪同专家介绍，清名桥历史街区是无锡城区运河故道边因漕运而生的古代商业和居住区，被称为江南水弄堂，代表了大运河与城市水系的巧妙连接形成的极具特色的城市格局。在清名桥街区的旅游，让我们充分见证了富庶的江南商业文化。

（四）杭州桥西商业街区游

离开无锡，我们往杭州进发，一个多小时就来到了杭州桥西商业街区（图 6-42）。这里是依托拱宸桥作为水陆交通要道的地域优势而形成的一个城市居民聚集区，其发展历史是运河文化的重要组成部分，是体现河、桥节点作用的重要区域，是反映大运河（杭州段）沿岸历史场景的重要区段，充分证明了杭州段运河对运河聚落格局与演变有着重大的影响。

图 6-42　杭州桥西商业街区

据杭州的同行介绍，因为大运河，这一带曾经是杭州最热闹的商业区，形成了有名的"北关夜市"。传统街巷有桥弄街、桥西直街、如意里、吉祥寺弄、同和里、敬胜里、通源里等。现拱宸桥西历史街区格局保存完好，现存面积 39.6 公顷，仍作为杭州北部重要的居住区和商业区。

我们看到，如今的桥西商业街区，北至杭州第一棉纺织厂保留仓库，南至登云路，西至小河路，东至京杭运河。东连拱宸桥的桥弄街的一侧是近代工业厂房，另一侧是传统商业店铺，保留了大量民居建筑：沿运河的住家与埠头、合院式的传统民居、民国时期的里弄建筑、二十世纪五六十年代的简易"公房"、20世纪80年代的"筒子楼"等，几乎浓缩了近现代中国的建筑。目前，拱宸桥桥西历史街区已成为一个集中体现杭州清末至中华人民共和国初期，依托运河而形成的近现代工业文化、平民居住文化及仓储运输文化的文化复合型历史街区。在杭州桥西商业街区，我们浏览了保存完好的运河商业街区风貌，也感受到了大运河对城市生活的深刻影响。

（五）八字桥商业街区游

从杭州往南，我们来到了位于绍兴古城的八字桥商业街区（图6-43）。绍兴同行介绍，这里是依托绍兴八字桥与大运河的地域优势而形成的一个城市商业区，具有水陆双交通体系，是绍兴水城的一个缩影，反映了运河的开凿与变迁对运河聚落的格局与演变产生的重大影响。

据绍兴同行介绍，八字桥商业街区面积约19.66公顷，街区内有八字桥、广宁桥、东双桥、纺车桥、龙华桥等古桥。如今成为世界文化遗产的八字桥街区已成为游客们来绍兴旅游的首选目的地之一（图6-44）。我们看到，作为绍兴古城

图6-43　八字桥商业街区

图6-44　绍兴八字桥历史文化街区

街河布局的典型代表，这里的居民临河而居，沿街穿行，形成了特有的江南水乡景观，很有特色。绍兴同行还带我们参观了这里新建的运河文化展示馆，同时，观看了绍兴大运河遗产监测中心对八字桥街区的全面监控视频画面，我们为绍兴对八字桥街区的保护点赞。

第七章
探访古镇游运河

大运河作为中国古代具有战略意义的交通大动脉，对于沿线城市和集镇的发展都产生了巨大影响。人们沿着大运河逐水而居，在沿运河而兴起的城镇中，有着鲜明的运河烙印。在北方，运河催生了一批市镇的繁荣，如临清、张秋；在南方，至今运河水系与城镇水系依旧巧妙连接，如今塘栖、乌镇等古镇形成了独特的"枕水人家"居住模式，生动地展现了大运河对生活方式的塑造。

大运河沿线临水古镇的形成与发展都与大运河有着密切的关系，使得大运河成为真正沟通南北的交通线。运河聚落的共同特点都是沿河而居，但形成的原因各异。有的是作为交通枢纽的地位，如因渡成镇的瓜洲古镇、因驿成镇的界首镇、湖中运道微山湖南阳镇；有的是因为水利设施而成镇，如长安镇因为长安三闸、邵伯镇因为邵伯埭、高堰古镇因为高家堰；有的因商业繁荣而兴镇，如滑县道口古镇、新沂窑湾古镇、杭州塘栖古镇；有的是因为特色产业而带来的经济繁荣，如十二圩作为盐运集散地成为商业名镇，还有杨柳青因年画产业成镇，南浔因湖丝产业成镇。今天，大运河古镇游成为大运河旅游的重要游览线，越来越受到旅游爱好者的青睐（图7-1）。本章就带您探访16座运河古镇。

图 7-1　大运河古镇游

一、永济渠（卫运河）古镇

（一）河南道口古镇游

春节刚过，我们便开启了运河古镇游，首站我们来到了永济渠上的道口古镇（图7-2）。从事先的攻略我们了解到，河南滑县的道口镇是一座具有1000多年悠久历史的文明古镇，历来商贾云集，日进斗金，素有"小天津"之称。明清时期，道口镇随卫河航运兴起，作为航运中转站，水运发达，商业繁盛。清末民国时期，道口成为航运、铁路、公路交通枢纽，商贾云集，贸易繁盛。

卫河（永济渠）滑县段北起浚县新镇双鹅头村，至安阳市滑县道口镇西部，呈西南—东北走向，宽30～50米，是卫河（永济渠）目前保留的最为典型的一段运河故道，反映了卫河（永济渠）河道的线路走向。历史上该段运河一直是华北平原上沟通南北的重要水道，对该地区的社会经济发展发挥了重要作用，并对沿线的道口镇、浚县县城等城镇的发展带来了巨大的影响。在卫河283千米长的干流中，道口段不过4.61千米，而因为占据了卫河的要冲，成就了道口镇历史的繁荣。

在清乾隆年间，道口逐渐发展为商贸重镇，水路畅通，上可达百泉，下可达天津。到清代中叶，天津得漕运、海运和芦盐之利，已迅速发展成为北方的商业集散中心，形成了一个"天津经济圈"。天津拉动了道口的发展。道口在这个经济圈中，地位相当突出，通畅的水路运输使道口古镇形成12条大街道、72条小胡同，并且四面还有七个城门、两个水门，俨然成为一个戒备森严的小城堡。道口也因此获得了"小天津"的美誉。

我们来到时机正巧，正好遇上了道口火神庙会。每年农历正月二十七至二十九，是道口镇传统的火神庙会，这是中原民俗文化的一次集中展示，被称为我国黄河以北"正月最后一个庙会"，已有七百多年历史。过去庙会时，人们会来到火神庙前，供奉祭品，求得保佑。我们看到，现在庙会的内容主要是非遗民俗表演和商品贸易集市。庙会上精彩的民俗表演数不胜数，只见耍猴的、玩蛇的、掷镖的、背阁、抬阁……什么都有，社火表演、套圈的、摆局的……传统游戏吸引着众人的眼球。火龙飞舞，不断在空中盘旋；竹马奔腾，似千军万马在争斗激战；背阁、抬阁、拉阁轻摇慢晃，犹如天仙下凡；高跷造型多威武，花船好似水中转；彩灯闪烁，竞技正酣。轻歌笑语，大众狂欢，人山人海，热闹非凡。如今，道口火神庙会已逐步演变成汇聚五湖四海客、共唱神州繁荣曲的大型狂欢盛会。在现场我们看到，四面八方的人开车来观赏、购物，庙会已成为运河畔的狂欢节（图7-3）。

图7-2　道口古镇

图7-3　道口镇的民俗表演

午餐就安排在一个老宅子改成的农家饭店里,主人邀请我们品尝了闻名国内外的特色名菜"道口烧鸡"。据说"道口烧鸡"以其独特的"色、香、味、型"四绝,被评誉为"中华第一鸡"。我们一尝,果真名不虚传。到道口旅游,您在观赏运河美景的同时,可别忘了尝尝运河美食。

(二)邢台油坊古镇游

古镇游的第二站我们来到河北邢台市清河县油坊镇(图7-4),这里位于卫运河畔,大运河上的油坊码头,是明清时期大运河漕运重要码头。据陪同的镇党委范书记介绍,当时码头上舟来船往,商贾云集,是河北清河、威县、南宫、故城以及山东高唐、夏津、武城等运河沿线城镇的商品集散地。曾经的油坊古镇内店铺林立,并有多家出名的老字号。明清之交,山西人还在油坊镇建起"山西会馆",会馆内设有戏楼。在大运河的流水声中,油坊镇迎来了它的黄金年代。曾几何时,这里满河船桅、纤夫盈堤,沿岸纤夫启航的号子声此起彼伏。小船划向大船,大船靠向码头,游商走贩的吆喝声不断,真是一派热闹繁华的景象。"商人嗜利暮不散,酒楼歌管相喧阗"便是对其最贴切的描述。

在范书记的带领下,我们来到了益庆和盐店(图7-5),这里曾是大运河油坊码头存盐货场,清道光年间由山西蒲州商人所建,占地近0.7公顷。遗址现存道光年间盐店账房5间,都是典型的清代建筑风格,距今已有近200的历史,是清河县境内现存最早的古建筑,也是大运河的重要文化遗产之一。在现场我们看到,现在有6个码头保存完好,主要有客运码头、百货码头、运粮码头、运盐码头、运煤炭码头等。镇里领导说,他们正在积极努力使它们能够后续列入大运河世界文化遗产点。

图7-4 油坊镇益庆和盐店

图7-5 邢台市清河县油坊镇

二、淮扬运河古镇

(一) 淮安河下古镇

我们来到淮扬运河的北端淮安市淮安区,这里有一座运河古镇,就是淮安河下古镇。陪同我们的淮安区委宣传部同志介绍说,河下曾名"北辰镇",古镇形成于春秋末期,距今已有约2500年历史,明清两代这里曾出过67名进士、123名举人、12名翰林,素有"三鼎甲齐全"之称。

清代两淮盐运使司在河下设分司,主管淮北地区盐政,河下成了两淮食盐的重要集散地之一,有"两淮盐,天下咸"之说。当初盐运兴盛时,大运河、淮河上来往的舟船,去时载盐,返回时捎带石板压舱卸于河边,富有的盐商便购来铺路。数十年下来,这里的街道上就铺满了来自全国各地的石板。而石板上一道道深深的印痕正是当年一辆辆盐车碾压的痕迹。

我们走在石板街上,阵阵油香味扑鼻而来,大大小小十多家茶馓店都在忙着炸制茶馓(图7-6)。两支长长的竹签,挑起细细的面条,三根一股,绕成梳子状,放入煮沸的油锅中,不一会儿,色泽金黄、造型漂亮的茶馓就出锅了。"淮安茶馓"细如线、黄如金,环环相扣、丝丝相连,吃到嘴里香、脆、酥、甜还略有些咸味,这一美味也吸引了来自全国各地的游客。

到河下古镇,肯定要尝下淮扬菜。河下的厨师特别多,"会说淮安话,能把厨刀挎"。这一句当地流传的谚语不仅说明河下人对于厨艺的自信,更源于淮扬菜千百年的传承与发展。有首《淮阴竹枝词》唱道:"南船北舸此经过,去去来来唱棹歌。好记山阳城下泊,西湖湖嘴酒家多。"湖嘴大街上首创"屠龙绝技"长鱼席的宴乐楼与独创"面点刹尖"蟹黄汤包的文楼,以及经营清真肴馔的武楼,即是个中翘楚。河下古镇成为淮扬菜的一个主要发源地。在河下,几乎每家都有几道拿手菜。

一天时间,我们遍览了河下古镇的主要景点:湖嘴大街、韩候故里、吴承恩故居、吴鞠通中医馆、状元楼、

图7-6 河下古镇

文楼、闻思寺等。还品尝了河下美食：长鱼宴、汤包、茶馓等。既饱了口福，又饱了眼福。

（二）扬州邵伯古镇游

淮扬运河上古镇很多，我们顺着淮江公路来到了扬州东郊的邵伯古镇（图7-7）。

邵伯古镇位于扬州市江都区。陪同我们的镇文化旅游局丁局长介绍，这里曾是南北航运要道，商铺鳞次栉比，是大运河闻名遐迩的繁华商埠。"邵伯"镇名的由来，相传是当年周朝的大臣召虎来到这里，教化当地民众，古字"召"同"邵"，就有了"邵伯"。邵伯还有一别称，名叫"甘棠"和"邵伯埭"，因东晋太元十年（385年）著名政治家、军事家谢安于此筑埭造福于民而得名。邵伯古镇钟灵毓秀，人杰地灵，古往今来，隋炀帝、孙觉、苏轼、苏辙、黄庭坚等众多文人墨客都在这里留下了足迹，邵伯镇还有斗野亭、镇水铁牛、谢公祠、云川阁、大码头、条石街、甘棠古树等十多处古迹。

邵伯镇有众多的大运河遗产。邵伯明清大运河故道位于邵伯镇西，北至邵伯节制闸，南至南塘，长约2000米，宽约30米。该河道目前功能已废弃，但河道整体走向、河岸护堤及码头仍然得以保留。邵伯明清大运河的前身是邗沟的一部分。1600年，为避免湖面的风浪影响漕运，在邵伯湖东侧修建堤坝，使大运河的主航道与邵伯湖彻底分开，成为独立的航道。在故道旁的大堤上我们看到当时留下的"金堤永固""甘棠保障"两块石刻铭记，这是清朝两次维修大堤时留下的。近年来，邵伯明清大运河故道经过清淤、绿化等修缮整治，铺设栈道和亲水平台，已经成为可以与扬州东关古渡相媲美的运河景点。

邵伯古堤是位于邵伯明清大运河故道东岸的一段古运河河堤。邵伯古堤始建于南宋，用于防止邵伯湖湖水外泄，保持运河水位。明代以后，运河成为淮河的入江通道，河床逐年淤积升高，运河逐渐成为悬河，对运河以东地势低洼的里下河地区形成巨大威胁，此段大堤作为防洪屏障被不断加高加固。邵伯古堤的修筑，使邵伯段大运河

图7-7 邵伯古镇

脱离湖面,成为独立航道。同时,古堤也是抵御淮河洪水、保障邵伯镇安全的重要屏障。古堤现存部分南北长 300 米,截面为梯形,下底宽 8 米,上口宽 2.5～3 米,高 5 米。古堤上有邵伯铁犀,是清康熙三十八年(1699 年)运河决堤以后,当时人们为了镇水于清康熙四十年(1701 年)而浇铸的,当时分两次一共浇铸了十六头,也是人们常提起的"九牛二虎一只鸡",这些镇水猛兽分别置于大运河弯道水流湍急之处。

参观完古堤,我们在当地专家的带领下,来到镇西邵伯湖大桥上,从这里向南看,可以看见一座建于民国年间的老船闸。据介绍,老船闸位于今邵伯船闸东侧的高水河边,民国二十五年(1936 年)建成并投入使用。当时的国民政府治淮委员会为了改善运河状况,以求灌溉船运之发展,利用"庚子赔款"的冲免部分兴建了这座船闸。这座由蒋介石题写名称的船闸为钢制闸门,附有启动机械,以四人之力摇把启闭,节时省力。邵伯船闸是中国最早的现代化船闸,是中国运河水运史上的杰作。顺着大桥再往西,崭新的邵伯三线船闸一字排开,十分壮观。游邵伯古镇,您既可以看到东晋太元年间谢安筑邵伯埭的记载,也可以看到清代的"邵伯船闸"的照片,看到民国时期的"新式船闸",更可以看到今天的邵伯三线船闸,邵伯已成为我国船闸演变历史的见证。目前,苏北运河航务管理处在邵伯船闸旁建了一个船闸博物馆,来展示运河上各个历史时期的船闸。

(三)扬州瓜洲古镇游

图 7-8　被称为诗渡的瓜洲古渡

由邵伯顺着淮扬运河扬州段南下,就来到了长江边的瓜洲古镇。从交通枢纽的角度看,运河古镇中最出名的要数因渡成镇的瓜洲古镇。由于瓜洲运河的开凿,瓜洲成为大运河的入江口和从扬州往镇江的长江渡口,致使瓜洲镇日益繁荣,成了"商贾云集,冠盖络绎,居民殷阜,第宅蝉联,甲于扬郡"的"江北第一雄镇"。陪同的镇文化站站长向我们介绍,瓜洲镇位于扬州市最南端,处于古运河入江口处,作为大运河南下入江的交通要冲,从唐代开始,要沿运河行船北上,绝大多数要经过长江边的瓜洲古镇。瓜洲有"千年古渡"之称(图 7-8)。自唐末,瓜洲渐有城垒，南宋乾道四年（1168年），瓜洲开始筑城。元代设置行省于此，明代设同知署，清代设巡检行署、漕运府、都督府等。瓜洲从唐代直到清代都是文人荟萃之地。唐代的李白、白居易，宋代的王安石、陆游，明代的郑成功，清代的郑板桥等，都曾在瓜洲寻幽探胜，并留下了大量吟赋瓜洲的篇章。因此，瓜洲古渡又被称为诗渡，我们在瓜洲古渡公园内就看到了一座诗廊，上面刻着历代诗人的作品，成为运河一景。

三、江南运河古镇

（一）无锡惠山古镇游

离开瓜洲，渡过长江来到了江南运河，江南运河上的古镇是最多的，我们首先来到了惠山古镇（图7-9）。早就听说惠山古镇以地理位置独特、自然环境优美、古祠堂群密集分布为特色，是无锡老街坊风貌保存完好的唯一街区，而且惠山古镇祠堂群为全国重点文物保护单位。惠山古镇已被纳入世界文化遗产预备名单。

陪同的无锡市文旅局同志介绍说，古镇的文化底蕴丰厚，大运河支流惠山浜直达古镇腹地。两岸历史文物林立，人文荟萃，又是无锡地名的发源地"无锡锡山山无锡"。惠山古镇各行业公所占一定数量，其中山货公所、木货公所、石作公所、盐业公所、建筑业行会，婺源会馆等，成为古镇亮点。惠山古镇水路由大运河支流三里至古镇腹地，交通十分便利。2019年12月31日，文化和旅游部确定惠山古镇为国家5A级旅游景区。

我们游览了惠山古镇的镇容镇貌后，还特地去看了寄畅园，这座江南园林是秦观（字少游）的后代购僧舍重建，饱蕴书香之气，与大运河也有着较深的渊缘。秦观是淮扬运河畔的高邮人，而他的后代不仅在江南运河畔的无锡建起了寄畅园，而且建起了无锡段运河的"第一桥"清名桥。运河对文化

图7-9　惠山古镇

交流的影响可见一斑。

（二）苏州平望古镇游

离开无锡，我们顺着江南运河来到了苏州的平望镇（图7-10）。平望镇有大运河、太浦河、頔塘、烂溪、新运河、市河等河道流过，素有"天光水色，一望皆平"之美誉。

吴江区文体旅局的同志向我们介绍，大运河自此向南到钱塘一分为三，与太浦河纵轴交汇，形成了四河汇集、四水共流（京杭大运河、江南运河、太浦河、頔塘河）的独特禀赋，造就了水运时代"大商巨舶""百货凑集""可与通都大邑等量齐观"的"巨镇"，被阮仪三教授赞为"大运河沿线历史城镇中，传统运河空间尺度保存最好、城镇与运河空间联系最为密切的一座"。

"平望·四河汇集"是苏州市运河十景之一（图7-11），平望坚持新老呼应，多

图7-10 平望镇

图7-11 四水汇集

片联动，推动水、岸、城、村、人共生共荣，包含京杭大集（吴江运河文化旅游景区）、运浦湾、大龙荡、长漾里等区域。将四河元素、运河文化融入经济发展、城镇建设、民生服务全领域，描绘现代版"运河繁华图"。

据介绍，作为"平望·四河汇集"的重要组成部分，"京杭大集"位于运河历史文化街区，项目以"大运河畔的平行旅程"为核心理念，总规划面积150亩（约10公顷），分三期逐步开发。在一期工程吴江运河文化旅游景区我们看到，通过景观风貌整体设计改造，植入全新文旅业态，初见书房·运河密码、平望味道的博物馆、玖树·平望驿馆、远泰平望影业、风物记、渔光曲等创意空间相继落地，为传统街区空间创新赋能。联动运河非遗、老字号，打造了大运河深度旅游体验产品"运河一日生活剧场"，这里还有"大运河研学"项目。在这里我们感受到了当地政府精心打造的一场以古镇为"全域剧场"的丰富体验。

（三）嘉兴崇福古镇游

从吴江沿着大运河向南，就来到了嘉兴市的崇福镇。嘉兴市文物局的同行陪同我们参观了崇福镇。他介绍说，这里古称语溪，又名御儿、语儿，是一座有着1100多年建镇史的江南古镇。其因梁天监二年（503年）建有崇福禅寺而得名。公元938年置崇德县，清康熙元年（1662年），改崇德县为石门县，民国二十五年（1936年），改名崇德镇。1958年撤销崇德县建置。

崇福因运河而生，依运河而兴，是典型的江南运河古镇（图7-12）。历史上，江南运河四次改道都与崇福有关。始筑于隋大业六年（610年）的大运河镇江至杭州段，初名江南河，自北而来，直穿镇境，向南经长安闸循上塘河，至杭州西南大通桥与钱塘江连通。元末明初，为便于漕运，修筑了杭州武林港经北新桥至崇德县城的运河大塘。此后，运河在崇福镇南端分为两道，即南经长安闸的上塘河和西经塘栖的下塘河。第二次改道是在明嘉靖年间，为防御倭寇侵犯，崇德县城将穿城而过的直道运河

图7-12　崇福古镇

改为回环绕城的弯道运河,与护城河合二为一,以水为障,既能通漕,又利防守。第三次改道就是 1970 年冬。为了提高大运河的通航能力,重新将运河截弯取直。第四次改道是 1997 年 11 月至 1999 年底,将运河西移,绕出崇福城区,河面宽度增至 62 米,达到四级航道标准,能通过 500 吨以下船只(图 7-13)。

因运河改道,崇福留下了"四河并流"的独特景观。镇党委副书记带我们来到位于镇东明代绕城运河上的司马高桥,这座桥始建于明洪武年间,清光绪二年(1876 年)重建,现为江南运河上为数不多的保存完好的单孔石拱桥。我们数了一下两端各有 28 级石阶,桥高为附近各桥之冠。接着往前,在全长 345 米的崇福横街我们看到,这里至今仍保持着比较完整的明清街市风貌,被同济大学阮仪三教授誉为京杭大运河沿线历史风貌保存最为完整的历史街区。

图 7-13　崇福镇的运河

我们参观了崇福古城的孔庙、文壁巽塔、崇福寺金刚殿以及数个古民居群、牌坊、碑刻等众多文化遗存,孔庙前的文壁巽塔(笔)、仓沐桥(墨)、照屏(纸)和荷花池(砚),被当地人称为"文房四宝"(图 7-14)。在镇东有一座中山公园,镇里同志介绍说,这是民国二十二年(1933 年),崇德县长毛皋坤为纪念孙中山先生而建,公园以几园遗址和孔庙旧景为基础建成的。内有"中山厅""陈英士纪念塔""吕晚村纪念亭"等建筑物,并有"六角亭""四角亭""茅亭"等园林小品点缀其间。镇里同志还介绍说,崇福镇的出产也很丰富,这里的蓝印花布很出名,杭白菊也产于崇福。

图 7-14　崇福镇的孔庙

(四) 桐乡石门古镇游

桐乡市还有一座古镇石门镇,桐乡市文物局的同行陪着我们来到了石门(图7-15)。他说,可以用"一粒千年、一步吴越、一舟京杭、一笔人生"来概括石门的历史。石门有良渚文化的遗址罗家角遗址,距今有7000年历史。镇名来源于春秋时吴越相争,"置石门为吴越限",在此垒石为门,故名石门,距今已有2500多年历史。我们在吴越交界的石碑旁拍照留念。这里还有著名的石门湾,大运河自南折东穿越镇区,形成了120度的大转弯,故别称"石门湾",大运河120度的湾是石门独一无二的资源。

石门是当年乾隆帝南巡的必到之地。清乾隆十六年(1751),乾隆帝南巡大营于镇东(今石门丝厂址),占地54亩(约3.6公顷)多。乾隆帝六次南巡均驻跸于此,"龙舟凤船,曾此逶迤",给石门镇带来了繁荣。

石门镇历史悠久,名人荟萃,镇上的"缘缘堂"是著名漫画家丰子恺的故居。丰子恺曾说过"石门是个好地方"。石门又称杭白菊之乡,拥有世界级非遗1项(蚕桑丝织技艺),国家级非遗1项(桐乡蓝印花布印染技艺),省级非遗3项(曲艺三跳、彩色拷花、杭白菊传统加工技艺)。

图7-15 石门古镇

我们参观了石门的主要旅游景点:罗家角遗址、垒石弄、接待寺与行幄殿、东园与西园、营盘头、石门湾、丰子恺故居缘缘堂和漫画馆等(图7-16)。我们还了解到,目前石门推出"亲子研学享风雅、红色教育砺初心、

图7-16 石门镇的丰子恺故居

美丽乡村休闲游、大众观光体验游"4类旅游线路。镇域内现建设有"果菊飘香子恺路"和"桑梓蚕缘研学路"2条精品线路。我们在丰子恺故居还专门拍了照片。

(五) 嘉兴长安古镇游

参观完桐乡的古镇，我们来到了嘉兴海宁西部的长安古镇（图7-17）。这里因运河上的水利工程长安闸而出名。

陪同我们的嘉兴市文物局负责人介绍，长安镇自古即为南来北往的水陆要冲，又名长河，因地扼其要，故名长安。唐贞观五年（631年），当地设桑亭驿（后称义亭驿），唐开元十一年（723年）设长安市。南宋建都临安后，长安镇因西接临平驿，北连石门驿，成为了迎送官员、传达公文的必经之地。南宋诗人范成大、陆游、杨万里等道经长安镇，皆有诗文传世。特别是范成大从家乡吴县往来临安时，数过长安镇，留有不少脍炙人口的诗篇，反映了当时繁忙的航运景象。

走在老镇上，我们发现，镇上的老宅特别多。据陪同的专家介绍，2012年1月海宁市在开展历史建筑普查时，曾登记了长安镇上345处古建筑，其中的陈家民宅、汇丰南货店、和平街徐氏民宅、虹桥、杭辛斋旧居、仰山书院、长安茧库等具有较高文物价值。还有始建于后唐的觉皇寺、观潮景点老盐仓等历史遗迹。我们看到，今日河上的喧闹不再，长安闸坝遗址犹存，唯有"三闸两澳一坝"那复杂而完善的系统诉说着长安镇往日的辉煌，佐证着长安闸坝在大运河历史上的重要科学价值。

图7-17　长安古镇

(六) 湖州南浔古镇游

离开嘉兴，我们来到了湖州南浔镇，这里位于頔塘东端，是頔塘故道上最知名的运河古镇（图7-18）。据南浔区政府的王副区长介绍，南浔镇原为一村落，于南宋时期发展壮大，成为市镇。公元15~19世纪（明清时期）由于蚕桑业、手工缫丝业而发展繁荣，并依靠大运河支线——頔塘运河的交通便利，发展形成了基于頔塘运河的独特十字港架构格局。20世纪初,南浔古镇依托大运河及周边地区发达的蚕桑与农耕经济,作为名甲天下的南浔辑里丝的主要产地和集散地,成长为国内最大的丝商群体,南浔也因此一跃而成为江南重要商业城镇。

我们看到,南浔镇区内保留着明清历史风貌,较完

图7-18 南浔镇的水上游

整地体现了清末民初南浔古镇的街区格局和历史风貌。镇区内相关建筑遗存保存完好,重要保护建筑作为博物馆向公众开放,其余民居建筑基本保持了原有的居住功能。南浔古镇是因大运河(頔塘)而起源、发展、兴旺的典型例证。大运河及周边地区发达的蚕桑与农耕经济,依托大运河的水利和运输功能,支撑了南浔由一个小渔村发展成为一个历史上的经济重镇。

南浔是中国近代史上的一个巨富之镇。在这个熙熙攘攘的古镇上,有着号称"四象"的江南四大首富。又有号称"八牯牛"的大富之户,以及拥有充满了民间嘲讽意味的,号称"七十二只金黄狗"的豪门、财主。

王副区长自豪地介绍,南浔还出过一位名人,他就是国民党元老张静江。1902年赴欧途中,他结识孙中山,提供白银3万两为革命活动经费。孙中山与张静江相遇时,由于张静江对孙中山的革命之举十分钦佩,曾问孙中山:"君非实行革命之孙君乎?闻名久矣,余亦深信非革命不能救中国。近数年在法经商,获资数万,甚欲为君之助,君如有需,请随时电告,余当悉力以应。"他还与孙中山约定汇款的暗号:A、B、C、D、E,分别代表1、2、3、4、5万元。当时孙中山因与他是萍水相逢,对他的言语并不信以为真。分别之时,张静江留给孙中山一封信,让他到美国后去找纽约市第五街566号他所开办的通运公司,领取资助革命的活动经费3万元。孙中山将信将疑,至美国后把信交给黄兴办理。结果钱分文不少,如数领取。这令孙中山大为惊奇,认为遇到了革命"奇人"。自此以后,每遇款项不济,孙中山便想到了张静江的汇款之约,而张静江每次均能按时如数将款寄到。甚至有一次由于款项不支,张静江将他在巴黎通运公司经营的一个茶店卖掉以资助革命。因此孙中山曾说:"自同盟会成立之后,始有向外筹资之举,当时出资最勇而名者,张静江也,倾其巴黎之店所得六七万元,

尽以助饷。"孙中山对于张静江资助革命的义举十分感激,曾让胡汉民回信表示谢意。孙中山就职临时大总统的第二天,就正式宣布南浔镇升级为市。

目前,南浔古镇除了是中国大运河遗产,也作为江南水乡古镇的代表参加了江南水乡古镇申遗。南浔独特的水乡风貌吸引了全国各地的游客。在南浔,我们还特地参观了一座民国年间的藏书楼——嘉业堂。该楼规模宏大,藏书丰富,原书楼与园林合为一体,以收藏古籍闻名,是中国近代著名的私家藏书楼之一,也是运河上著名的私人藏书楼。楼上为"希古楼",存放经部古籍。外面一间为"黎光阁",存放珍本《四库全书》1954册。里面正房名"求恕斋",原存放史部古籍。

站在大天井中东南西北四望,只见凡朝天井的库房均安装落地长窗,窗多,便于通风采光,可见建楼的主人思虑缜密。我们看到,所有楼堂斋室都陈列着大理石屏风、书桌、茶几和香妃榻等红木家具,一派清代厅堂的风格。底层正厅为"嘉业堂",悬挂清宣统帝御赐"钦若嘉业"九龙金匾一块,楼下窗格都用"嘉业堂藏书楼"篆字样作为装饰,廊外铁栏用"希古"两字作花饰,巧思匠心,精巧别致。

据说,1949年解放军南下时,周恩来同志十分关心浙江两大藏书楼(南浔的嘉业堂和宁波的天一阁),曾要求陈毅司令员派兵保护,不使其受损。故解放军专门派一连战士驻守藏书楼,保护了这批珍贵书籍。中华人民共和国成立后,原书楼主人将藏书捐赠给浙江图书馆,当时由浙江图书馆和嘉兴地区图书馆派干部接收。接收时藏书有十一万册左右,杂志三千余册,红梨木书版三万余块。这些宝贝今天都存放在了浙江和嘉兴的图书馆、博物馆内。

(七)杭州塘栖古镇游

离开湖州,我们沿着运河来到了杭州临平区的塘栖古镇(图7-19)。镇宣传科同志介绍,塘栖历史悠久,始建于北宋,自元代起商贾云集,明清时成为"江南十大名镇"之一。大运河穿镇而过,使其成为苏、沪、嘉、湖的水路要津,杭州的北大门。因大运河的滋润,塘栖

图7-19　塘栖古镇

以其独特的地理环境,形成了一个著名的水路码头。四邻八乡的物产都顺着河流到这里来贸易。据胡玄敬《栖溪风土志》记载:塘栖"财货聚集,徽杭大贾视为利之渊薮。开典、囤米、贸丝、开车者,骈臻辐凑,望之莫不称财富之地"。塘栖古镇店铺林立,百货充盈,其中以枇杷、甘蔗、荸荠、鲜鱼为大宗。清代至民国,镇内集市贸易尤为兴旺,朝市、晚市、香市、庙会支撑起半壁江山,成为江南水乡著名的水路码头。塘栖古镇还有着深厚的文化积淀,文化遗存众多,我们走在塘栖古街上,一间间林立的店铺也让我们回忆起水运时代的荣光,一旁的广济长桥、乾隆御碑也在默默向人们细述当年的风采。

四、北运河古镇

(一)通州张家湾古镇游

我们的古镇游因疫情耽搁了一段时间,到了 2022 年 8 月份,我们又来到了北京通州的张家湾古镇。张家湾位于北运河边,与瓜洲一样也是因交通枢纽成镇的,是因航运而繁荣起来的运河码头。通州区文化旅游委的同志介绍,辽代萧太后运粮河的河口即在此处港湾。元世祖忽必烈建立大都城,用粮依赖江南。元至元二十二年(1285 年),万户侯张瑄首次指挥海船运输漕粮自渤海溯海河而上,再沿潞河(时称白河)逆流至此湾,然后换成小船,或调用大车陆运到大都城。后来也成为运河漕运码头。一直到清嘉庆七年(1802 年)潞河(北运河)改道才停止使用,用作大运河北端码头达 500 多年。这里因而形成巨大的村落,因张瑄督海运到此而命名为张家湾。明清时城内商号林立,有"大运河第一码头"之称。

我们来到张家湾古城墙边的通运桥参观(图 7-20)。看到景区正在规划建设中,已进行了土地平整。据介绍,目前,通州正在启动张家湾古镇大运河滨水文化带建设,将打造古今记忆交会地区、漕运文化展示窗口、文

图 7-20 通州张家湾古镇的通运桥

化功能融合节点、文化旅游休闲胜地,为北京环球影城主题公园及度假区提供重要补充,形成一动一静、错位互补的发展格局。到时候,张家湾将成为游览北京必去的景点之一。

五、会通河古镇

(一)聊城张秋古镇游

离开北京,沿着京沪铁路南下,我们来到了聊城阳谷县境内的张秋古镇(图7-21)。这里是大运河与金堤河、黄河的交汇处。陪同的聊城市文物事业管理局专家介绍说,张秋镇宋元时称"景德镇"。明弘治七年(1494年),运河决口,景德镇惨遭淹没,临塞决口封堵告成后,更名"安平镇"。明末又改称张秋镇。明清时期,因京杭大运河的开通,张秋成为南北交通要道:"镇夹运河而城,旧为贡道之通渠,实扼南北之咽喉,襟带济汶,控引江湖,盖鲁齐间一重镇也。"张秋镇地处寿张、东阿、阳谷三县交会处,三县鼎峙,横跨运河,地理位置极为重要,向有"南北转运锁钥"之称,自明代以来就为政府所重视。明景泰年间,寿张、东阿、阳谷三县主簿分署张秋,张秋始立三县管河主簿厅。明成化年间张秋又设有都木分司署。自明弘治四年(1491年)后,"张秋河厅始有专设,注以通判任"。至明嘉靖四十三年(1564年),又添设捕盗通判用以弹压一方,这样张秋又设有捕务管河厅署。此外,在张秋的管理机构还有都察院、布政司、巡检司、税课局等,经济十分繁荣,有"南有苏杭,北有临张"和"江北小苏州"的美誉。张秋还是水浒文化的发生地。今天张秋的文化古迹有景阳冈、龙山文化城址、清真寺、挂剑台、关帝庙、戊己山、任大仙祠、黑龙潭、陈家大院、城隍庙大殿、运河石桥等,除此之外,还有钟鼓楼、三县邑衙、真武庙、灵佑观、八角琉璃井等众多遗存。戊已雄峙、漕湟要津、桃城屋市、龙潭镜波、石桥控海、丽樵拱岱、阿井胶泉、月岩泉寺被颂为张秋八景,是运河旅游必不可少的去处。

(a)局部(一)

(b)局部(二)

图7-21 张秋古镇

(二) 微山湖中的南阳古镇游

从聊城沿着京沪线南下，我们来到了微山县，这里的南阳古镇一直是我们很向往的地方。位于南四湖北侧的南阳湖，由于大运河穿湖而过，在这狭长的湖面上伴河形成了一个曾经显赫一时的运河名镇南阳古镇（图7-22～图7-24）。从地图上看，古镇由东西长3500米、南北宽500米的主岛和多个自然的小岛组成，周围碧水环抱，运河从中间穿过，小巧玲珑，犹如一幅美丽的水墨画。

据微山县委宣传部的同志介绍，南阳古镇是微山湖中运河线上最有特色的历史城镇。在古代，城镇依运河而建。元至顺二年（1331年），这里建起南阳闸，开始建镇。明隆庆元年（1567年）漕运新渠竣工，南阳成了运送货物的码头。其后明清两代，南阳"渔船、酒船、商船、米面船往来相接，群聚檐楹林立如街市"。清政府曾在此设守备及管河主薄。乾隆帝下江南也曾在镇上短暂停留，并为马家店题写匾额。

我们一路游览了南阳繁盛之时的遗迹，如皇宫所(现存)、皇粮殿、二爷庙、古运河闸、魁星楼、文公祠、大禹庙、杨家牌坊、不沾地旗杆等。还参观了据说乾隆帝走过的、被珍藏了230年的门槛。

图7-22 微山湖中的南阳古镇

图7-23 鲁商集聚的山东南阳古镇

图7-24 游客在南阳古镇

南阳街有史以来就是以商贸交易繁华而著称的,至今仍然经久不衰。老街上分布着大大小小的店铺商号,现在仍可以查出旧时的老字号名,还有清代钱庄、水神庙等遗迹。

六、中河古镇

(一) 苏北水域胜江南:徐州窑湾古镇

离开南阳,来到江苏徐州的新沂市,这里有座窑湾古镇名闻遐迩。

据徐州市文化广电和旅游局同志介绍,这里唐代时位于邳州、海州交界处,因周边窑多,故称窑湾。窑湾古镇素有"东望于海,西顾彭城,南瞰淮泗,北瞻泰岱"之说,号称"黄金水道金三角",有"苏北水域胜江南"之称。依托水运的优势,窑湾逐渐发展成为大运河上的重要码头和商业重镇。在明清漕运鼎盛时期,窑湾为南北水陆要津,往来船只南达苏杭,北抵京津,工商贸易曾昌盛一时。到民国初期,镇上常住人口达3万人,流动人口达1.5万人,故又被称为"小上海"。随着明清漕运和盐业的兴盛,窑湾商号栉比,商贾云集,街上行人如织,水上舟楫连绵。清末民国初期,窑湾镇有商号、工厂、作坊等360多家,其中钱庄就有13家。东三省货物经窑湾远销南洋、日本等地。英国、法国、荷兰等国的商人、传教士来窑湾经商传教,当年镇上设有美孚石油公司、亚西亚石油公司和五洋百货等外国公司。外国的汽艇、国内的小货轮在窑湾码头来往穿梭,河面桅樯林立,当时有商铺、宅院、教堂、庙宇8000多间。

我们一路游览了窑湾古镇的主要景点:吴家大院、赵信隆酱园店、中国典当博物馆、窑湾民俗博物馆、大清窑湾邮局、江西会馆、山西会馆、苏镇扬会馆、天主教堂等,还品尝了窑湾特产绿豆烧酒和桂花糕等,好客的主人还让我们带了一坛绿豆烧酒回家品尝。大运河沿线还有众多的古镇,也是旅游的好去处(图7-25)。大运河沿线还有

图 7-25 徐州窑湾古镇

众多古镇，如杨柳青古镇、荻塘古镇（图 7-26、图 7-27）。

图 7-26　天津杨柳青古镇

图 7-27　浙江荻塘古镇的临水戏台

第八章 了解宗教文化知识游运河

大运河的开通与整修,不仅直接刺激与活跃了中国区域间的物流与人际交往,同时也影响到古代中国与世界的外交往来及其路径。隋、唐、宋时期大运河的一端通过明州港(宁波)以通海外诸国,另一端则从洛阳西出以衔接横贯欧亚大陆的丝绸之路,大运河使中国与世界更为紧密地联系起来。宗教的传播与流传就是这种中外文化交流的产物。大运河使从陆路和海路传入中国的佛教、伊斯兰教和天主教等多种宗教文化得以广泛传播,并且有的完成中国本土化后再东传日本等国家。因此,大运河沿线形成了丰富多彩的宗教文化,这也成为运河旅游的重要资源。

一、运河四大名塔游

随着佛教的传播,寺院的兴建,大运河沿线也建造了众多的佛塔,其中比较出名的有大运河沿岸的"四大名塔",这就是通州燃灯塔、临清舍利塔、扬州文峰塔、杭州六和塔,这四大名塔不仅是运河沿线建筑艺术的杰出代表,而且是明清时期运河区域繁荣的见证,更是今天重要的旅游资源。宗教文化遗存游就从运河四大名塔开始。

(一)游通州燃灯塔

燃灯塔是古城通州的象征(图 8-1)。清代诗人王维珍的诗《古塔凌云》"云光水色潞河秋,满径槐花感旧游。无恙蒲帆新雨后,一支塔影认通州。"说的就是燃灯塔。

通州区文化旅游区管理委员会同志向我们介绍,燃灯塔又被称为燃灯佛舍利塔。始建于北周,唐、元、明诸代曾予以维修。通州燃灯塔又被民间称为镇水塔,意在防止洪水泛滥威胁运河和保护两岸人民免遭水灾。燃灯塔的结构为八角十三级密檐式实心砖塔,高约 45 米。须弥座双束腰,每面均有精美的砖雕。塔身正南券洞内供燃灯佛,故名燃灯塔。其余三正面设假门,四斜面雕假窗。塔身以上为十三层密檐,第十三层正南面有砖刻碑记"万古流芳"。整座塔上共悬风铃 2224 枚,雕凿佛像 415 尊。

据介绍,燃灯塔有七绝。

图 8-1 通州燃灯塔

一是风铃繁多。全塔悬挂风铃两千余枚,每枚刻有捐献者的姓名,而且形制多样。二是神像众多。全塔共镶嵌的砖雕塑身像有四百余尊,内涵丰富,形态各异。三是塔刹顶端的铜镜大,重达五千克。铜镜为圆形弧面,凹弧面有子弹射击的擦痕,记载了八国联军对古塔的破坏。四是第十三层正南面放置一块刻有七律诗的石碑,诗的内容为:"巍巍宝塔镇潞陵,层层高耸接青云。明明光影河中观,朗朗铃音空里鸣。时赖周唐人建立,大清复整又重新。永保封疆千载古,万姓沾恩享太平。"五是塔心柱长,砖砌的中心,原有一根巨大的锻铁塔心柱,长9.5米,保证了它的稳定性。六是塔顶有榆树一株,生命力极强。七是塔影能垂映在数百米外的北运河中,是罕见的奇观异景。

今天通州人在这里建起了"三庙一塔"景区,"三庙一塔"分别指:文庙(儒家学府,又称学宫)、紫清宫(俗称红孩儿庙)、佑胜教寺及燃灯塔,这一组建筑群已成为游运河必去的景区。

(二)游临清舍利塔

离开通州南下,我们来到临清,在大运河沿线城市中临清曾有过辉煌的历史,就在临清市城北南运河东岸有一座舍利塔,这就是临清舍利塔(图8-2)。临清市博物馆的同志介绍,此塔由柳佐建于明万历三十九年(1611年)。据《临清州志》记载"柳佐,万历丙戌科进士。柳佐历任县令、御史、工部侍郎、工部尚书"。工部尚书按现在的说法就是水利部的部长。柳佐为官多年,始终没有忘记进京赶考前在永寿寺的许愿,还愿成了他多年来的心结。就在明万历三十九年(1611年),也就是柳佐考取进士二十六年后,柳佐回到了家乡临清,他将自己这二十多年来的积蓄,全部布施给了永寿寺,并说明要用此款在寺里修建宝塔一座。此塔命名为"舍利宝塔"。时任山西按察使的临清籍进士王成德欣然为舍利宝塔题写了塔额。塔高61米,九级八面。楼阁式,通体近垂直,仿木结构,刹顶呈将军盔形,基座八面,每面长4.9米,底面积为186平方米,其空间面积可

图8-2 临清舍利塔

达7000平方米，外檐砖木结构。临清舍利塔是真正与大运河相伴而生的建筑，它见证了明清时期临清这一运河名城经济的发展。明清两代漕运兴盛之时，客商学子登塔览胜者众多，留有多首题咏。如今，尽管临清的繁华不在，但临清舍利塔屹立在运河边，诉说着往日的辉煌。

（三）游扬州文峰塔

沿着京沪线一路南下来到了扬州，在扬州城南古运河东岸文峰寺内有一座塔叫文峰塔（图8-3），当地的地名宝塔湾就是因为此塔而命名。文峰塔建于明万历十年（1582年），相传是为镇住扬州之文风，使学子在科举场上出头而得名。其实，在运河边的塔也有镇水之用。文峰塔砖砌塔身高40米，登顶可南望大江，北眺蜀冈，绿杨城廓尽收眼底。

据文峰寺僧人介绍，文峰塔是目前扬州市区所有寺院中仅存的一座古塔，列为省级文物保护单位。寺也因塔而名。初建于明万历十年（1582年），知府虞德晔建塔，僧人镇存募化三年资财得以建成，当时的扬州按察御使邵公题为"文峰塔"，取"文风昌盛，文脉顺达"之意。文峰塔为七层八面砖木结构楼阁式宝塔，塔身红

图8-3　扬州文峰塔

木青瓦，下为砖石须弥座，底层回廊围绕，二至七层为挑廊做法，塔顶为八角攒尖屋顶，通高44.75米。古塔庄严厚重，成为古运河畔的显著标志。塔上的灯龛亦起到航标的作用，明清粮船盐艘多从塔前来往，帆樯林立，盛极一时，此河湾遂改为宝塔湾。文峰塔先后经历过四次大修。清康熙七年（1668年）的大地震中塔顶遭到严重损坏，第二年再次修建。现在的文峰塔与文峰寺一起成为扬州古运河畔一道靓丽的风景。

在今宝塔湾下的鉴真东渡码头上，矗立着一块刻有"古运河"字样的花岗岩碑（图8-4），在它的旁边有"唐天宝二年（743年）鉴真大和尚命弟子抵东河造船准备首次东渡"两行金字。其实，鉴真从扬州出发的二、四、六次东渡，均经东河口入长江。

图 8-4　古运河畔鉴真东渡纪念碑

（四）登杭州六和塔

从扬州过长江，沿 G25 国道往东来到杭州，这里有座六和塔，又名六合塔（图 8-5）。据杭州同行介绍，位于钱塘江畔月轮山上的六和塔是取天、地、东、南、西、北六方以显示其广阔的含义，即"天地四方"之意。为北宋时吴越王为镇钱塘潮而建。此地原为五代吴越国王的南果园。北宋开宝三年（970 年），钱弘俶舍园造塔，派僧人智元禅师建造了六和塔，并建塔院，建塔的目的是为了镇江潮。现在的六和塔塔身重建于南宋，清光绪二十五年（1899 年）又重建塔外木结构。塔名取佛教"六和敬"之义，命名为六和塔。

我们看到，而今在六和塔这座我国古代建筑艺术的杰作旁，新建了一座中华古塔苑。走进塔苑，各个朝代、各个地区的一百多座古塔，集中展现了中国塔文化的精华。

小贴士：

除了这四大名塔，在大运河沿线还有许多有名的佛塔。

开封铁塔不是铁做的。在运河古城开封，有一座被誉为"天下第一塔"的开封铁塔。开宝寺塔原名福胜塔，北宋庆历四年（1044 年）木塔遭到雷击焚毁，北宋皇祐元年（1049 年）重修，按木塔式样，用铁色琉璃瓦重建，改名灵感塔。因远看塔如铸铁，民间称其为"铁塔"。这座高大挺拔的古塔是开封的镇市之宝

图 8-5　杭州六和塔

（图 8-6）。

铁塔建于公元 1049 年，是 1961 年我国首批公布的国家重点保护文物之一，素有"天下第一塔"的美称。铁塔高 55.88 米，八角十三层，塔身系仿木结构，以许多形状大小各异的结构砖相结合，严丝合缝。因此地曾为开宝寺，又称"开宝寺塔"。历史上经历大小地震，民国二十七年（1938 年）又遭侵华日军炮击，中弹数十发，均巍然屹立。

高邮镇国寺塔留下让道保塔的故事。淮扬运河边的高邮镇国寺塔始建于唐僖宗时，原为 9 层，清嘉庆十五年（1810 年）被大风损坏 3 层，清光绪三十二年（1906 年）修为 7 层。镇国寺塔的塔身全部用青砖砌建，高 25 米，呈平面方形（图 8-7）。塔顶为四角攒尖式，顶端直立着二米高葫芦式紫铜塔尖，底层有南北拱门，二层到七层均有塔门，两旁建有小佛龛。三层到五层的塔门两旁砌有突出的半圆砖柱，层层之间都有叠砌砖出檐，明显地留存唐代古塔的建筑风格，在全国几百座古塔中，堪称翘楚。塔上为砖砌粉灰色的四角切尖式塔顶，上置覆钵，再上是铜制葫芦刹顶。外形轮廓大体保存唐代砖塔的风格。高塔耸立在小岛上，别具一格。

镇国寺塔体现了运河的景观价值，记录了运河改造的历史。镇国寺塔还有一段"让道保塔"的故事：1958 年京杭大运河拓宽改造工程中，镇国寺塔本来

图 8-6　开封铁塔

图 8-7　高邮镇国寺塔

在新的运河线路上，应在拆毁之列，经有关部门反复认真研究，最后上报中央，在周恩来总理曾亲自过问下，决定不惜耗费重金，"让道保塔"，在运河中留有一块近40（约2.67公顷）亩的河心小岛，镇国寺塔耸立其间（图8-8）。在镇国寺，我们看到游客络绎不绝，如今，高邮镇国寺塔与高邮明清大运河故道已成为游客必游的景点之一。

图8-8 镇国寺塔所在的小岛

二、运河四大名寺游

由于运河带来的交通便利，大运河区域的经济和文化空前繁荣，宗教信仰和民间崇拜呈现出多元化的态势，催生出大量与运河直接或间接相关的寺庙建筑。除了"四大名塔"，还有"四大名寺"。

（一）宁波阿育王寺游

离开杭州，我们来到浙东运河畔的宁波市，这里有一座以阿育王命名的千年古刹，这就是宁波阿育王寺（图8-9）。宁波同行介绍，这座创建于晋太康三年（282年）的阿育王寺闻名中外，不仅因为山明水秀，殿宇巍峨，更缘于寺内有一座举世瞩目的舍利宝塔。

走进阿育王寺这座占地六万多平方米的建筑群，只见中轴线由南而北依次排开为山门、天王殿、大雄宝殿、舍利殿、法堂（楼上藏经楼）。东、西两侧为厢房及附属建筑。三大殿均为重檐歇山顶、抬梁式结构，舍利殿屋顶盖金黄琉璃

图8-9 阿育王寺

瓦，内有舍利塔。寺内另存有唐、宋碑刻，唐石雕造像等。

据介绍，在中国共建造了19座舍利塔供奉阿育王舍利。这19座舍利塔中，保存下来的唯一一座就是会稽鄮县塔，即今浙江宁波鄞州区鄮山阿育王寺的舍利宝塔（图8-10）。

（二）扬州大明寺游

回到扬州，我们来到了蜀岗上的大明寺。据事先攻略，大明寺始建于南朝宋大明年间（457-464年），故称"大明寺"，又称"栖灵寺"；又因其位于唐城之西，也称"西寺"。

图8-10 阿育王寺塔

隋仁寿元年（601）于大明寺内建栖灵塔，塔高九层，雄踞蜀冈，塔内供奉佛骨。唐时，栖灵塔毁于雷火，宋代重建，不久又毁。寺名亦由栖灵寺复名大明寺。到了清乾隆三十年（1765年），乾隆帝南巡，看到"大明"二字很不高兴，认为扬州人思念大明朝，故敕名为"法净寺"。这样一直延续到1980年，鉴真大师的塑像从日本"回国探亲"，才得以恢复原名"大明寺"。

隋唐时期，扬州的政治经济发展甚快，已成为全国第三大都会，繁华不输长安、洛阳。唐代著名诗人李白、高适、刘长卿、刘禹锡、白居易等均曾登临栖灵塔赋诗赞颂。唐代高僧鉴真曾在大明寺担任住持，后应日本天皇之邀六次东渡，终于成功抵达日本弘扬佛法，传播中华文化。大明寺内还有平山堂、谷林堂、欧阳文忠公祠等众多遗迹。

1. 平山堂

平山堂是北宋文学家欧阳修任扬州太守时所建（图8-11）。堂前花木扶疏，庭院幽静。欧阳修当年凭栏远眺江南诸山，恰与

图8-11 平山堂

视线相平,"远山来与此堂平",故称"平山堂"。堂前有联:"过江诸山到此堂下,太守之宴与众宾欢",是欧阳修当年潇洒生活的生动写照。后来苏东坡任扬州太守时,常来此凭吊,并在后面建造了"谷林堂"和"欧阳河"。谷林堂取自苏东坡"深谷下窈窕,高林合扶疏"的诗句。欧阳祠内有欧阳修石刻画像,供人凭吊。

2. "天下第五泉"

在平山堂之西是一座富有山林野趣的古典园林西园,古木参天,怪石嶙峋,池水潋滟,亭榭典雅,山中有湖,湖中有"天下第五泉"。据唐人张又新《煎茶水记》所载,这里的泉水在当时被品评为天下第五。宋欧阳修在《大明寺泉水记》中称:"此井为水之美者也。"今天,人们游历大明寺,仍以饮"天下第五泉"水为乐事。

3. 鉴真纪念堂

大明寺古刹名僧辈出,其中唐代律学大师鉴真最为著名(图8-12)。鉴真从唐天宝元年(742年)起,先后十余年,历尽艰险,至第六次东渡成功,将我国佛学、医学、语言文学、建筑、雕塑、书法、印刷等介绍到日本,为发展中日两国的文化交流作出了重要的贡献。大明寺最有特色的建筑是鉴真纪念堂,为纪念鉴真法师圆寂一千二百周年,由梁思成大师设计,于1963年奠基,1973年建成(图8-13)。

(三)洛阳白马寺游

离开扬州,一路西行,来到洛阳游览,洛阳白马寺被称为中国佛教第一古刹(图8-14)。资料显示这是佛教传入中国后兴建的第一座寺院,始建于东汉永平十一年(公

图8-12 大明寺

图8-13 鉴真纪念堂

元68年)。据东汉末年牟融所作的《理惑论》,汉明帝曾梦见神人,后来知道是佛,于是派蔡愔赴大月氏(一说天竺)求取佛经。后来,蔡愔偕大月氏僧侣摄摩腾、竺法兰一起来到洛阳,并且用白马驮回了一些佛教经典,于东汉永平七年(公元64年)在洛阳城西建造了中国第一座佛教寺院——白马寺,翻译佛教经文。此后,中国开始有了汉译本的佛经。

据介绍,洛阳白马寺被认为是中国佛教的发源地,有中国佛教的"祖庭"和"释源"之称。现存的遗址古迹为元、明、清时所留,寺内保存了大量元代夹纻干漆造像如三世佛、二天将、十八罗汉等,弥足珍贵。我们看到,寺院坐北朝南,为中轴对称格局,寺内主要建筑都分布在中轴线上,约略算了一下,现存大小建筑有百余间。我们自南向北经过了山门、天王殿、大佛殿、大雄宝殿、接引殿和清凉台,两侧还有钟鼓楼、门堂、云水堂、客堂、斋堂、祖堂、禅堂、方丈院等附属建筑。白马寺山门外有两匹石马引得游人争相拍照留念,这两匹石马左右相对,头戴辔头,身置鞍鞯,雕工精细,相传为汉代的驮经之马,实际上是北宋太师太保魏咸信墓前的石像。白马寺的游人如织,我们想不被游客打扰拍一张照片都困难(图8-15),这也说明白马寺在人们心目中的地位。

图8-14 中国第一座佛教寺院——白马寺

图8-15 洛阳白马寺游人如织

(四)嵩山少林寺游

离开白马寺,我们驱车来到嵩山少林寺。这里今天隶属于河南省郑州市登封市,因坐落于嵩山腹地少室山茂密丛林之中,故名"少林寺"。这是中国佛教禅宗祖庭和中国功夫的发源地之一(图8-16、图8-17)。

据登封市文物局负责人介绍,少林寺始建于北魏太和十九年(495年),是孝文帝为了安置印度高僧跋陀尊者,在都城洛阳东边的嵩山少室山北麓敕建而成。少林寺

图 8-16　嵩山少林寺

图 8-17　少林寺塔林

常住院占地面积约 57600 平方米。少林寺是汉传佛教的禅宗祖庭，在中国佛教史上占有重要地位。因其历代少林武僧潜心研创和不断发展的少林功夫而名扬天下，素有"天下功夫出少林，少林功夫甲天下"之说。

曾记得，20 世纪 80 年代，一部电影《少林寺》使少林寺红遍全国，也带动了少林寺旅游。2010 年，包括少林寺在内的天地之中历史建筑群被联合国教科文组织列为世界文化遗产，少林寺又掀起了第二次旅游热潮。我们看到，寺院门口站满了等候入内参观的游客，为了节省时间，在登封市文物局领导的带领下，我们才从侧门入寺参观。

三、运河伊斯兰教文化遗存游

伊斯兰教产生于 7 世纪的阿拉伯半岛，唐朝初中期，就通过外交、战争，从陆上丝绸之路和海上丝绸之路传入中国，宋代以后传入中国更加频繁。阿拉伯人善于经商，伊斯兰教在运河区域的传播广泛与运河作为南北主要通商之路有着直接的关系。今天伊斯兰教在运河沿线也存有很多遗迹。

（一）游济宁东大寺

我们运河伊斯兰教文化游首站来到济宁，这里的东大寺很出名（图 8-18）。据济宁文物局专家介绍，东大寺始建于明洪武年间，迄今有六百多年的历史。明成化年间初具规模，经明、清各朝及当代数次修缮，使建筑面积达到 4134 平方米。因前门正临老运河，俗称"顺河东大寺"。

我们看到，东大寺为标准的龙首式建筑群，中轴线上主要建筑有大门、邦克亭、大殿、望月楼等四部分，中轴线两侧是南北讲堂、水房、碑廊等（图 8-19）。大殿是寺院的主体建筑，整座大殿由卷棚、前殿和后窑殿三部分组成。殿内以 40 根朱红的通天木柱

图 8-18　济宁东大寺

图 8-19　东大寺望月楼

和 12 根石柱作支撑，后窑殿为 3 层楼阁，上部为六角攒尖式窑顶。窑顶峰折陡峭，起伏错落，檐下斗拱罗列，翼角飞翘，覆黄绿色琉璃瓦，顶嵌青铜质镏金宝瓶，流光溢彩；殿后是"望月楼"，砖木结构，以精巧玲珑著称。

寺院坐西朝东，建筑面积达 4134 平方米。寺门朝大运河，共有 4 道门，第一道门是木栅栏式。栅栏后立有石质碑坊，浮雕有狮子、羊、麒麟、山水、花卉等，大小额枋上全刻卷草，石坊左日右月分饰两旁，故称"日月坊"。石坊后有大门 3 间 5 檩，屋顶歇山造，用绿琉璃、黄剪边，有跑龙脊。大门左右有抱鼓石、盘龙柱和盘花柱等雕饰，门两边为八字墙。

二门为重檐圆顶，下檐带垂柱，形似楼房，为"邦克楼"。南北讲堂各 6 间。礼拜大殿 7 间 15 檩，由 24 根粗两围的木柱支擎，上为卷棚式，由黄绿色琉璃瓦覆顶，顶脊和 8 条垂脊饰以龙纹鸱尾，殿顶嵌着铜质镏金宝瓶。大殿四周窗棂，全用金丝楠木作阿拉伯文组成的花方图案。大殿后有望月楼，是一座 3 层阁楼，上覆六角形盖式楼顶。后门楼和后牌楼重重叠落，为木构建筑，高大雄伟。

游览过程中我们仔细观看了抱鼓石、盘龙柱、石柱础上面的雕饰，这些是少见的精品。尤其值得一提的是那座清康熙三十年（1691 年）春所建的石刻日月坊，三门四柱，采用汉白玉精选石料，气势威严。因云板上有日、月图案，所以称之为日月坊。与一般牌坊的不同在于：四柱出头部分不用云气纹，两侧立柱雕有精美宝座，中间立柱上雕以八角平座栏杆宝阁，牌坊横梁上雕成宝瓶。底座、抱鼓、夹杆部分雕功如神，遍体生花。正中顶端有一石刻宝瓶，两旁各飞一团石云，云上分别拖着一轮红日和一弯新月。动中有静，静中有动，宇宙苍穹尽收眼底。石坊通体洁白，与后面大门八字墙的绿色琉璃交相辉映，在绿水、蓝天、白云的映照下，别具风采，甚为赏心悦目，更显悠悠古寺的清静与肃穆。

（二）游沧州泊头清真寺

离开济宁，顺京沪线北上，来到河北沧州的泊头镇，这里有座清真寺很出名（图8-20）。据介绍，这座清真寺始建于明永乐二年（公元1404年），它的建设还有一段故事。明朝末年，崇祯帝为修缮金銮殿，从南方运来大批木料经运河北上，船经泊头冯家口时，李自成农民起义军已攻下北京城。泊头在朝的回族官员御史石三畏、礼部尚书余继登，就用这批木料修缮了清真寺。

我们看到，泊头清真寺与东大寺显著不同的是砖木结构的礼拜寺，这在北方是不多见的，这还多亏了那批沿大运河运来的"皇木"。泊头清真寺坐西朝东，正门门楼阔三间，高十米，单檐歇山，古棚出厦，琉璃瓦顶，朱门铜饰，门楣楷书"化肇无极""清真寺"黑地金字悬于上方。大殿正门两侧有楹联一副。

大殿南侧还有女寺宅院一座，坐北朝南。大殿三间居中，东西两侧为水房和宿舍，大殿北侧为阿訇院，设计精巧，建筑别致，为阿訇诵经、食宿及学习的地方，环境甚是幽雅安静。泊头清真寺不仅驰名国内，且在国外亦享有一定的声誉。

图8-20　泊头清真寺

（三）游扬州仙鹤寺

图8-21　扬州仙鹤寺

在扬州还有一座伊斯兰教建筑，那就是仙鹤寺，又名清白流芳清真寺（图8-21）。这座清真寺同广州怀圣寺、泉州麒麟寺、杭州凤凰寺齐为中国伊斯兰教东南沿海的四大名寺。据同行介绍，仙鹤寺由南宋德祐元年（1275年）由普哈丁创建，明清时期重修。相传普哈丁在兴建清真寺时，按照仙鹤的体形来布局：大门对面的照壁为鹤嘴，大门堂为鹤头，向北的露天通道为鹤颈，礼拜殿为鹤身，南北两厅房为鹤翅，南北两古井为鹤眼，南北两棵柏树为鹤腿，大殿后的竹林为鹤尾。仙鹤寺因此而得名。该寺具有传统特色的古建筑多为清乾隆年间修复重建。殿后原临河，遍植竹篁，形如鹤尾；大殿前，左右两侧各有水井一眼视为鹤目。仙鹤寺是中阿建筑风格的巧妙糅合，一直为海内外伊斯兰教人士所珍视。

我们参观仙鹤寺时，适逢伊斯兰教节日，一批信仰者在这里聚礼。据说，作为中国与阿拉伯国家友谊的标志，仙鹤寺已成为海上丝绸之路申遗的遗产点。

小贴士：

普哈丁。谈及伊斯兰教与大运河的关系，不能不说阿拉伯人普哈丁这位富有传奇色彩的人物。相传他是伊斯兰教创始人穆罕默德的第十六世裔孙。南宋咸淳年间（1265—1274年）来到中国扬州。在扬州期间，他弘扬伊斯兰教传统美德，扶弱济贫，广交朋友，得到扬州官府的礼遇和地方人士的拥戴。普哈丁主持修建了著名的仙鹤寺。

普哈丁在扬州待了十年，其间他曾回西域三年，后又来到大运河北段的津沽、济宁等地传教。1275年7月，他乘船沿运河南下，于当月19日抵达扬州，黎明时在船中归真。根据他生前遗愿，后人将他安葬在古运河东岸的土岗上。这座墓园最初是专为安葬普哈丁而修建的，后来又陆续有其他来扬州传教、经商或做官的阿拉伯人，以及明清以来的一些中国阿訇和虔诚的信徒归真后附葬于此，使墓园逐渐形成今天的规模。目前，普哈丁墓园也加入了海上丝绸之路申遗的遗产点，成为扬州著名的旅游景点之一（图8-22）。

图8-22 普哈丁墓园

（四）游杭州凤凰寺

在杭州有座凤凰寺，也是中国伊斯兰教四大清真寺之一。我们顺道参观了凤凰寺（图8-23）。位于杭州市中山中路的凤凰寺又名"真教寺"，在阿拉伯国家中也享有盛誉。

图 8-23　杭州凤凰寺

因寺院建筑结构似凤凰展翅，故名。我们看到，寺内大殿是最古老的建筑。正殿没有梁架。殿顶上三座攒尖顶是宋代的遗物。中间一座上刻《可兰经》文，相传是明景泰二年（1451）重修时设置的。寺内还保存有阿老丁墓碑等阿拉伯文碑刻。见证了通过大运河杭州与阿拉伯国家友好往来的历史。

四、运河基督教文化游

基督教发源于公元一世纪巴勒斯坦地区的犹太人社会，并继承了犹太教耶和华上帝和救世主弥塞亚等概念，以《旧约全书》为基督教圣经。公元 11 世纪基督教第一次分裂为天主教（罗马公教）和东正教（希腊正教）两大宗。元朝时候，天主教开始传入中国。到了明嘉靖年间，继续从海路传入中国。明万历时传至扬州、丹阳、苏州、绍兴等运河城市。先后至运河地区传教的有意大利传教士利玛窦、龙华民和罗明坚，葡萄牙罗如望，西班牙庞迪我，还有邓玉函等。运河沿线至今还保留着一些基督教的遗迹，成为旅游的重要资源。

（一）参观嘉兴天主教堂

图 8-24　嘉兴天主教堂

我们首先来到据称是中国最大、在远东排名第三的嘉兴天主教堂（图 8-24）。据介绍，1903 年嘉兴文生修道院建成后，天主教的影响得以扩展。1904 年，意大利籍神父韩日禄在子城脚下（今紫阳街）建造一座教堂，并把加尔默洛会（圣衣会）从海盐迁到嘉兴城内。1917 年，他主持兴建宏伟的哥特式大教堂，花费 8 万银元，历时 13 年，到 1930 年才全部完工。我们看到，整座教堂占地很大，堂前两座钟楼拔地而起，高达五六十米，我们拍照必须仰视才行。

据介绍，嘉兴天主教堂旧称圣母显灵堂，俗称圣母堂、天主教堂，始建于 20 世纪初，规模宏伟，是天主教加尔默洛会（圣衣会）在嘉兴的总部，是建筑年代较早的西洋建筑之一。从现存的天主教堂主体建筑看，其精致的建筑艺术具有很高的研究价值，建筑技术和造型风格堪称同时代、同类型建筑中的上乘之作。

我们发现，嘉兴天主教堂基本上保持了西方建筑的"原汁原味"，没受到多少本土建筑的影响，只是在平面入口及建筑朝向上，没有按西方教堂圣坛在东门朝西的传统，而是遵照中国坐北朝南为尊的习惯布置。嘉兴天主教堂遗存反映了当时西方建筑的艺术价值及社会文化积淀，为相关考证、研究提供了最具体的实物例证。

（二）参观嘉兴文生修道院

参观完嘉兴天主教堂，我们来到同样在嘉兴的文生修道院（图 8-25）。这里面临大运河，为一组西式建筑群，有教堂和欧式环楼。修道院建筑群左右对称分布，坐东朝西，主体部分平面呈倒"凹"字形，正面部分二层九开间，东西两翼各十二开间，整个建筑面阔 59.6 米，进深 46.6 米。主体建筑的正中有一小钟楼，钟楼有圆窗。两翼建筑中，东翼两层，西翼三层。底层是开敞式的拱门长廊，廊外共有 30 个砖砌的拱形门。楼层为封闭式长廊，各层都为长条木地板，素面门窗。东、西、南、北均设木制楼梯。人字形屋面铺设小青瓦。主体建筑的两侧各有六开间的两层附属建筑。院内遍植香樟，

图 8-25　嘉兴文生修道院

幽静，古朴，建筑与自然环境浑然一体。

据介绍，清光绪二十八年（1902年），法国神父步师加来嘉兴行医传教，在嘉兴北门外购得土地百亩，建造法兰西嘉兴文生修道院，一年后竣工。自1903至1908年，嘉兴文生修道院为中国遣使会的唯一总修院，又是总合院。文生修道院常住中外修士四五十名，研习教义，一经考核及格，晋为神父。从1909年至1941年，文生修道院共培养12年制神父155名，被派往全国各地教堂。1949年文生修道院停办。

（三）参观扬州耶稣圣心堂

在扬州也有一座基督教堂，称为扬州耶稣圣心堂。周末，我们来到扬州古运河畔，探访了这座教堂。

扬州市宗教局的陪同人员告诉我们，1873年，原负责上海徐家汇天文台工作的法国籍耶稣会神甫刘德跃来到扬州，在缺口城门内购地动工建造耶稣圣心堂，1875年初步竣工。1876年1月1日，江南代牧区主教郎怀仁来到扬州，为这座教堂祝圣。耶稣圣心堂于1900年全部建成。教堂坐西朝东，面积357平方米，建筑风格为哥特式，有2座高17米的钟楼，堂内祭台供奉耶稣圣心像，内部的10根红漆柱及哥特式建筑梁架极有特色，并有精美的彩色玻璃窗及各种装饰。但是前面修建了带有中国风味的门楼与照壁。由于这座教堂地处缺口城门附近，因此扬州人称为缺口天主堂。这座哥特式的建筑，在扬州老城区众多的明清建筑中，真的很有风格。离开时，我特地拍了一张扬州耶稣圣心堂的照片（图8-26）。

图8-26　扬州耶稣圣心堂

（四）参观天津西开教堂

我们又来到了天津，探访了位于天津和平区滨江道独山路的西开教堂。西开教堂是民国五年（1916年）由法国传教士杜保禄（1864—1944年）主持修建，可同时容纳

1500 人。

现场我们看到，天津西开教堂建筑最大的特色就是平面呈拉丁"十"字形构图，三个高达 45 米的巨型圆顶错落排列成"品"字形，三座穹窿顶均略向上拉长，表面以绿色铜板覆盖，巨型圆顶为木结构支撑，每座圆顶上有一个青铜十字架（图 8-27）。

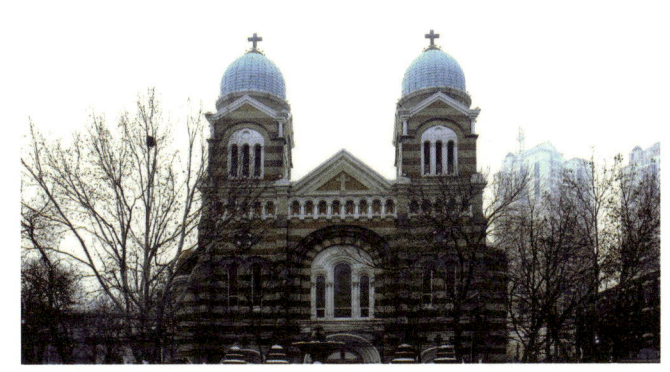

图 8-27　天津西开教堂

西开教堂是天津市最大的罗马式建筑，也是天主教天津教区的主教座堂。建筑主体用红黄色花砖砌造，教堂内有许多壁画和大管风琴，前面院中有圣水坛，有左右两道大门，信徒分男女从不同的门入内。室内八角形的穹窿顶及侧窗均以彩色玻璃嵌画。内墙彩绘壁画，装饰华丽。参观完西开教堂，我们深切地感受到，天津真是中外文化交流的窗口。

五、运河道教文化游

道教和儒家学说一样是中国土生土长，是由中国文化催生的。道教在中国发展的历程中，形成了自己特有的文化。道教文化既高雅又通俗。特别是其中一部分已演化为民间风俗，成为劳动人民精神生活的组成部分。作为中国本土的道教在大运河沿线也十分流行，特别是沿线人民为了纪念与运河有关的人物而修建的庙宇，有的是纪念治水人物的，有的是纪念道德楷模的，当地百姓将这些人物进行神化，与中国本土的道教相结合，就形成了一批富有特色的祭拜运河河神的庙观，成为今天重要的旅游资源（图 8-28）。

图 8-28　高碑店附近平津闸旁的龙王庙

（一）宿迁龙王庙游

大运河沿线最出名的道教遗址是宿迁龙王庙。我们来到宿迁市西北20千米处的古镇皂河，"敕建安澜龙王庙"就建在这里（图8-29）。

据介绍，龙王庙行宫始建于公元17世纪末（清康熙年间），雍正五年（1727年）和嘉庆十八年（1813年）两次重修。清乾隆帝六次下江南，五次宿顿于此，并建亭立碑。经清雍正、乾隆、嘉庆等各代的复修和扩建，形成了现在占地36亩（2.4公顷），周围红墙，三院九进封闭式合院的北方宫式建筑群。

走进龙王庙我们看到，龙王庙行宫建筑群，布局严整，规模宏大，轴线分明，左右对称，气势磅礴，雄伟壮观。整体呈长方形，双重围墙。中轴线上建筑物主次清晰，错落有致。自南向北，整个建筑群分为六大部分。中轴线最南端为古戏楼，戏楼为前台后室，坐南向北，台口额枋上悬挂"奏平成"镏金匾一块，上下门悬有"阳春""白雪"镏金匾各一块。据介绍，该戏楼主要用于一年一度的初九庙会及皇帝驾临时看戏之用。相传清康熙帝、清乾隆帝，六次南巡幸宿迁，驻跸龙王庙，都在前广场观看当地民间艺人演出的地方戏曲柳琴戏节目。今天的龙王庙庙会则成为劳动人民欢庆丰收、交易商品的平台。

图8-29 宿迁龙王庙中的建筑

（二）南旺分水龙王庙游

沿宿迁北上，来到济宁市汶上县，这里有一座为纪念明代著名水利专家、工部尚书宋礼和著名农民水利专家白英等创修南旺枢纽工程而建造的"南旺分水龙王庙"（图8-30）。

据济宁同行介绍，明永乐年间（1403—1424年）开始修建分水龙王庙，有龙王殿、戏楼及钟楼等建筑。明正德七年（1512年）建宋公祠、白公祠和潘公祠。清康熙十九年（1680年）建禹王殿，其后相继增建了莫公祠、关帝庙、文公祠、蚂蚱神庙、观音阁等建筑，规模持续扩大，到清朝末年已经形成一座结构和功能完备的大型建筑群落。随着运河的废弃，年久失修，建筑物多已倒塌。

过去分水龙王庙由东、中、西并列的三组建筑组成，现场我们看到地面尚存关帝庙、禹王殿、观音阁等砖木建筑，其他建筑为遗址状态，主要包括龙王庙建筑群基址、水明楼建筑群基址、祠堂建筑群基址等。遗址总占地面积五万多平方米，规模较大。

南旺分水龙王庙遗址与附

图 8-30　南旺分水龙王庙遗址

近的南旺水工科技博物馆一起成了来南旺旅游游客必看的景点。

（三）泰安禹王庙游

沿汶上往北，来到泰安的宁阳县，这里也有一座泰安禹王庙，它位于宁阳伏山镇堽城坝村北，大汶河的南岸，坐北朝南（图 8-31），是供奉治水英雄大禹的。创建年代不祥，据清咸丰元年（1851 年）重修的《宁阳县志·秩祀》记载："原名汶河神庙，在堽城坝，明成化十一年（1475 年）员外郎张盛建坝，因立庙。"

我们从事先攻略了解到，堽城坝为大运河著名的水利建筑工程。这项工程在历史上为繁荣运河南北水路交通、灌溉鲁西南广袤的农田，发挥过巨大的作用。在庙内我们看到立有一通龟趺螭首石碑。碑的内容为明成化十三年（1477 年）"同立堽城堰记"碑，记载着明成化十年（1474 年）城坝重建的原由、选址、用料及施工工艺等。庙内还有一通石碑为明成化十一年（1475 年）"造堽城石堰记"碑，由明代科举考试中唯一连中三元官至兵、户、吏三部尚书，文渊阁大学士尚辂撰文，由明代四大家之首的文徵明及名家祝允明的书法老师李应祯篆额书丹。在大殿后面，我们看到两株高大的柏树。陪同的宁阳县文物局负责人对我们说，左

图 8-31　宁阳禹王庙

边的一株被称为大禹化身的直径达 1.52 米,号称"齐鲁第一柏";右边一株柏树夭娇作龙形被誉为"虬枝歧柏",是宁阳八景之一。夕阳下,这两株柏树都显得异常挺拔。

(四) 滑县大王庙游

图 8-32　滑县大王庙

沿着陇海线一直往西,我们来到河南安阳滑县,这里的道口镇有座大王庙(图 8-32)。与其他庙不同的是,这座建于明万历十八年(1590 年)的庙供奉了 5 位水神,分别是南宋谢绪,明代黄守才、张居正,战国李冰,清代朱之锡。建庙的目的是当地人祈求保护卫河安澜、水运通畅,人们安居乐业。据滑县文化广电体育旅游局负责人介绍,大王庙由道口镇任德民、郭东野等八家盐业、绸缎业商户集资创建。该殿原名为十方院,有大小庙宇三十余座,现仅留存大王庙。大王庙坐东朝西,俯瞰卫河。大殿面宽五间,进深十二架像,为"一殿一卷"式建筑。殿内梁架分主殿梁架和拜殿梁架两部分。我们在现场看到,如今来大王庙祭拜的香客依然源源不断,人们仍旧想通过祭拜水神来祈求平安。

(五) 邗沟大王庙游

图 8-33　邗沟大王庙

回到扬州,我们来到扬州古运河畔的邗沟大王庙,邗沟大王庙所供奉的是两位与大运河有关的"大王"(图 8-33)。一是吴王夫差,开凿邗沟的第一人。吴王夫差修建邗沟,不仅成为大运河的开端,而且开启了扬州城迄今 2500 余年的历史。邗沟的开挖对扬州地区的经济文化和航运交通的发展有着重大的作用。另一位"大王"便是汉初吴王刘濞。他掌管吴国后，充分利用丰富的自然资源，开山铸钱、煮海为盐，而且开通了扬州向东的运盐运河，使吴国成为西汉初期各诸侯国中最富强的一个。他接纳各地的流民在吴地开荒种地，经过四十年的发展，使东南地区成为有名的鱼米之乡。夫差和刘濞对大运河作出的贡献，扬州人民没有忘记，从汉代就建庙祭祀夫差，清代庙里增加副位供奉刘濞。后人将他俩当作财神供奉起来，以表感念之情。

据攻略，邗沟大王庙原建在便益门北的古运河旁，庙门朝北。清人李斗的《扬州画舫录》曾有记载，扬州人称之为财神庙。大王庙20世纪50年代被毁。2007年扬州市在古运河畔重修大王庙。我们看到，在其南门上方悬一匾额，上书"恩被干吴"四个金色大字。殿前的四根抱柱上，两副木刻楹联尤为醒目："曾以恩威遗德泽，不因成败论英雄""遗爱成神乡俗流传借元宝，降康祈福世风和顺享太平"，表达扬州人民对两位吴王的景仰感恩之情。其北门额上石刻隶书"邗沟大王庙"五个大字。大殿前南广场正中有一"借沙取银"的水窍，据传说是老百姓求财得财的遗存见证。

（六）露筋娘娘庙游

淮扬运河江都与高邮交界处还有一座露筋娘娘庙，是为纪念露筋女而建立的（图8-34）。据邵伯镇的宣传科长介绍，传说露筋女生于唐代末年，姓名籍贯不详。一天夏天，她与嫂嫂二人步行去高邮，行到今天的露筋村附近时，电闪雷鸣，大雨滂沱。就在四处寻找避雨之处时，只见河堤旁有一茅草棚，嫂嫂就上前要求借宿，里面住着一个四十岁上下的单身男子，那男子虽生活窘迫，但为人和善，特地将自己的床腾出来，自己却用一张芦席睡在地上。姑娘恪守"男女授受不亲"的古训，坚决不肯进屋投宿；嫂嫂也劝她不过，只好由她去了。姑娘疲惫不堪地独自睡在门外。这时草莽中的蚊虫四处出动，疯狂肆虐，姑娘的身上嘬叮着黑压压的大片麻蚊。东方既白，嫂嫂开门一看，姑子耷拉着脑袋，停止了呼吸，身上的每一根筋都像一条条蚯蚓般地暴起。后来，当地人为颂扬她的贞节，在她死去的地方兴建了露筋娘娘庙，称她为露筋女，

图8-34 露筋娘娘庙

并立碑刻石，以昭后人。据说，碑文是宋代大书法家米芾的手笔。而今古碑不复存，露筋娘娘庙也只有一个很小的建筑,听说碑刻仍存高邮文游台内，笔者赶忙去拍了照片。

其实，对露筋女的故事一直存在着争议，后人将露筋女作为运河女神供奉，凝聚着渔民们祈求平安的心愿。但在封建社会，露筋女的贞洁观受到了统治者的提倡。从宋代开始，就有很多文人题诗赞美这位露筋娘娘。如欧阳修写过《憎蚊》，王士禛写过《再过露筋娘娘庙》等。但也有人认为，这样的做法值得商榷。乾隆帝南巡时曾两次游览露筋娘娘庙，他对这个故事的真实性质疑：“蚊喞安能致命亡？露筋事半属荒唐。虽然事可风巾帼，善行何妨思欲长。”

（七）淮扬运河上的镇水铁牛寻踪游

既然到了邵伯，我们就顺道去看了邵伯铁牛（图8-35）。关于铸铁牛可以抵御洪水的说法大概始于唐朝，古人认为，牛是大地的象征和载体，自古就有用铁牛镇水的传统。雄鸡，据说可以抵御水患。古人认为洪水属阴性，而雄鸡报晓，可以驱鬼除阴。壁虎，也被古人视作驱除水患的神兽。清康熙年间，人们用生铁在淮扬运河沿线铸造了"九牛二虎一只鸡"，用于镇水防洪。如今淮扬运河沿线的镇水神兽有一半被洪水冲跑了，只剩下6头铁牛和一只石壁虎。铁牛分别位于淮安的高家堰、高邮的马棚湾和邵伯古镇等地（图8-36），在古运河茱萸湾的壁虎坝还有一只石壁虎。在放置铁牛的斗野亭公园，我们看到，这尊镇水神兽仍旧被附近的百姓所供奉，人们为了升学生子、祈求祛病除灾常常来祭拜这些镇水神兽。同时，大运河上的铁牛又成为旅游景点之一，吸引了游客来观赏铁牛，抚摸铁牛听遥远的镇水故事。

（八）上虞曹娥庙游

在浙东运河沿线还有一座水神崇拜的庙宇,这就是曹娥庙。我们去宁波阿育王寺时，曾经顺道去看了曹娥庙。它是为传扬东汉上虞孝女曹娥而建的一处纪念性建筑。曹娥

图8-35　邵伯铁牛

图8-36　高家堰镇水铁牛

的故事与海神妈祖有点相像。据当地陪同人员介绍，曹娥（130—143 年）是上虞曹家堡村人。母早亡，其父曹盱是一位巫师，善于"抚节安歌，婆娑乐神"。汉代吴越地区逢端午节有祭祀潮神伍子胥的习俗。东汉汉安二年（143 年）五月五日，曹娥江上举行迎潮神仪式，曹盱不幸溺水而死，尸体被浪涛卷走。年仅 14 岁的曹娥痛失慈父，昼夜不停地哭喊着沿江寻找。到第十七天时，她脱下外衣投入江中，对天祷祝说："若父尸尚在，让衣服下沉；如已不在，让衣服浮起"。言毕，衣服旋即沉没，她即于此处投江寻父。三日后，已溺水身亡的曹娥竟背负父尸浮出了水面。曹娥孝行感动乡里，迅速传扬开去，轰动朝野。东汉元嘉元年（151 年）上虞县令度尚改葬曹娥于"江南道旁"，并报奏朝廷表为孝女，为其立碑建庙。因此，曹娥庙，又叫灵孝庙、孝女庙。

在曹娥江旁的曹娥村我们看到，曹娥庙坐西朝东，背依凤凰山，面向曹娥江，占地 6000 平方米，建筑面积达 3840 平方米，主要建筑分布在三条轴线上。北轴线为三开间，依次有石牌坊、饮酒亭、碑廊、双桧亭、曹娥墓；中轴线为五开间，依次有罩墙、御碑亭、山门、戏台、正殿、曹府君祠；南轴线为三开间，依次有山门、戏台、土谷祠、沈公祠、戏台、东岳殿、阎王殿。庙宇与周围村民的房屋融为一体，一点不显得突兀（图 8-37～图 8-40）。

图 8-37　上虞曹娥庙

图 8-38　曹娥庙神台

图 8-39　南阳镇的河神庙

图 8-40　白浮泉都龙王庙

第九章
学习非遗民俗游运河

大运河用水的灵秀滋养着两岸人民的生活，在人们的生活中形成了沿线地区特有的戏剧、传统技艺、民间文学、音乐舞蹈、工艺美术、民俗歌谣等非物质文化遗产。目前，大运河沿线有19项人类口述与非物质文化遗产，还拥有国家级非遗500余项，占了全国总数的三分之一。人们常说"十里不同风，百里不同俗"，但大运河像一条金丝带，将我国南北文化串连起来，形成一条独特的文化带。南北各地的文化习俗、风俗民情相互交流影响，相互吸纳融合，形成了独特的运河民俗文化。运河沿线的各类非物质文化遗产和风土民俗也构成了重要的运河旅游资源，下面就让我们在运河旅游中学习吧。

一、运河建筑非遗游

烧作砖瓦是古建筑中源远流长的行当，起源于商周，发展于唐宋，鼎盛于明清。运河地区运输方便，砖瓦制作的技术更为发达。砖瓦窑作业成为运河地区的一项重要手工业。明代为了修长城和营造北京皇宫、城陵，需要大量的砖瓦。朝廷在运河沿线建立了一批窑厂，其中山东临清和江南苏州俱以烧制城砖出名。我们就先去临清、苏州了解一下吧。

（一）临清贡砖烧制技艺体验游

临清砖又名贡砖，它质地好、色泽适宜、形状各异、不碱不蚀、敲击有声，烧制时间由明永乐初到清代末，跨越了五百余年的发展历史。烧制贡砖是一种古老的手工技艺，其烧制技艺是山东临清劳动人民在生产实践中积累的独特经验。

据临清博物馆的专家介绍，明永乐年间，明成祖朱棣为了迁都北京，用了十多年时间在北京大兴土木，营建皇家宫苑城池，临清砖官窑即创设于"明永乐初"，至清代仍在烧制，前后延续达五百余年。据了解，北京修建皇城所用贡砖，绝大多数都来自临清。在北京旅游时，我们就为故宫的霸气、明十三陵的灵气所折服，想不到这些贡砖都是临清这个小地方烧制的。在北京城，不仅仅故宫和明十三陵，天坛、地坛、日坛、月坛，各城门楼、钟鼓楼、文庙、国子监、清东陵、清西陵，无不闪现着临清贡砖的身影。

专家介绍，临清所烧造的贡砖种类很多，有副砖、券砖、斧刃砖、线砖、平身砖、望板砖、方砖、脊吻砖、刻花砖等，一般在二十五千克左右，重的有三十至四十千克。烧制工艺十分复杂精细。成砖后，要经过严格的检验，用黄裱纸封裹，搭船解运至张家湾码头，经过再次检验合格后，陆路转运京师。明十三陵、清东陵、清西陵等皇家陵园建筑中所用的"寿工砖"，也由临清烧造。此外，南京中华门城墙、玄武桥、曲

阜孔庙、德州减水坝、张秋荆门闸、阿城闸等处也相继发现临清砖，这些砖至今不碱不蚀，敲击有声。

如今，临清贡砖烧制技艺成为国家级非遗，在现场我们体验了贡砖烧制的过程，还带回家几块临清贡砖文创产品作为旅游纪念品（图9-1～图9-3）。

图9-1　砖窑内部

图9-2　砌窑过程

图9-3　临清贡砖烧制工艺

（二）苏州金砖制作技艺

在苏州，文物研究所的专家向我们介绍，与临清贡砖用于建房子不同，苏州御窑金砖是专门用来墁地的。所谓"金砖"，实际上是规格为二尺二（73cm）、二尺（66cm）、一尺七（56cm）见方的大方砖的雅称。古籍《金砖墁地》有这样的解释：专为皇宫烧制的细料方砖，颗粒细腻，质地密实，敲之作金石之声，称"金砖"；又因砖运北京京仓，供皇宫专用，称之"京砖"，后逐步演化称"金砖"。

明成祖朱棣迁都北京，大兴土木建造紫禁城时，经苏州香山帮工匠的推荐，苏州陆墓砖窑被工部看中，由于质量优良，获得了认可，赐名窑场为"御窑"。北京故宫的太和殿、中和殿、保和殿，天安门城楼以及明十三陵之一的定陵内所铺设的就是御窑金砖，这些大方砖上有明永乐、明正德、清乾隆等年号和"苏州府督造"等印章字样。

陆墓今天已改称陆慕镇，20世纪80年代，在失传70多年后，苏州陆慕御窑开始抢救金砖烧制工艺，经过多年努力，这一传统工艺终于被"复活"，1990年，北京故宫维修时首次用上新烧制的金砖。2006年，苏州御窑金砖制作技艺经国务院批准列入第一批国家级非物质文化遗产名录。在苏州陆慕我们还参观了金砖博物馆，现场体验了这一古老的技艺（图9-4）。

二、运河年画之乡游

中国版画界，向来有南桃北柳之说，说的就是苏州的桃花坞年画和天津的杨柳青木版年画，这两处版画中心都在大运河沿线。因此，我们在运河旅游途中，也探访了这两处地方。

（一）杨柳青木版年画

图9-4 苏州金砖制作技艺

上次在天津时，我们就拜访了杨柳青古镇，这里的杨柳青年画是国家级非物质文化遗产，全称"杨柳青木版年画"，属于木版印绘制品（图9-5）。天津杨柳青年画博物馆的专家介绍，明永乐年间，大运河的全线贯通以及天津漕运的兴起，使杨柳青镇成为南北商品交易的重要集散地，周边地区的木版年画艺人先后迁居杨柳青镇。后来，人们发现杨柳青镇外盛产的杜梨木非常适宜雕版，杨柳青木版年画随即兴起，出现了"家家会点染，户户擅丹青"的繁荣之势。杨柳青年画产生于明崇祯年间，继承了宋、元绘画的传统，吸收了明代木刻版画、工艺美术、戏剧舞台的形式，采用木版套印和手工彩绘相结合的方法，创立了鲜明活泼、喜气吉祥、富有感人题材的独特风格。杨柳青年画产品行销东北、内蒙古、新疆各地。对河北武强年画、东丰台年画及山东潍县、高密及陕西凤翔等地年画都有一定影响（图9-6）。

专家介绍，杨柳青年画的制作方法

图9-5 杨柳青年画

图9-6 杨柳青年画博物馆

为"半印半画",即先雕出画面线纹,然后用墨印在纸上,套过两三次单色版后,再以彩笔填绘。其制作既有版味、木味,又有手绘的色彩斑斓与工艺性,因此,民间艺术的韵味浓郁,富有中国味。在杨柳青古镇,我们既看到了古老的运河河道,也带了几幅年画回去装饰家。

(二)苏州桃花坞年画

看过金砖,我们顺便来到苏州桃花坞看年画(图9-7、图9-8)。"非遗"专家介绍,桃花坞年画源于宋代的雕版印刷工艺,由绣像图演变而来,到明代发展成为民间艺术流派,清雍正、清乾隆年间为鼎盛时期,每年出产的桃花坞木版年画达百万张以上。它和河南朱仙镇、天津杨柳青、山东潍坊杨家埠、四川锦竹的木版年画,并称为中国五大民间木版年画。专家对我们介绍,桃花坞年画的印刷兼用着色和彩套版,构图对称、丰满,色彩绚丽,常以紫红色为主调表现欢乐气氛,基本全用套色制作,刻工、色彩和造型具有精细、秀雅的江南地区民间艺术风格,主要表现吉祥喜庆、民俗生活、戏文故事、花鸟蔬果和驱鬼避邪等中国民间传统审美内容。民间画坛称之为"姑苏版"。列入国家级"非遗"的桃花坞年画已成为去苏州旅游的游客必带的纪念品之一。

图9-7 桃花坞年画

图9-8 桃花坞年画版

三、运河手工技艺品鉴游

沿着运河旅游少不了要购买旅游纪念品,如今运河沿线的各类手工艺积淀成了非物质文化遗产,也成了人们喜爱的旅游纪念品。

(一)运河南北两个泥人美名远扬

随着运河的开通,城市的发展,作为造型艺术的雕塑逐渐走向世俗化,泥彩塑及小型雕塑开始兴起。它们走进民间、走进家庭。无锡惠山泥人和天津泥人张彩塑是运河南北两地泥人技艺的代表作。

　　无锡惠山泥人是中国国家地理标志产品（图9-9）。地处江南运河畔的无锡惠山泥人，已有400年的历史。据查阅资料，明末清初文学家张岱在《陶庵梦忆》中，就记有泥人在店铺中出售的情况。清乾隆帝南巡时，惠山名艺人王春林制作泥孩数盘进献，得到了乾隆帝的称赞。据记载，惠山泥人全盛时期，大小作坊有40多家。著名艺人有王春林、周阿生、丁阿金、陈杏芳、王锡康等30多人。每年入秋以后，有六七百条货船、几千人次从苏北到惠山采购泥人，部分高档泥人则随着沿运河前来无锡经营蚕丝、米面的各地商贾作为礼品运往远方。惠山泥人由此远销运河沿线的江苏、浙江、山东等广大农村乡镇，相当一部分流入上海、杭州、汉口等大城市。我们在无锡买了一个大阿福和一组可爱的功夫熊猫作为旅游纪念品带回家。

图9-9　惠山泥人

　　天津的泥人张彩塑是一种深得百姓厚爱的传统民间艺术品，面目径寸，不仅神态毕肖，且栩栩如生。在天津，泥人张已成为传奇故事。故事说，泥人张创始于清代末年，创始人叫张长林（字明山），从小跟父亲以捏泥人为业。张长林心灵手巧，富于想象，时常在集市上观察各行各业的人，在戏院里看多种角色，偷偷地在袖口里捏制。他捏制出来的泥人居然个个外观逼真、酷似真人，一时传为佳话。张长林继承传统的泥塑艺术，从绘画、戏曲、民间木版年画等姊妹艺术中吸收营养。经过数十年的辛勤努力，张长林一生中创作了一万多件作品。他的艺术独具一格而蜚声四海，老百姓都喜爱他的作品，亲切地送给他一个"泥人张"昵称。泥人张在运河沿线流传、发展，在天津老街上，我们看到，泥人张的门店占了半条街，我们也买了好多泥人张的作品作为旅游纪念品带回家送给朋友（图9-10）。

图9-10　天津泥人张店铺

（二）中国雕版印刷技艺体验游

现今的旅游讲究体验和参与，沿着大运河旅游，雕版印刷就是一个很好的体验参与节目。唐代随着隋唐大运河的开通，经济进一步繁荣，雕版印刷术也随之产生。它是将文字、图像反向雕刻于木板，再于印版上刷墨、铺纸、施压，使印版上的图文转印于纸张的工艺技术，称雕版印刷。雕版印刷术凝聚着中国造纸术、制墨术、雕刻术、摹拓术等几种传统工艺，为后来的活字印刷术奠定了基础（图9-11～图9-15）。

图9-11　雕版印刷中的刻字

图9-12　雕版印刷中的上墨流程

图9-13　雕版印刷中的刷纸

图9-14　雕版印刷中的折叠流程

图9-15　雕版印刷中的切边流程

作为中国雕版印刷术发源地的运河城市扬州，保存着全套古老雕版印刷工艺。在扬州中国雕版印刷博物馆我们体验了从造纸到刻字、上墨、刷印、切边、装订的全流程，真是"事非经过不知难"。亲身体验，才知道要学会雕版印刷技术还真的不容易，写字、刻字我们自然是学不会了，只有刷印这个环节还比较简单，在专家的指导下，我们也刷印了几张图画，带回去作为纪念品。听陪同人员介绍，扬州正在建设中国印刷博物馆的雕版分馆，建成后，对这项"非遗"的体验将更加吸引人（图9-16）。

图9-16　扬州中国雕版印刷博物馆

（三）常州梳篦

"万事从头来，千思梳篦起。"这是说的常州梳篦（图9-17）。古代男女都留长发，梳篦这种产品在古代男女都会用上。在常州篦箕巷，我们体验了这一门"非遗"技艺。据专家介绍，常州梳篦形成于魏晋时期，迄今有1500多年的历史。《常州赋》有"削竹成篦，朝京门内比户皆为"的记述。清代常州每年都要选制一批高级梳篦进贡朝廷，所以常州梳篦又有"宫梳名篦"的美称。常州梳篦声名之盛，在于选材严格、工艺独特、制作精良，1910年获南洋劝业会金奖，1926年获美国费城世博会金奖。如今，常州梳篦在继承和发扬传统的"雕、

图9-17　常州梳篦

描、刻、烫"技艺的同时,糅合实用性、工艺性和装饰性,不断推陈出新,使这一传统行业重新焕发出青春活力。专家介绍,这里的"文亨穿月,篦梁灯火"还是清代常州八景之一。我们不但看了风景,而且逛了常州梳篦一条街这处运河旅游佳处。

四、运河戏曲"非遗"溯源游

运河"非遗"中与大运河关系密切的还有戏剧。从事先攻略中我们了解到,探寻中国戏曲发展的轨迹,便无法回避大运河的作用与贡献,大运河为戏曲的广泛传播、不断发展并走向繁荣创造了便利条件,为新的艺术形式的诞生提供源源不断的营养,特别是为京剧的诞生奠定了基础。运河沿线也布满了戏曲文化的旅游资源。为此,运河游途中,我们专门探究了京剧、昆曲与大运河之间密不可分的关系。

(一)京剧徽班进京线路游

京剧是清代运河区域戏剧的代表,它的产生与繁荣与清代的四大徽班从扬州沿大运河进京献演有着密切的关系。我们来到了扬州大运河盐商文化展示馆,了解大运河与京剧的关系。

展厅的展板上介绍,公元1780年,乾隆帝第五次南巡。御舟从扬州驶向镇江时,远远见到岸边有一个硕大无比的桃子,看起来红翠欲滴。船驶近时,岸上焰火齐发,这时桃子裂开,露出了一个容纳数百人的剧场,开始表演起新排的福山寿海戏,场面极为壮观。

这很可能是中国古代第一次国家级戏曲会演。当时为了迎驾,各地有绝活的戏曲班子会集扬州,除在御驾所过之处各展绝技,还连续多日为市民演出。当乾隆帝继续南行时,各戏班带着"御演"的激动沿运河一路北上演出。1782年,船队到达京师再次"会演"时,奇迹发生了:昆曲、弋阳腔同班,雅戏与花戏杂陈,徽戏中融进了二簧腔、昆曲等各类声腔以及弋阳戏的武打做功……像用水和面一样,运河水把各个曲种融合在一起,一个新剧种呼之欲出。

8年之后的1790年,乾隆帝八十岁寿辰,各地照例要组织戏班进京贺寿。其中就有来自扬州的高朗亭带的三庆戏班。戏班从扬州登上平底船,沿着大运河进京。进京后,三庆班很快便以阵容强大、演技出色赢得北京观众的普遍赞誉。他们的贺寿演出竟成为在北京的成名立腕之作,并在演出中打磨出了京剧的雏形。

高朗亭之后,又有四喜、启秀、霓翠、和春、春台等戏班相继乘船沿运河北上进京,这些戏班多以扬州盐商家中的安徽籍戏班为主，故名徽班。在路上，每到一个集镇，戏班子就登岸演出，走一路演一路。在北京演出过程中，六个戏班逐渐合并为四个，史称"四大徽班进京"。四大徽班进京，国粹京剧就这样诞生了（图9-18～图9-20）。

他们在北京站稳脚跟后，广泛吸收汉调、昆曲、梆子腔和地方戏曲精华，与北京语言的字音字调结合，使念白和唱腔与老徽戏产生差异，演出剧目也有了自己的特点和风格。在此后的几十年中，徽班不断在运河流域南下北上，到处巡演，在演出中不断吸收各地民间戏曲的精华，风格也逐渐清晰定型。形成了以皮黄为主，兼容昆腔、吹腔、拨子、罗罗等地方声腔于一炉的新剧种，其曲调优美，剧本通俗易懂，故而受到北京观众的热烈欢迎。渐渐地，这种带有北京特点的皮黄戏被称为"京戏"，也叫"京剧"，如今已成为中国的国粹。

当徽班在北京唱出名气之后，为了保持艺术水准，其后的艺人也主要来自扬州、苏州两地。因此，徽班往往会到这两地收买伶童，并通过大运河输送到北京。关于此事，《燕京杂记》中有记载："优童大半是苏、扬小民，从粮艘至天津，老优买之，教歌舞以媚人者。"

在山东临清旅游时，当地人向我们介绍说临清是京剧之乡，当时还不清楚是什么原因，到了扬州后了解才知道，因为临清有明清大运河上最大的钞关，徽班进京时在此停留时间较长，演出了一个多月，

图9-18　高朗亭像

图9-19　四大徽班展板

图9-20　徽班进京展板

培养了大批京剧爱好者,因此,临清被称为京剧之乡,今天还有大批的票友。

为了探寻京剧在北京发展的历程,我们来到了北京戏曲博物馆,这里就是湖广会馆(图9-21)。会馆始建于清嘉庆十二年(1807年)。据介绍,1996年春,湖广会馆大戏楼率先开放,每晚均有北京京剧院的名家进行精彩的戏曲演出。在博物馆,我们一一参观了大戏楼、乡贤祠、文昌阁、宝善堂、楚畹堂、风雨怀人馆等,观看了戏曲博物馆展览。这里基本陈列为"北京戏曲史略"——以翔实珍贵的戏曲文献、文物、图片和音像资料,向观众展示了以京剧艺术为主的北京戏曲发展史。其中有京剧名家王瑶卿、梅兰芳的拜师图,武生泰斗杨小楼演出用的戏装等珍贵藏品。了解到北京戏曲的历史后,我们又来到大戏楼边品茶边观看精彩的演出,可谓其乐无穷。

图9-21　北京戏曲博物馆所在的湖广会馆

(二)昆曲文化体验游

了解昆曲的人都知道昆曲有南昆和北昆之分,为什么昆曲形成两个派别,就是因为起源于江南的昆曲在明清时期沿着运河北上,在北方传播的过程中,形成了北方昆曲的流派。

过去戏曲界流传着这样两句话:"商路即戏路""水路即戏路"。商贸发达、运输繁忙的大运河周边地区是最能聚集观众,也是最有经济条件与闲暇时间欣赏戏曲的地方,当然也是进行戏曲演出的最佳去处。明清时期,各地声腔都向大运河沿岸城镇聚集,同时,又借助大运河进行南北的交流与传播。

明清时期,影响全国的戏曲四大声腔昆山腔、弋阳腔、海盐腔、余姚腔均出自南方,资料表明,它们的北传,大运河起到了重要的传播作用。据《中国戏曲志》介绍:"延至明万历,北杂剧已十分衰落,代之而兴起的是由京杭运河而北上的昆山腔和弋阳腔。由此可见,由于京杭运河是贯通我国南北的重要交通动脉,其流域商品经济繁荣,流动人口众多,具有音乐戏曲传播的良好外部条件,因而京杭运河的通行带动了昆山腔和弋阳腔的北传。"

据专家介绍,被称为"水磨腔"的昆剧在明清时期极为繁荣,宫廷里巷、京师边区,到处都有昆剧艺人足迹。明代后期昆剧沿着大运河走进北京。康熙帝、乾隆帝多次南巡,每到苏州都要看昆剧,还选演员带回北京。许多贵族高官到各地上任,大都要带家庭戏班去。

1. 中国昆曲博物馆

趁着参加中国文物学会会馆专委会年会的机会,我们来到坐落于苏州市平江路张家巷全晋会馆内的中国昆曲博物馆探访(图9-22、图9-23)。这里有苏州地区最精美的古戏台。会馆负责人向我们介绍,中国昆曲博物馆以抢救、保护、传承、弘扬古老的昆曲艺术为宗旨,以展演、陈列、收藏、研究、传承为主要工作内容,每星期有昆曲专场演出。在博物馆,我们看到古戏台是戏台区整个古建筑群的精华所在,台顶雕花穹隆藻井设计,产生良好的音响效果。特别是戏台上的穹窿——藻井顶,大红底色,镶黑泳金,顶壁花板雕刻精巧,18条324只黑编妈浅雕相间着18条306颗金黄色舌头圆雕,盘旋向上凝聚在穹窿藻井顶端铜镜片上。这不仅体现出古典建筑艺术,而且显示了科学地运用声学原理产生余音绕梁音响效果的绝妙构思。博物馆内的昆史厅以史为纵,以人物、作品、事件为横,充分展示昆曲发展史。博物馆的馆藏珍宝,清末民初堂名"宝和堂"的紫檀木堂名灯担亦陈列于此,一些老堂名经常在此表演,使其成为名副其实的"活化石"演出。

我们还参观了昆曲博物馆清代的礼仪建筑吹鼓楼,以及东、西两庑包厢和后部大殿组成的具有东方古典美的剧场。西路有楠木厅、鸳鸯厅以及亭廊院舍、清池假山等。吹鼓楼按传统格局陈列彩塑乐队,配以礼乐,以展示当年会馆迎宾的场面。据介绍,古舞台不定期地按传统形式演出昆曲、苏剧、评弹等剧目。在鸳鸯厅设有仿清茶园书场。

图9-22 苏州昆曲博物馆

图9-23 苏州全晋会馆

设有昆曲、苏剧、苏州评弹3个陈列专室,还有苏州民族乐器展览。馆内还珍藏有多种昆曲明刻本、戏曲原碑拓片以及昆曲、苏剧、苏州评弹各种珍贵的清代手抄折子戏剧本。每逢周末,昆曲爱好者都会来昆曲博物馆听听昆曲。

2. 扬州苏唱街

在运河城市扬州南河下历史街区,还有一条街叫苏唱街,它与昆曲关系十分密切。我们看到,这是一条宽约3米、长200多米的东西向老街(图9-24)。"苏唱"这个动人的名字,起源于清朝康、乾时期。据介绍,当时,唱腔柔美、唱词优雅的昆曲是官方的主要戏曲。扬州的经济非常发达,许多盐商都特别喜欢昆曲,愿意花大价钱来投资。因为靠近盐商的聚居地,这条原本不起眼的街巷渐渐繁荣了起来,吸引了很多苏州的昆曲艺人,苏唱街因此得名,扬州也成为了昆曲的第二故乡。清代扬州人李斗在《扬州画舫录》中写道:"城内苏唱街老郎堂,梨园总局也。每一班入城,先于老郎堂祷祀,谓之挂牌。"所谓梨园总局,相当于现在的戏曲协会,当时全国只有两座城市设有梨园总局,一处在苏州,一处就在扬州的苏唱街。徽班进京前,就是在此处碰头然后出发的。时光悄然流逝,如今的苏唱街已经没有了和戏曲有关的建筑遗存,但行走在老街上,可以看到很多特色墙绘:京剧传统剧目《挑滑车》、颇具中国风的戏曲脸谱……充满了艺术气息和文化气息。

图9-24 扬州苏唱街

五、运河民俗研习游

(一)妈祖信俗与运河旅游

运河民俗也是运河旅游的一个重要内容,最出名的是妈祖信俗,又称娘妈信俗、娘娘信俗、天妃信俗、天后信俗、湄洲妈祖信俗,是以崇奉和颂扬妈祖的立德、行善、大爱精神为核心,以妈祖宫庙为主要活动场所,以庙会、习俗和传说等为表现形式的中国传统民俗文化。妈祖信俗由祭祀仪式、民间习俗和故事传说三大系列组成。

据事先做的功课我们了解到,妈祖诞生和成长在公元10世纪的湄洲,她致力于帮助她的同胞乡亲，并且因为试图营救海难中的幸存者而献身。这些祭祀活动中包括到湄洲祖庙谒祖、分神、贡献鲜花、燃蜡烛、香火和放鞭炮。晚上的时候民众会提着"妈祖灯笼"游行。信奉者们向妈祖求子、求平安、求解决困难的办法、求幸福。随着大运河与海上丝绸之路的连通，对妈祖的信仰和纪念已经深深融入沿海和运河地区中国人的生活中，成为了促进家庭和谐、社会融洽以及社会团体身份认同的一个重要的文化纽带。

从有关资料中我们了解到，大运河沿线有众多的妈祖祠庙，如杭州的顺济天妃庙、西湖天后宫。淮安城内建有数座天后宫，苏州、镇江也有天妃庙。山东运河沿线最早的天妃庙出现在德州，临清、济宁、北京等运河城市都有天妃庙或天后宫。天津因大运河和海运交汇，妈祖信仰最盛，天津城内共有16座天后宫，今天，天津运河边的天后宫成了重要的旅游景点。在天津，我们参观了天后宫（图9-25）。据介绍，直沽天后宫建于1326年（元泰定三年），原名天妃宫，俗称娘娘宫，历经多次重修，是天津市区最古老的建筑群。天后宫不仅是元代海上漕运进入鼎盛时期的产物，也是北运河漕运遗迹的重要补充和完善。在历史上，凡是由直沽海口经海河进入北运河的海运漕粮，都经由直沽天后宫。在此祭祀妈祖，既标志海漕的终结，又标志河漕的开始（图9-26）。我们看到，天后宫坐西朝东，面向海河，由山门、牌坊、前殿、大殿等组成，属典型的中国传统庙宇式建筑。天津陪同人员介绍，每年天后诞辰纪念日，会举行大型民间酬神庙会活动，沿河船户、周边信众纷纷到来，各地商贾云集，造就了天津最著名的商业街——宫南宫北大街的繁荣。今天这里也建成了来天津的游客争相打卡的古文化街。

图 9-25　天津天后宫

图 9-26　天后宫（同时又是妈祖庙的宁波庆安会馆）

(二)通州运河开漕节旅游

在通州,有个运河开漕节也很出名。开漕节始于明代祭坝、祭祀吴仲等人,是古代通州独有的大型文化活动。祭祀活动在通惠河东端葫芦头东岸石坝举行,气氛热烈,场面宏大。一般祭坝后开始验收转运漕粮,故又得开漕节之名。

据通州区文化旅游委同志介绍,祭坝有春祭、秋祭之分,春祭又有公祭、民祭之别。公祭由官方主持,各方头面人物参加,是正式的祭祀活动,仪式隆重而简约。

祭坝仪式当天清晨,仓场总督会率坐粮厅官员及其所属军、白粮经纪和掌管石坝的州判、掌管土坝的州同等,着官服或礼服齐集石坝东,按等级列队,每人高举三炷香,向事前请置于石坝几案上的吴仲等四人木神主鞠躬礼拜。祭祀的四位都是疏浚通惠河的功臣。吴仲力主疏浚通惠河,为朝廷分忧,为人民解难。人民当然忘不了他,生前就为他立了生祠,死后又祭奠他。另外三位神主是何栋、尹嗣忠、陈璠,都是疏浚通惠河的功臣。公祭后开始民祭,民祭由商民组织。

图9-27 通州漕运码头

如今,通州每年春季还会举办作为旅游节庆活动的开漕节,开漕节上会举行各类活动,如舞龙、集体婚礼等。吸引了四面八方的游客前来观看打卡(图9-27)。

(三)通州运河龙灯会为何舞蓝龙?

在通州,我们有幸目睹了一场舞龙表演,与其他地区不同的是,这里舞的龙是蓝色的。只见男女各舞一条蓝色龙,龙皮用白布缝制,用蓝色染料描画出龙身和龙尾,用细麻制作龙须,龙骨架分别用白松木条和竹篾制作。舞动起来时,两条方头蓝身金鳞的巨龙,做着双跳龙把、串花篱笆、龙翻身、二龙绞、闹江舟、龙盘窝等一个个颇有难度的套路动作,或如腾云驾雾,或如翻腾水中,奔腾舞动,神武飞扬,十分耐看。我们也赶紧打开相机拍摄了一组照片(图9-28~图9-30)。为什么通州运河龙灯舞的蛟龙是蓝色的?我们询问了通州区文化旅游委同志后得知,蓝色龙在北京地区极少见,蓝色代表"水",带有鲜明的运河文化特色。目前只有南、北二通州舞蓝色龙,也说

图 9-28 舞蓝龙场景 1

图 9-29 舞蓝龙场景 2

图 9-30 通州龙灯会

明了运河之水沟通南北文化的功能。这种祈福方式，其源头可追溯到清道光年间。过去一般在年、节、庆典、祭祀或灾年时，运河龙灯都要起会。据了解，在运河原点城市扬州也有舞蓝龙的习俗，大概是因为扬州自古就水网密布的缘故吧（图 9-31）。

图 9-31 扬州舞蓝龙

（四）运河龙舟赛旅游

与龙相关的还有龙舟赛。龙舟赛是一种古老的中国民俗活动，主要盛行于"吴、越、楚"一带。据传战国时楚国大夫屈原含恨投江自杀，有许多人划船追赶拯救，他们争先恐后，追至洞庭湖时不见踪迹，以后每年阴历五月五日划龙舟以纪念他。吴越地区则传闻龙舟赛起源于纪念伍子胥。《清嘉录》中记载："吴地（江苏一带）竞渡，是源于纪念伍子胥，苏州因此有端午祭伍子胥之旧习，并于水上举行竞渡以示纪念。"

在古代典籍有关龙舟起源的记载中，最早是出现在东汉。事实上，运河南端的吴越一带直到东汉时才开发。有专家认为，端午的习俗最初只在长江下游吴越地区中流行，后来随着运河的开通，吴越文化逐渐和中原文化交流融合，这种习俗才传到长江上游和北方地区。至今专家公认的中国最早的"龙舟竞渡"的图形，发现于浙江宁波市鄞州区云龙镇甲村。因此赛龙舟是起源于运河地区，也一直在运河沿线流行。这种风俗沿袭下来，至今运河沿线各地还常举办龙舟竞渡活动，成为端午时节的重要旅游项目。

赛龙舟多是在喜庆节日举行，在扬州，我们观看过一次国际龙舟赛。这是一个多人集体划桨竞赛项目。龙船一般狭长、细窄，船头饰龙头，船尾饰龙尾。龙头的颜色有红、黑、灰等色，均与龙灯之头相似，姿态不一。龙身上绘有各式彩绘，龙尾多用整木雕，上刻鳞甲。除龙头龙尾外，龙舟上还有锣鼓、旗帜或船体绘画等。龙舟的龙头高昂，

图9-32 现代的运河龙舟赛

硕大有神，雕镂精美，龙尾高卷，龙身还有数层重檐楼阁。在古代，龙舟竞渡前，先要请龙、祭神，安上龙头、龙尾，再准备竞渡。我们现场看到，8支队伍一字排开，发令枪一响，各支龙舟争先恐后往前划去，岸边欢呼声、呐喊声不绝于耳，场面十分热闹（图9-32）。

（五）运河庙会游

运河两岸是商品经济最发达的地区，沿线的集市贸易十分繁荣，这种集市贸易又与宗教、风俗相融合，人们逛庙会、赶集市都有不同的风俗。如今庙会也成为运河民俗游的一种形式。

据陪同的民俗专家介绍，庙会又称赶庙会、赶会。原是祭奠寺庙神佛而举行的集会，地址一般设在寺庙所在地附近，会间往往要唱大戏，供民众娱乐。后来逐渐有商人加入，便形成了祭神、游乐、贸易三合一的形式。运河两岸各地都有庙会，像运河北端的通州，一年中有里二泗娘娘庙会、北坝菩萨主庙会、东岳庙会等多次庙会。而运河南端的扬州在清代有数以百计的都天庙，每年五月都要为都天迎会。在河南滑县的道口古镇还有一个火神庙会，每年的阴历正月二十七、二十八、二十九三天，这里都要举办"火神庙会"（图9-33）。

在宿迁，我们有幸参加了一次庙会。正值阴历正月初八，皂河安澜龙王庙庙会之日，只见众多善男信女，纷纷前来烧香拜神，祈福求祥。附近山东、河南、安徽几省的

行商坐贾、民间艺人也纷至沓来，云集皂河。一时间逛庙的、敬神的、看景的、购物的热闹非凡。最为光彩夺目的是皂河镇内三大香会的绕街巡游，朝山祭祀。花船、花车、舞龙、舞狮，逛庙会的人们一起参拜龙王，人山人海，盛况空前。据介绍，这里的庙会被列为苏北地区36处香火盛会之首。数百年来，岁岁如此，即使是"文化大革命"期间，也只是中断了宗教习俗的内容，其他的民俗活动从未间断过，可称得上中国民俗史上的一大奇观。您以后有机会，一定要来亲身体验一下皂河安澜龙王庙庙会（图9-34）。

图9-33　道口古镇的火神庙会

图9-34　宿迁龙王庙大门

（六）窑湾古镇运河"鬼市"游

在窑湾古镇还有一个特别的运河"鬼市"。古代因商品贸易还没有达到每天交易的程度，运河沿线的集市有约定俗成的日期，或单日，或双日，或逢五，或逢十。这天又叫逢集，一般大集全天，小集半天，到午即散。也有早市、夜市。据新沂市政府负责人介绍，运河畔的窑湾古镇有一种凌晨开市、天亮即散的鬼市。这与船民的生产习惯有关。因地处大运河与骆马湖的交汇处，历史上，南来北往的货船往往会在窑湾停泊一夜。而在清晨开船前，船工们需要准备好下一段航程的货物和补给。因此，每天三更半夜，四面八方的小商小贩和镇里居民不约而同地来到窑湾街市，做起小买卖、小生意，渐渐地形成了一个独特的市场：店铺半夜开门，灯下营业。天一亮，人群散去，复归平静。时至今日，窑湾古镇还保留着这个"半夜开张，天明罢市"的特色集市，称为"鬼市"，成为吸引游客的一个独特品牌。我们看到，今天的"鬼市"已不像过去用煤油灯，而是用上了电灯，明亮的灯光下，人们的交易已减少了神秘的气氛。下次去窑湾，您可一定要体验一下这个独特的运河"鬼市"（图9-35、图9-36）。

图 9-35 窑湾古镇

图 9-36 苏北鲁南运河沿线流行的柳琴戏

第十章 沿着皇帝足迹游运河

在众多运河遗迹中，人们往往对与皇帝行踪相关的遗迹特别关注。而历史上，大运河是皇帝巡游的重要线路，皇帝的南巡，在大运河沿线留下了一批遗迹。有皇帝行宫，如扬州的天宁寺，宿迁的龙王庙行宫等；有文化遗迹，如淮安的清江浦、扬州的瘦西湖、杭州的塘栖镇等；还有众多的"御马头"、御马路。清代乾隆帝一路巡游，一路题词写诗，给运河各地留下了很多遗迹和美丽的传说，这些都成为今天开发大运河旅游业的重要资源。接下来，我们就沿着皇帝足迹游运河。

一、隋炀帝三下江都遗迹游

隋炀帝开通纵贯南北的大运河，在解决隋帝国的粮食问题的同时，促进了全国性的商品流通和人员往来，也为他通过水路巡视南方提供了便利。作为大运河全线贯通的首功之人，他先后三次沿着大运河下江都（今扬州），目的是为了加强对江南地区的统治。

（一）舳舻千里泛归舟

隋大业元年（605年），从洛阳到扬州的大运河开通后，隋炀帝想念曾经镇守了10年的江都，打算沿着运河到故地重游，这就有了一下江都（图10-1）。

为了下江都，隋炀帝派黄门侍郎王弘等去江南采购造船用的木材，造了龙舟、凤艒、黄龙、赤舰、楼船等数万艘。隋炀帝又下令从长安到江都沿线建造了四十多座豪华行宫，并在通济渠和邗沟"渠旁皆筑御道，树以柳"，方便拉纤的纤夫及护卫的骑兵行走，景色也相当不错。

隋大业元年（605年）八月，隋炀帝就开始了一下江都。这次南巡，前往东都奉迎隋炀帝的船只就有数千艘，组成了规模庞大的舰队。在岸上拉纤的纤夫就达八万多人。

隋炀帝乘坐的是龙舟高45尺（15米）、宽50尺（16.67米）、长200尺（66.67米），像一座浮在水面上的巨大宫殿。共

图 10-1　隋炀帝下江都场景

四层,最上面一层有正殿、内殿、东西朝堂;第二层有160间房屋,丹粉装饰,金碧辉煌;第三层是内侍和水手工作的场所;最下面一层是仓库。龙舟用6条青丝大绦绳牵引,两岸分别派人拉纤。皇后乘坐的是翔螭舟,规模仅次于皇帝的龙舟。妃嫔乘坐的是浮景舟,比龙舟少一层。而贵人、美女、十六夫人乘坐的是漾水彩舟,有两层,又名大朱航。其他王公、随行官员则按官品高低分别乘坐不同的船只。随行人员多达10万人(图10-2)。

图10-2 工艺品《大隋龙舟》

浩浩荡荡的龙舟船队从洛阳西苑出发,沿着大运河向江都驶去。船队历时50天才全部出发完毕。队伍所经过的州县,五百里内都要进献食物。多的一州要献食百车,极尽水陆珍奇。"锦帆过处,香闻万里"(《资治通鉴》卷一百八十)。南巡的船队加上两岸护卫的士兵共有二十多万人,像一股洪流沿着新开的通济渠、邗沟一路南下。直到这年九月才抵达扬州。

在船上的隋炀帝却是意气风发,踌躇满志。他作了一首《泛龙舟》诗,描写了船队的壮观,也抒发了他当时的心情:"舳舻千里泛归舟,言旋旧镇下扬州。借问扬州在何处,淮南江北海西头。六辔聊停御百丈,暂罢开山歌棹讴。讵似江东掌间地,独自称言鉴里游。"

从隋大业元年(605年)九月到大业二年(606年)三月,隋炀帝在江都半年时间内,广泛接触江南各界人士,笼络了大批江南豪门和文化名流。第二年春天,隋炀帝乘龙舟离开了江都,沿运河北上,到了洛阳。正好洛阳新城刚刚落成,隋炀帝举办了隆重的入城仪式,圆满地完成了首次南巡的任务。

(二)南幸江都恣意游

隋大业五年(609年)三月,隋炀帝开始了第二次巡幸江都。这次来江都,隋炀帝将注意力用在了对南方少数民族的抚慰上。同时,为了加强对江南的统治,隋炀帝将江都的行政地位提高了一级,"制江都太守秩同京尹",使江都具有了陪都的地位。

这一年在江都，隋炀帝作出了一个英明的决策，那就是重开江南运河。江南运河的重开，是隋炀帝构建全国性水运体系的最后一环。隋大业六年（610年）二月，为庆祝江南运河开凿成功，"上升钓台，临扬子津，大宴百僚"，隋炀帝在扬州运河与长江交汇处的扬子津行宫，举行了一次隆重的庆祝活动。随后，隋炀帝带着文武百官，沿着运河，坐着龙舟，赶赴涿郡前线，征伐高句丽。

（三）欲取芜城作帝家

隋大业十二年（616年）七月，隋炀帝最后一次巡幸江都。许多宫女因不得从行，哭着挽留隋炀帝。隋炀帝也题诗一首："我梦江南好，征辽亦偶然。但存颜色在，离别只今年。"他还想着第二年就能回到长安。其实，隋炀帝在此时辞别"两京"而南下江都，是在不得已的情况下作出的理性选择，隋炀帝是想把富裕的江南经营成隋帝国的复兴基地，以图重振河山。因为以江都为中心的江南是隋炀帝长期经营的根据地，有着他的政治势力，隋炀帝在登上皇位前曾以晋王的身份坐镇江都，统辖江南长达10年的时光。因此，他离开长安、洛阳而选择南下江都是经过了反复权衡比较后的理智选择。隋炀帝南下江都，"欲取芜城作帝家"（扬州也称芜城），本来想着凭借江都作为大本营东山再起，结果因为反隋的局势发展太快，他本人也在兵变中被杀。隋炀帝死后也葬在了扬州。今天，扬州还存有部分隋代遗迹，运河沿线也流传着有关隋炀帝的众多传说，在扬州古运河畔的东关古渡还陈列着隋炀帝下江都的浮雕，这些都成为大运河旅游的重要资源（图10-3）。

1. 迷楼遗址

我们探访隋炀帝南巡遗址的第一站就是到扬州访"迷楼"。晚唐文人韩偓写过一篇《炀帝迷楼记》，描绘了隋炀帝所建迷楼的富丽奢华。文章说，迷楼中千门万牖，上下金碧；幽房雅室，曲屋自通。步入迷楼，令人意夺神飞，不知所往，有误入者，终日不能出。隋炀帝游迷楼后说："使真仙游其

图10-3　隋炀帝下江都浮雕

中,亦当自迷也,可名之曰迷楼。"迷楼由此闻名天下,成了历代文人墨客创作的题材。然而,这座迷人的迷楼,究竟建在何处呢?在扬州,我们听到两种不同的说法。

第一种说法,现扬州市北郊蜀冈观音寺中的鉴楼,就是隋炀帝所建迷楼的遗址。隋炀帝曾在江都建过一座文选楼,即今扬州旌忠寺。唐朝颜师古《大业拾遗记》中说:"帝尝幸昭明文选楼,车驾未至,先命宫娥数千人升楼迎侍。微风东来,宫娥衣被风绰,直泊肩项,帝睹之,色荒愈炽,因此乃建迷楼。"隋炀帝由文选楼而建迷楼,当在情理之中。唐代诗人杜牧说:"炀帝雷塘土,迷藏有旧楼。"指出迷楼是紧靠雷塘的（图10-4）。

图 10-4　扬州蜀冈

隋唐以后的文人,以迷楼为题材,创作了许多诗文。唐人李绅在《宿扬州》中云:"今日市朝风俗变,不须开口问迷楼。"可见,古代文人赞誉扬州繁华景象的诗文,都要提及醉人的迷楼,多数专家认为,隋炀帝所建迷楼,应当在扬州。

南宋贾似道曾在扬州蜀冈东岸建摘星楼,明代改称鉴楼。清嘉庆《重修扬州府志》云:"摘星楼在城西七里观音阁之东阜,即迷楼故址。"

另一种说法,隋炀帝所建迷楼在都城长安(今陕西西安)。尽管韩偓的《炀帝迷楼记》记叙迷楼当年景象非常详细,但考查通篇文字,并未提及扬州,反而意在长安,甚至说:"唐帝提兵,号令入京,见迷楼,太宗曰:'此皆民膏血所为。'乃命焚之。"这样看来,迷楼也可能在长安,焚毁于唐太宗率兵进入长安之时。

不管迷楼在哪里,隋炀帝的故事都是运河旅游的一个重要资源。

2. 琼花观

我们在扬州没有找到迷楼的确切地点,但有幸游览了琼花观（图10-5）。我们发现,很多到扬州旅游的游客都要赶到琼花观看一下,理由是这里曾经是隋炀帝看琼花的地方。据当地专家介绍,在扬州关于琼花的传说很多。有一种说法是,琼花原生于天上,一日有仙人降至扬州，夸说琼花之美，世人不信，仙人便取出一块白玉种在土里，顷刻间发芽、长高、开花，花色如玉，人们于是称之为"琼花"。在明人写的《隋炀帝艳史》《隋唐演义》一类小说里，都大肆渲染隋炀帝和琼花的神奇故事。说隋炀帝要赏此花，专门开凿运河前往扬州观赏。这实际是一种误传。其实一直到宋代，扬州的史籍中才记载有琼花。

在琼花观的标识牌上，我们看到了琼花观的介绍，琼花观始建于汉元延二年（公元前 11 年），原为供奉主管万物生长的后土女神的后土祠。宋徽宗赐金字匾额题为"蕃釐（fán xī）观"。欧阳修做扬州太守时，在琼花旁建"无双亭"，以示天下无双。并作诗曰："琼花芍药世无伦，偶不题诗便怨人。曾向无双亭下醉，自知不负广陵春"。还有人称："维扬一株花，四海无同类。"

据介绍，明代扬州知府吴秀在观里建玉皇阁，阁高三层，高大壮丽，登阁可以俯视全城。后曾屡次修缮，今殿宇已不存在，仅存有琼花台、"蕃釐观"石匾、"玉钩洞天"井等遗迹。现今的蕃釐观是由扬州市政府出资于 1993 年开始重修，重建后的蕃釐观，观门仍朝南。观前的石牌坊系明代所建，观内的主殿是一座砌在高基平台上的五楹重檐大殿，即"三清殿"，大殿后方围墙外的琼花园内，小桥流水，九曲碑廊，造型别致的琼花台、无双亭更是巧夺天工，整个花园浓缩了江南园林美景之精华，令人流连忘返。我们正好在烟花三月来到琼花观，所以有幸观赏到美丽而神奇的琼花。如果您来琼花观旅游，我们一定为您作向导，带您游览琼花台，为您讲述隋炀帝与扬州的故事（图 10-6）。

图 10-5　琼花观一隅

图 10-6　扬州市花琼花

3. 隋炀帝陵考古遗址公园

在大运河"申遗"过程中，扬州考古工作者在西湖镇曹庄发现了隋炀帝墓，据考证为隋炀帝与萧皇后的合葬墓。这一考古成果被列为2013年全国十大考古新发现。

经过考古发掘论证，确认此处为隋炀帝杨广与萧皇后最后埋葬之地（图10-7、图10-8）。墓葬中不仅出土大量随葬品，还发现了两颗男性牙齿和女性人骨遗骸。考古发现，两座砖室墓中，一号墓为方形砖室墓，由主墓室、东西耳室、甬道、墓道五部分组成。墓室用砖与隋代江都宫城用砖一致。除一号墓中出土的墓志铭外，二号墓中还出土了玉器、铜器、陶器、漆器等珍贵文物100余件（套）。其中一套蹀躞金玉带，是目前国内出土的唯一一套最完整的十三环蹀躞带，也是古代带具系统最高等级的实物。四件铜铺首通体镏金，兽面直径26厘米，与唐大明宫遗址出土的铜铺首大小相近。骸骨已经化作尘土，一号墓内仅存的两颗牙齿经鉴定为50岁左右的男性个体。

据考证，隋炀帝被叛军所杀后，最初是被草草葬于吴公台下，后来又有三葬雷塘的故事，在唐贞观年间萧皇后死后又与萧皇后合葬。历史的沧桑使隋炀帝陵不知所踪。清代大儒阮元曾考证出的位于扬州北郊槐泗镇的炀帝陵，被列为省级文物保护单位。这样扬州就有了两座隋炀帝墓。而2013年发现的是隋炀帝与萧皇后的合葬墓。我们看

图10-7 隋炀旁墓出土的铜首铺

图10-8 萧皇后墓出土的凤冠

到正在建设中的隋炀帝墓考古遗址公园已盖起了屋顶，正在对墓室进行保护。工作人员介绍，不久的将来，考古遗址公园会对外开放（图10-9）。

二、正德皇帝与清江浦

图 10-9　隋炀帝陵

在明代，也有一位皇帝曾沿着大运河巡游过，他就是正德皇帝朱厚照。不幸的是，他在大运河遭遇了落水的悲剧。

（一）正德皇帝清江浦落水

明正德十五年（1520年）九月十五日，大运河上重要的码口淮安府清江浦上，一群人衣着华贵、举止优雅的人正在水面上兴高采烈地划船捕鱼，岸边旌旗蔽日，侍卫如林，显然这不是普通渔民为了谋生的渔业活动。谁知道乐极生悲，船突然翻了，一个30岁左右的人掉进水中。旁边船上的人立刻像炸了锅似的，叫喊声震天，许多人不顾一切地跳进水里，把这位衣着华丽的人救上岸。这个人就是明正德皇帝朱厚照。正德皇帝虽然保住了一条命，但受到了极大的惊吓，染上了重病。

原来，明正德十四年（1519年）朱厚照御驾亲征，平息阴谋叛乱的江西宁王朱宸濠，一路逍遥快乐后班师回朝。途经清江浦时，见水上风景优美，鱼儿在水中自由自在地游荡，于是坐上小舟捕鱼取乐，却不慎落水。水呛入肺部，加之受惊过度，身体每况愈下。直到明正德十六年（1521年）正月十四日，他仍旧强撑，在北京南郊主持大祀礼。下拜天地，忽然口吐鲜血，瘫倒在地，再也爬不起来了。

明朝正德皇帝是中国历史上争议较大的一位皇帝。明正德皇帝下江南的故事后来被编成多个民间传说和戏剧剧本，现代也制作了很多关于明正德皇帝下江南的影视作品，今天的清江浦也成了淮安运河旅游的一个重要景点（图10-10）。

图 10-10　大运河淮安段的清江浦楼

(二)清江浦运河游

在清江浦的游船上,导游向我们讲述了清江浦的来历和明正德皇帝下江南的故事。

清江浦原本是清河码头至山阳城(今淮安区)之间的运河名。清江浦于1415年开埠,明初大运河到淮安后,不能直通淮河,水运要改为陆运,经过仁、义、礼、智、信五坝后,才能入淮河而达清河,资费十分巨大。明永乐十三年(1415年)春,首任漕运总督陈瑄动用民工疏浚沙河,用五个月的时间开凿清江浦河道,由城西管家湖导水,至鸭陈口入淮。他还筑了4座闸,分别叫清江、福兴、通济、惠济(图10-11)。从此,江南漕船可以直接到清江浦,既免除陆运过坝之苦,又减少许多风险。作为大运河沿线繁荣的交通枢纽和商业城市,漕运使清江浦成为新兴的城市,有南船北马、九省通衢、天下粮仓等美誉。导游很自豪地说,明清时,以清江浦为重要组成部分的淮安,与扬州、苏州、杭州并称运河沿线的"四大都市""东南四都"。

图10-11 清江大闸

明正德皇帝落水的运河就是清江浦河,河中有一座中洲岛。在导游的带领下,我们登上了中洲岛,小岛狭长,尖锐的岛头上,高高地伫立着一座红廊灰瓦、斗拱飞檐、古朴而轻灵的三层阁楼,那阁楼便是成为淮安地标的清江浦楼,现为淮安市楹联博物馆。目前,淮安市正在打造里运河文化长廊清江浦景区,集淮安地方文化特色和古运河水景于一体,揽自然景观和人文景观于一处,具有浓厚运河文化特征。这里还开通了坐船夜游清江浦项目,我们于是曾体验了一次乘船夜游清江浦(图10-12 ~ 图10-15)。

图10-12 中洲岛上新建的清江浦楼

图 10-13　清江浦夜游船

图 10-14　夜色中的清江大闸

图 10-15　清江浦夜景

三、康熙皇帝南巡行踪游

（一）康熙皇帝的六次南巡

康熙皇帝早年在宫廷的柱子上写了三藩、河务、漕运三件大事，作为他毕生要做的重要事情。三藩平定后，实际上康熙皇帝重视的就是治河这一件事情。他穷毕生之力去治河，亲自钻研水利理论，从事广泛的实地调查，使河患大为降低。康熙皇帝在位期间，先后于清康熙二十三年（1684 年）、清康熙二十八年（1689 年）、清康熙三十八年（1699 年）、清康熙四十二年（1703 年）、清康熙四十四年（1705 年）、清康熙四十六年（1707 年）六次沿大运河南巡（图 10-16）。

清康熙二十三年（1684 年）十月，三十一岁的康熙皇帝第一次南巡。十七日到达山东郯城县红花铺，在黄河、淮河之间认真巡查，调研黄河、淮河、运河的水势、灾情及治河工程进展情况。此后每次南巡都视察河工。

治河是贯穿康熙皇帝执政始终的一件大事，而漕运又与治河密切相关。所以这两件事，合二为一，是他执政生涯中的头等大事。他还亲临一线，亲自指挥，亲身参与，在实践中不断总结治理河运的经验。清康熙四十二年（1703年），康熙皇帝第四次南巡，指示将仲庄运口下移至杨庄，可以免去逆黄行运，至此，短时期内河清水畅，河工初步告成。清康熙四十四年（1705年），康熙皇帝第五次南巡，阅视杨庄等处新开中河闸口及清口、高家堰河堤，见黄河已顺轨安澜。清康熙四十六年（1707年）正月二十二日，康熙皇帝起程离京第六次南巡，下令疏浚洪泽湖出水口，加宽加深，使河水畅流。清康熙四十九年（1710年），建惠济越闸。清康熙五十一年（1712年），下令建卞庄挑水坝；清康熙五十八年（1719年），开王家营东引河，分漕北趋。此后多年，河工无事。康熙皇帝在大运河沿线留下了众多的治水遗迹。为了镇住淮河的洪水泛滥，清康熙四十年（1701年）命令铸造了九头铁牛、两只壁虎和一只鸡，安置在淮扬运河的险工患段，这就是淮扬运河沿线流传的"九牛二虎一只鸡"的故事（图10-17）。

图10-16 康熙皇帝画像

康熙皇帝在南巡过程中，注重在政治、经济、文化上加强对东南地区的统治。在首次南巡归途经过山东曲阜时，他就亲自拜谒孔庙，行三跪九叩大礼，特地写了"万世师表"的匾额（图10-18），悬挂在大成殿当中，并决定重修孔庙。康熙皇帝还在南巡江浙时，召试诸生73人，在被取中的50人中，有江苏23人、浙江13人，江南的人数占了七成以上。康熙皇帝的这些做法不仅缓和了民族矛盾，而且为朝廷储备了人才，扩大了清朝政权的统治基础（图10-19）。

康熙皇帝的文治为史家称道，他

图10-17 安放在大运河扬州段的邵伯铁牛

图 10-18　康熙皇帝手书的孔庙"万世师表"匾额　　图 10-19　康熙皇帝组织科考的江南贡院

组织纂辑的《康熙字典》《全唐诗》《佩文韵府》等，成为中国文化史上里程碑式的典籍。而其中《全唐诗》和《佩文韵府》的刊刻，就是在大运河边的扬州天宁寺进行的。据介绍，清康熙四十四年（1705年），曹雪芹的祖父、时任江宁织造兼两淮巡盐御史的曹寅，奉皇帝之命在扬州刊刻《全唐诗》，他为此专门在天宁寺创办以编校刊刻内府书籍为主的出版机构。

（二）康熙皇帝治水遗址游

在南巡时，康熙皇帝自己亲自钻研水利理论，并从事广泛的实地调查治河，加强清政府对东南地区的统治，是康熙皇帝南巡的主要动因。他详细视察了黄河下游和江苏境内的运河，提出了具体的治理方案和要求，有力地促进了治水工作的开展。他曾多次在淮安清口实地考察,对治水官员们指示治河方略。后人将他的治水言论汇编成书，定名为《康熙帝治河方略》。康熙皇帝南巡中还留下了众多的治水遗迹，成为今天运河的旅游景点。

1. 淮安御坝

康熙皇帝重视科学技术，他本人也精于水工测量。在第三次南巡视察高家堰、归仁堤等处时，亲自用水平仪测量水位的高低。康熙皇帝在乘船出清口时，召桑额、于成龙等指示治河方略，具体制定了新的治河方案——深浚河身、筑挑水坝、开陶庄引河、浚直河道、拆除拦黄坝。同时还亲自沿河勘察。在引河嘴上一里许，"订桩立基，谕建挑水坝。"这个地方当时名叫陈家庄，挑水坝也就叫陈家庄挑水坝。因是康熙皇帝亲自"订桩"，后人便在坝后盖了个亭子，叫御桩亭，陈家庄挑水坝也就改成了御坝。

2. 高邮清水潭

康熙帝巡到扬州高邮段运河时，亲自测量出运河水比高邮湖水高4尺8寸（1.6米），便指示河道总督于成龙说："湖水似不能越此堤而入运河。这段工程甚属紧要，应着差贤能官员作速查验修筑"（《帝王治河史》第四十一卷　清康熙）。在高邮马棚，他亲自测量出淮扬运河沿线清水潭段运河水位高出运西诸湖水位1尺3寸9分（0.46米），及时指示官员"应加紧建造湖之石堤"。如今，清水潭已打造成温泉度假区，由扬州瘦西湖旅游公司代管。扬州市曾组织了万名市民游扬州活动，我们参与的这条线就有清水潭景区。我们看到风光旖旎、树木丛生、水草丰美、鱼翔浅底、岸芷汀兰、郁郁青青。千亩参天的池杉林似水上绿洲，茂密的芦苇如湖上迷宫，盛开的荷花争奇斗艳，水生植物葱葱郁郁，悠闲的野鸭带着刚孵出的鸭雏，在浅水处嬉戏捕食。这里有森林餐厅、森林木屋、森林客栈、森林茶吧、观鸟台、摇橹船、龙舟、冲锋舟、钓鱼台、农夫果园、勇敢者乐园等旅游产品。下午2点，我们有幸观赏到野鸭放飞的场面，随着悠扬的音乐响起，成百上千只野鸭划过水面，划出一道道优美的弧线，数千只野鸭从潭水上方低低略过，像是武林高手施展的"轻功水上漂"，间或扬起晶莹的水花，场面蔚为壮观（图10-20）。

图10-20　高邮清水潭

（三）康熙皇帝行宫寻踪游

1. 高旻寺行宫

在扬州市南郊古运河与仪扬河及瓜洲运河三河交汇处形成了一处三汊河口，就在这三汊口西南侧建有一座名刹，它就是清代扬州八大名刹之一高旻寺。它与康熙皇帝南巡息息相关。

据《邗江县志》载："高旻寺创建于隋代，屡兴屡废，且数易其名，清初重建为行宫。"清顺治八年（1651年），两河总督吴惟华于三汊河岸筹建七级浮屠，以纾缓水患，名曰'天中塔'。清顺治十一年（1654年）秋塔成，复于塔左营建梵宇三进，是为"塔庙"。康熙皇帝于清康熙三十八年（1699年）三次南巡莅扬，见天中塔倾圮，欲颁内帑修葺，为皇太后祈福。江宁织造曹寅、苏州织造李煦倡两淮盐捐资报效，大加修缮并扩建塔庙。清康熙四十二年（1703）康熙皇帝第四次南巡，曾登临寺内天中塔，极目四眺，有高入天际之感，故书额赐名为'高旻寺'。次年又御制《高旻寺碑记》，颁赐内宫药师如来脱沙泥金宝像，寺内建金佛殿及御碑亭供奉。其后曹寅等于寺西创建行宫，规模数倍于寺。康熙皇帝第五、第六次南巡，清乾隆皇帝首次南巡，均曾驻跸于此。今天的高旻寺位于瓜洲运河与仪扬运河的交叉口，已成为扬州运河三湾旅游区的景点之一。夕阳下，从运河对岸拍摄高旻寺行宫照片最美，三条运河交汇处，一枝塔影西天来（图10-21）。

2. 高邮御码头

在淮扬运河扬州段高邮运河西岸有一个码头，当地人称御码头。据说是康熙皇帝南巡检视河工、考察水情时登岸之地。据《高邮州志》记载，清康熙二十八年（1689年），康熙皇帝第二次南巡，为测算高邮险工河段清水潭水位，龙舟行至高邮北门外泊舟，故称此地为御码头。清乾隆五年（1740年），高邮知州傅椿设御码头渡口。1956年，因运河改道，高邮御码头已不再使用。在故道，我们看到，现存御码头为青石砌筑，长12米，宽3.5米，台阶48级。因常年风雨侵蚀，高邮御码头石料破损严重。现在高邮御码头旁建了一艘龙舟，开辟了登龙舟，上码头的旅游项目。我们也体验了一下，说实话，这个旅游项目还不够成熟，市民的参与度并不高（图10-22）。

3.《康熙南巡图》

康熙南巡还催生了艺术作品《康熙南巡图》（图10-23）。据介绍，这幅清代宫

图10-21　运河边的高旻寺行宫

图10-22　高邮明清运河故道上仿建的龙舟

图 10-23　康熙南巡图

廷绘画作品，创作于 1691 年，由当朝都察院左副都御史、书画家宋骏业负责组织绘制，"清初六大画家之一"王翚担任总体设计并绘制山、水、树、石等景物，人物及牛马等由画家杨晋绘制，房屋、舟车等由供奉内廷的其他画家绘制，历时三年完成。《康熙南巡图》共 12 卷，采用绢本设色。该画描绘了清康熙皇帝第二次南巡（1689 年）自离开京城永定门开始，沿着大运河，经山东入江苏，到扬州、南京、苏州，再到杭州、绍兴的沿途所经过的山川城池、名胜古迹等，每卷均有康熙皇帝出现。画中各种人物达两万余人，牛马牲畜千余数，场面宏大，姿态各异，充分展示了康熙皇帝南巡时的盛况。《康熙南巡图》以鲜明的色彩和工整的手法，真实、细致地表现了所经之处的风土人情及农业、商业的繁荣景象，具有珍贵的史料价值和艺术价值。此画原藏于清朝宫廷，后散佚。现今第一卷、第九卷、第十卷、第十一卷、第十二卷卷收藏于故宫博物院，其余的收藏在美国、法国及加拿大等国的博物馆或私人藏家手中。我们手中也只有部分图的电子版。

四、乾隆皇帝南巡遗迹游

（一）乾隆皇帝的六次南巡

乾隆皇帝是中国古代年寿最高、影响较大的一位皇帝（图 10-24）。乾隆皇帝历次南巡一般是正月从北京出发，陆路经直隶、山东到江苏的清口渡黄河，乘船沿运河南下，经扬州、镇江、丹阳、常州、苏州入浙江，再由嘉兴、石门抵杭州。回程时，绕道江宁（今南京市），祭明太祖陵，检阅部队，于四月下旬或五月初返回北京，往返水路行程约 2900 千米。

乾隆皇帝南巡促进了对运河和漕运的治理，乾隆皇帝也像其祖父康熙皇帝那样，极其重视河工海防，把它视为六巡江南的一个主要任务。乾隆皇帝每次下江南都要视察黄河大坝，在六次南巡中乾隆皇帝有五次视察黄河治理工程。当时，解决黄河水患的关键工程在江苏的清口和洪泽湖的高家堰,这里系黄河、淮河、运河的交汇处。因黄河是条含沙量极大的泥水河,有时黄河因水流不畅形成倒灌,直入运河,使漕运受阻,直接影响到清帝国京师的粮食来源和政治稳定。因此黄河入海口的清口、高家堰是治黄的关键。乾隆皇帝每次南巡,都要到这两个地方实地视察。他在淮安视察了天然坝、蒋家坝后,亲自筹定洪泽湖五坝(仁、义、礼、智、信)的名字。他还命官员加筑高家堰石堤,在淮扬运河沿线的昭关设滚水坝,改从济运坝至运河的土堤为砖堤等,这些措施对治河保漕都颇有成效。与此同时,

图 10-24 乾隆皇帝画像

他对治河有功的大臣给予表彰。清乾隆二十二年(1757)下令将去世不久的河道总督高斌与先朝治河名臣靳辅、齐苏勒等一同入祠祭祀,以示国家不忘有功之臣,为当时的治河官员树立了楷模。

(二) 乾隆皇帝治水遗迹游

乾隆皇帝每次下江南,几乎都要亲临重要水利工程工地视察,并总结治水经验,以给百官提供警示与参考。因此,在治水方面他也积累了不少经验。在扬州天宁寺,我们看到了清乾隆四十九年(1784年)仲春的《南巡记》碑,主要内容是论述宜速宜迟这一哲学命题。他认为,但凡是对国家的统一、政权的稳定构成威胁或造成危害的,动用武装力量去镇压,对此要宜速,要果断。而对河决口发生的水灾,需动用"河工"治理水利工程之事,则要宜迟不宜快等。南巡碑记叙述了乾隆皇帝对修河的指示,对多年大兴河工的情形作了总结,主要记述了四大工程。第一项工程是定清口水志,加固高堰大堤,基本上保护了淮安、扬州、盐城、通州等富庶地区免受水淹。第二项工程是陶庄引河工程,在陶庄开挖一条引河,以防止黄河河水倒灌清口。引河开成以后,解决了"倒灌之患"。第三项工程是在浙江老盐仓一带修建鱼鳞石塘,历时三年,修

建好鱼鳞石塘4100余丈（约13.67千米）。第四项工程是将原有范公塘一带的土塘，添筑石塘。《南巡记》里还提到将高家堰的三堡、六堡等原来用砖砌的堤一律改为石堤，徐州城外添筑石堤直至山脚。据《清高宗实录》的记载，六次南巡期间，乾隆皇帝对黄河、淮河的河工及浙江、江苏的海塘，下达了数以百计的上谕，指示治理，动用了几千万两帑（tang）银，完成了多项工程，对减少洪灾、保障漕运畅通和百姓生命财产安全，起了重大作用。看着《南巡记》碑，我们愈发感受到大运河对中国大一统国家的作用是多么巨大。

礼坝补建工碑

乾隆皇帝也是位亲历亲为的皇帝，第一次南巡时，乾隆皇帝就来到洪泽湖视察水利工程，他了解到高家堰与蒋家坝之间的黄河大堤只有三座大坝，每年到了夏秋两季，洪泽湖水位上涨，由于排泄不畅，很容易发生水灾。河道总督高斌提了一个方案，建议再增加两座坝，乾隆皇帝接受了这个意见，洪泽湖大坝增加到五座。乾隆皇帝第三次南巡时，又制定了清口水志，规定上坝的水位上涨一尺（33厘米），下坝的闸门可以开到十丈（33.33米）。河道官员遵守这一规定，确保了在相当长时期内，下游各州县避免了水患的灾害。今天，礼坝补建工碑成为淮安运河旅游的重要景点之一（图10-25）。

图10-25　淮安礼坝补建工碑

（三）乾隆皇帝行宫寻踪游

乾隆皇帝继承了祖父康熙皇帝重文的遗风，他亲自组织编写了中国最大的一部丛书《四库全书》，耗时十年，共计七万九千三百余卷（文渊阁本）、三千四百六十余种。《四库全书》共缮写了七部，分藏于七个地方，除了北京紫禁城的文渊阁、圆明园的文源阁，其他五部都藏在皇帝的行宫，分别是热河行宫的文津阁、奉天行宫的文溯阁、扬州天宁寺的文汇阁、镇江金山寺的文宗阁、杭州孤山圣因寺的文澜阁。这五座行宫有三座在运河沿线城市，在大运河文化带建设过程中，扬州复建了文汇阁，成为今天重要的旅游资源。

1. 龙王庙行宫

乾隆皇帝六次下江南，五次住在宿迁皂河镇的龙王庙行宫，并建亭立碑。龙王庙行宫形成了现在占地36亩（2.4公顷），周围红墙，三院九进封闭式合院的北方宫式建筑群。龙王庙行宫，原名为"敕建安澜龙王庙"，系清代帝王为祈求龙王"安澜息波、消除水患"而建的祭祀建筑，始建于清顺治年间，改建于清康熙二十三年（1684年）。后经雍正皇帝、乾隆皇帝、嘉庆皇帝的复修和扩建，形成了现在的规模，后乾隆皇帝多次宿顿于此，并建亭立碑，帑金修缮，故又俗称"乾隆行宫"（图10-26～图10-28）。

乾隆皇帝下旨在宿迁龙王庙行宫建了一座御碑亭，御碑亭平面呈六角形，十二根朱红抱柱擎托着六角重檐攒尖顶的伞状黄色琉璃瓦屋面。因其为皇家"敕"建，黄色瓦饰，形状如伞，人们又称之为"皇伞"。碑亭正中耸立着一块5米高的御碑，碑帽的正面镌刻"圣旨"二字，碑身正面刻有圣旨全文，主要内容记叙了康熙皇帝、雍正皇帝建庙的原由和修建的经过。碑身的背面刻有清乾隆二十二年（1757年）第二次下江南时，第一次下榻此处所题写的御笔诗文。碑身、碑帽的两面分别镌刻有清乾隆二十七年、三十年、四十五年、四十九年下榻此处所题写的御笔诗文。

图10-26　龙王庙行宫中的龙床

图10-27　宿迁龙王庙行宫维修后全景图

图10-28　龙王庙行宫

2. 天宁寺行宫

在与皇帝的关系上，天宁寺在扬州城内的寺庙中首屈一指。康熙皇帝六次南巡，五次驻跸扬州，其中有两次驻跸天宁寺内。他的孙子乾隆皇帝六次南巡，至少有五次驻跸于盐商们为他兴建的天宁寺行宫内。天宁寺行宫后来与寺庙一起被太平天国战火烧毁了，它的规模与华丽，如今人们已不能想象。现在看到的是清同治年间以后逐渐修复的（图10-29）。

图10-29　天宁寺行宫

3. 重宁寺

在扬州天宁寺北面，有一座重宁寺，是为乾隆皇帝的母亲准备的行宫，后来其母未能来扬州就去世了，这个未能发挥作用的行宫就称为重宁寺。该寺与天宁寺隔路相望，并称"双宁"，建于清乾隆四十八年（1783年）。现存天王殿、大雄宝殿、藏经楼建筑三进。重宁寺位于长征路15号，南邻天宁寺，寺中主体建筑与天宁寺位于同一轴线，亦为清代八大名刹之一。重宁寺是清代皇帝南巡的重要史迹，乾隆皇帝赐"普现庄严""妙香花雨"两额及大量诗文、楹联。寺中佛像照皇宫大内寺庙的工艺做法，表现了皇家因素对寺庙艺术的影响。

如今，天宁寺和重宁寺已形成了双宁旅游线。在扬州期间，我们游览了"双宁"。一走进天宁寺，就被红色的大门所吸引，陪同人员告诉我们，一般寺庙建筑都是黄色的。因为被皇家所用过，因此，天宁寺与一般寺庙不同，建筑外墙是红色的。山门门头刻有"敕赐天宁禅祠"牌匾，传为宋徽宗所赐。进了天宁寺，只见中轴线上有山门殿、天王殿、大雄宝殿、华严阁，两侧廊房九十二间。整个建筑布局对称、严谨。山门殿单檐歇山顶，面阔三间。天王殿亦为单檐歇山顶，四面有廊，面阔五间。如今天宁寺并没有宗教活动，只是一个庙宇符号，曾作为扬州佛教文化博物馆和扬州古玩市场，东西两边的廊房就是古玩店，布置得古色古香。在专家的陪同下，我们进万佛楼观看了这里收藏的由商务印书馆复制的文津阁版《四库全书》。这套书共收录三千四百六十余种、七万九千三百余卷。一个人一辈子什么事都不干，也不能全部读完。出了万佛楼往北走，我们来到郑板桥纪念馆，据介绍，郑板桥曾在天宁寺居住过，因此扬州遗产管理部门打造了郑板桥纪念馆,展示郑板桥的故事。出了天宁寺北门,我们来到了与此一街之隔的重宁寺。重宁寺现存天王殿、大殿、文昌阁、僧房,建筑面积约2000余平方米。大殿歇山重檐顶,面阔五间,殿内以铁栗木作柱,天花藻井彩绘经过维修,基本完好,并存有乾隆皇帝亲题的匾额及撰写的《万寿重宁寺碑》。陪同的扬州运河文投集团负责人介绍,下一步,重宁寺将与天宁寺一起打造成扬州北护城河片区的运河景区(图10-30)。

图10-30 重宁寺

4. 扬州北护城河乾隆皇帝水上游览线起点

扬州城的北护城河最早出现是在明万历二十年(1592年),扬州知府吴秀浚城壕,积城壕土为岭,后名为梅花岭。清康熙、清乾隆年间复浚,这条河道距今已有400多年。在明清两代,北护城河是大运河城区水系的一部分。当年,乾隆皇帝下扬州,就是从御码头上岸进入天宁寺行宫的。这里已成为扬州水上游的品牌线路——乾隆皇帝水上游览线的起点。我们从御码头登上游船,体验了乾隆皇帝当年的游线。只见北护城河沿岸高大浓密的树木林立,树影、叶色、花香、果味交叠营造出"春花明媚翠丽、夏阴浓郁欲滴、秋色层林尽染、冬霜绿意犹存"的美好意境。沿途经过的两岸景点众多,有西园曲水、个园、天宁寺、御码头、史可法纪念馆、冶春茶社等。沿河建筑古色古香,亭台、山石、坐凳、园路等点缀穿插其间,这大概是最能代表扬州运河特色的美丽风景线(图10-31)。

图10-31 扬州北护城河游览线

（四）乾隆皇帝题诗题词御碑游

1. 南巡碑

在扬州天宁寺行宫，乾隆皇帝写的御制《万寿重宁寺碑记》和《南巡记》，真实地记录了乾隆皇帝南巡的目的。他着重强调："南巡之事，莫大于河工。""六巡江浙，计民生之最要，莫如河工海防。""临幸江浙，原因厪念河工海塘，亲临阅视。"这些话并非空谈，而是乾隆皇帝倾尽全力大兴河工的实际做法。在位期间河工兴修规模之大、投入财力物力人力之巨、兴修时间之长，乾隆皇帝可谓在河工兴修上煞费苦心。以经费而言，每年河工固定的"岁修费"多达380余万两，约占每年朝廷"岁出"额数十分之一强。临时兴修的大工程，又动辄用银几百万两。我们在《南巡记》碑拍了照片，为扬州有关部门对碑的保护点赞（图10-32）。

图10-32 立于天宁寺天王殿后身的乾隆《南巡记》碑

2. 乾隆皇帝三面题字碑

在洪泽湖大堤上，也保存着一块珍贵的石碑，上面有乾隆皇帝的三次题字。这块碑高250厘米、宽115厘米、厚35厘米，原在淮阴区码头镇，1966年洪泽湖大堤维修加固时，被运至三河闸管理处院内，并配有六角亭，是洪泽湖大堤重要景点之一。

清乾隆十六年（1751年），乾隆皇帝第一次南巡时，在碑的正面题诗："皇考重河防，神谟定庙堂。帑金颁太府，高堰卫维扬。济运南输北，安流清汇黄。申咨惟善守，千载固苞桑。"叙述他对洪泽湖堤防的重视。

清乾隆三十年（1765年），乾隆皇帝第四次南巡时，又在碑的背面题诗："一律砖工运口连，崇墉凭阅实牢坚。蒇功即在回巡后，防患要于未事前。平日原常见渚出，汛时云每到堤边。虽然清口筹疏瀹，南望夏秋心总悬。"表达自己对洪泽湖大堤的牵挂。

清乾隆四十九年（1784年），乾隆皇帝第六次南巡时，还在碑的侧面题诗："砖工不若石工坚，改筑曾教庚子年。培厚加高一律巩，卫民代赈两谋全。亦云救弊补偏耳，恒念有孚勿问焉。固堰可重堤不可，当年圣训实昭然。"诗中"改筑曾教庚子年"，说明他在"庚子年",也就是第五次南巡的时候,就要求将砖堤改筑成石工堤。

这块石碑记录了乾隆皇帝从四十一岁至七十四岁的三十三年间,在六次南巡中,为大运河治水工程所作出的指示,十分珍贵,成为游客们争相拍照留念的景点之一(图10-33)。

3. 淮安惠济祠乾隆皇帝御碑

御制重修惠济祠碑是乾隆皇帝第一次南巡(1751年)时题写的一块石碑,现存淮阴区码头镇。碑文的开篇写道:"经国之务莫重于河与漕,而两者必相资而成",这是乾隆皇帝对治河与漕运重要性给出的评价,它是经国之务的重要内容。"南北运道逆河而上者五百余里,明季开泇河,避黄河之险者三百里。越我朝康熙年间开皂河以通泇,复开中河以通皂,漕艘出清口,绝流此入中河,浮于黄者仅七里,遂尽避黄河五百里之险,漕之利无过此时者。"接着又说:"治水之道,以清淮迅激荡涤之,俾无壅沙。河恒强,淮恒弱,则潴洪泽之巨浸以助之,交会于清口,是为运道之枢纽,河防之关键……"这里讲到了为避让黄河之险,先后开凿泇河、皂河、中河的原委和时间。此碑明确地说出淮河、洪泽湖、洪泽湖大堤与黄河、运河的关系。我们游览惠济祠时,特地参观了这块石碑,仔细看了碑文的内容。

4. 塘栖镇御碑亭

塘栖乾隆皇帝御碑(图10-34)位于杭州市余杭区塘栖镇广济桥北岸的水北街耶稣堂西侧,原杭州府水利通判厅遗址内。据介绍,御碑立于清乾隆十六年(1751年)

图10-33 乾隆皇帝三面题字碑

图10-34 塘栖镇的乾隆皇帝御碑

正月初二。整块碑地面高度达 5.45 米。碑正文 429 字,款 10 字,碑文四周镌有云龙纹。由于过去水北街分属德清、杭县两县管辖,以此碑为界,碑东为杭县,碑西为德清县。加之此碑早被住户砌入围墙,只露出顶端一截,未能见其全貌。所以,天长日久,人们一直将此碑认为是两县的分界碑。1985 年,塘栖区文化站进行文物普查,认出"钦此"两字,拟文向县、镇反映。时值《塘栖镇志》刚开始编纂,镇志编纂部门当即实地查考此碑,将碑上文字一个个拓了下来。再查考诸多史籍,历经数月,终于查实,此碑竟是块御碑。原来,清乾隆十六年(1751 年)乾隆皇帝南巡,考查江苏、浙江、安徽三省交纳皇粮情况。清乾隆元年(1736 年)至清乾隆十三年(1748 年),苏、皖两省积欠皇粮悉行豁免,同时,蠲免浙省地丁钱粮三十万两。并将"圣谕"刻石,晓谕官民。目前,塘栖人特地为这场碑建了座御碑亭,来保护这块石碑。

(五)与乾隆皇帝相关的传说故事游

乾隆皇帝曾写了大量的运河诗词。如《登舟》:"御舟早候运河滨,陆路行余水路循。一日之间遇李杜,千秋以上接精神。麦苗夹岸穗将作,柳叶笼荫絮已频。最是篷窗心惬处,雨晴绿野出耕人。"乾隆皇帝南巡途中的发生的故事还给运河各地留下了很多民间传说,这些都成为现代开发大运河旅游业的重要资源。

1. 洋河酒的传说

1757 年,乾隆皇帝第二次南巡,他来到宿迁,住在了皂河古镇。洋河酿酒大户罗家的传承人罗源泰听闻此事,便精心挑选了 30 年佳酿,敬献御前。乾隆皇帝喝了一杯洋河陈年佳酿后,惊叹于其醇香绵柔的好滋味,忍不住脱口而出,"好酒,再来一杯!"于是,乾隆皇帝饮下了两杯洋河佳酿,并挥笔写下墨宝"酒味香醇,真佳酒也"。乾隆皇帝还要求罗家以后年年进贡,洋河酒也就摇身一变,成了"宫廷御酒"。乾隆皇帝金口玉言"再来一杯",于是洋河人纷纷效仿,喝酒都按照喝两杯来进行,这也就形成了洋河当地特有的酒俗。

从清乾隆时期开始,洋河酒便成为了清皇室的上品佳酿。因乾隆皇帝钟爱,洋河酒声名远扬。至清光绪年间,据统计,洋河镇酒坊多达 27 家,省内外 70 多名酿酒师云集于此,洋河酿酒空前繁荣。巧合的是,乾隆皇帝由淮安清口转水路南下,经清江浦、扬州、镇江、苏州、嘉兴至杭州,也是洋河"行销江淮"的路线。运河之上除了盐运、漕运的船只,就是装满"烧锅"酒坛的船只。洋河酒通过水路运往沿线各商业城市。而洋河镇作为酿酒重镇,凭借着乾隆皇帝亲赐"御酒"的金字招牌,很好地融入到了运河商业圈（图 10-35）。

2. 一夜成塔的传说

在瘦西湖，导游为我们讲述了一夜成塔的故事，这个故事就与乾隆皇帝相关。相传当年乾隆皇帝南巡到扬州时，看到盐商所建的五亭桥，感慨这里的景色很像京师北海的"琼岛春荫"，只可惜少了一座白塔。说者无意，听者有心，盐商为博龙心，便连夜用盐包堆了一座白塔。第二天，乾隆皇帝游湖时恰巧天公作美，下了茫茫大雾，乾隆皇帝坐在龙舟上远远看去，隐隐约约确有白塔一座，不由得连声感慨，"盐商之财力伟哉"！但皇帝走后，盐商害怕起来，万一皇帝哪一次再来，看到白塔没有了，岂不犯了欺君之罪！于是，他们花万金购买北京白塔的图纸，建了这座白塔。其实，瘦西湖白塔始建于清乾隆年间前期，重修于1784年。白塔作为藏传佛教的象征，也被称为喇嘛塔。现在白塔也成了瘦西湖上一道独特的风景。与白塔遥遥相对的还有一处园林，叫作"白塔晴云"，始建于1757年，作为清二十四景之一（图 10-36）。

图 10-35　淮安惠济祠的乾隆皇帝御碑

3. 泰山的乾隆皇帝诗碑

乾隆皇帝曾十至泰安六登岱顶。乾隆皇帝一生喜好游历，留有诗文达数万首，论数量，在中国诗歌史上首屈一指。其中，有关泰山、泰安的诗有170余首。在泰山朝阳洞东北的御风崖上我们看到了乾隆皇帝第一次登泰山时写有《朝阳洞》诗石刻："迥峦抱深凹，曦光每独受。所以朝阳名，名山率常有。是处辟云关，坦区得数亩。结构寄幽偏，潇洒开窗牖。历险欣就夷，稍憩复进走。即景悟为学，无穷戒株守。"石刻高约30米，

图 10-36　瘦西湖白塔

图 10-37 泰山石刻

宽约 12 米,字径 1 米,形制宏伟,俗称"万丈碑"。乾隆皇帝的这些诗碑成为游泰山的游客争相拍照的景点之一(图 10-37)。

4. 游瘦西湖钓鱼台

在瘦西湖,有这么一个钓鱼台,相传曾经是演奏丝竹乐器的地方,又叫吹台。清乾隆年间,盐商江鹤亭等于扬州城外保障湖(即今瘦西湖)一带建立离宫别苑迎驾。一日乾隆皇帝游览瘦西湖,垂钓兴起,于是于吹台处垂钓。可是乾隆皇帝垂钓半晌仍无鱼上钩,气氛尴尬异常,诸盐商遣人携活龙鱼到水下,将龙鱼挂于钩上,于是钩落鱼起,乾隆皇帝异常开心。但只钓上龙鱼,皇帝心有疑虑,宠臣和珅引用明代解缙对联答复乾隆皇帝,"凡夫岂敢朝天子,万岁金钩只钓龙",乾隆皇帝于是大悦。钓鱼台的魅力可不仅仅如此。1982 年刘海粟老先生畅游瘦西湖,游至吹台,听说乾隆皇帝曾于此垂钓,故根据典故,为此处改名为钓鱼台,并留下墨宝,从此以后,瘦西湖将吹台改名为钓鱼台。

瘦西湖的负责人向我们介绍,瘦西湖的钓鱼台规模虽小,却也别具特色,堪称中国亭台建筑的典范,把框景艺术完美展现。钓鱼台三面临水,仅一道长堤与小金山连接,站在亭子内斜角 60°的地方,你可以从北边的圆形门洞望见五亭桥的横卧波光,在南面门洞看到巍巍典雅的白塔,东面可观凫庄美景,钓鱼台"框"出瘦西湖的精髓,正好对应"三星拱照"的名称,真是妙不可言。我们也专门在钓鱼台拍了一张"三星拱照"的照片(图 10-38、图 10-39)。

图 10-38 钓鱼台内景

图 10-39 瘦西湖钓鱼台

第十一章
品鉴美食游运河

大运河沿线物产富饶,经济发达,饮食也十分丰富。随着横贯南北大运河的开通,把南方的稻作区和北方的产麦区紧密联系在一起,大运河成了饮食文化交流的主要通道。而通过各地饮食文化的交流,运河沿线又形成了一些共同的饮食文化,成为沿线人民共同的情感、共同的乡愁,从而影响着运河沿线人们的饮食行为和习惯。本章为您介绍运河名点、运河名菜、运河名宴、运河小吃等各式各样的运河饮食,带您沿着运河尝美食、逛美食街。

一、尝运河名点

大运河的开通,促进了沿途商贸行业的发展,也催生了沿线城市的餐饮业(图11-1)。依托于漕运和商业的发展,沿线的饮食文化显现出交流互通、传播渗透的运河因素。随着运河航运的发达,南北物资的交流,使南北饮食文化交流越来越多,小麦在南方广泛种植,水稻在北方普遍种植,加上漕运带来的方便,北方人稻米的食用越来越普遍。小麦也在南方运河区域占有较高地位,《至顺镇江志》记载的当地土产中就有面粉,称面粉为"土人承造,精粗不一,货于他郡"。面粉加工成的食品仅面条就有十多种,今天镇江的锅盖面名扬天下,也许与元代时镇江人就喜食面条的习惯有关系。笔者还研究过杭州大排面的来历。南宋临安城内的居民因从开封来的移民较多,因此饮食既有南方习俗,又具北方特色。"食店,多是旧京师(汴梁)人开张,如羊饭店兼卖酒。"北宋汴梁的紫苏肉和羊肋排,是用果木烤的羊肉,刷上甜面酱,有着浓浓的香味。传说,宋朝时宋徽宗就喜欢用此下酒。后来传入临安,就成了大排面的祖先。

运河两岸很多名点的形成都与运河有关。如天津的杨村糕干,便是明永乐年间从浙江绍兴余姚县北迁来到天津定居的杜家兄弟,看到杨村镇漕运繁忙,往来船夫与客商都是以米为食的南方人居多,吃不惯北方的面食,于是灵机一动,参照南方人的饮食习惯,把米碾成面,掺白糖蒸成糕干,沿街叫卖,果然成为南方来的船夫、纤夫爱吃的食品。

与此类似的还有山东张秋点心壮馍。明清时期,张秋镇作为运河

图11-1 小吃店正在加工小吃

九大商埠之一，商贩往来，行船、经商的人都需要方便携带和存放的食品，于是有心人便琢磨出张秋壮馍，这种手工制作的小吃用发酵白面与未发酵面混合，揉成饼状，用特制三层平底锅烙烤，三十分钟才能烙熟一张，表面撒以芝麻，熟后味道香醇，可以存数月而不变质，最适合长途行船的人携带，食用时香酥可口，再配上北方常用的鱼汤、羊汤一泡，更是人间美味。当然，这些名点心更多的是早餐吃的。下面就介绍几种运河名点。

（一）扬州包子

扬州是中国淮扬菜之乡，淮扬点心作为淮扬菜的一个重要分支，扬州包子以其精美的造型和清鲜细腻的口感而闻名遐迩，享誉中外。扬州人自称：扬州包子，包打天下。在扬州锦春饭店，负责人王总向我们介绍了锦春包子。这里包子以枵皮大馅，皮馅配合相宜，馅心多变，花式精巧，咸宜时令而擅长。调味趋于清鲜香醇，突出主料，注重本味，以咸定味，以甜提鲜，配方讲究，制作精湛，形质兼优，兼有北方点心浓郁实惠，南方点心细腻多汁的特点（图11-2）。一起品尝的食客无不交口称赞。还有人写文赞道："扬州点心，清鲜与甘甜搭配，荤腥与蔬素组合，蓬松与柔韧相辅，酥脆与绵软相成，营养全面，口感良好，富有回味。"

图 11-2　扬州包子

（二）开封汤包

通济渠畔的开封灌汤包子是一道著名的运河点心（图11-3）。开封人形容这种包子"提起来像灯笼，放下像菊花。"据陪同的开封市文物局同志介绍，开封灌汤包历史悠久，小笼包子在北宋都城东京开封府的市场上已有售卖，是当时七十二家正店之一"王楼"的名品，时名为"山洞梅花包子"，号称"东京第一"。在《东京梦华录》中就记载过，据说北宋时的灌浆馒头就是这种薄皮大馅、灌汤流油、软嫩鲜香、肥而不腻的小笼包子。在开封第一楼饭店，我们品尝了开封灌汤包，小笼包子随吃随蒸，就笼上桌。只见汤包皮薄洁白如景德镇陶瓷，有透明之感。开封人吃灌汤包子有这样一句顺口溜："先开窗，后喝汤，再满口香"。我们按这个吃法一口吃下去，内有肉馅，底层有鲜汤。开封市文物局专家介绍，开封人称汤如诗歌，肉馅是为散文，面皮为小说。小说是什么都包容的，散文精粹一点，诗歌便是文中精华了。故此，吃罢灌汤包子，率先记住了汤之鲜，肉馅近乎于汤汁刺激味觉，面皮除去嚼感，几乎可以忽略。

（三）苏州生煎馒头

与其他地方人吃包子讲究蓬松的口感不一样，苏州人吃包子喜欢脆香。这就是苏州的生煎馒头。我们在苏州品尝了被称为生煎馒头的生煎包子，这种包子不是上笼蒸，而是用油煎。我们尝到的生煎是底部金黄色，硬脆，馒身白色，

图 11-3　开封灌汤包

软而松，肉馅鲜嫩，内有卤汁，咬时还有芝麻或葱的香味。苏州人将生煎总结为"皮薄不破又不焦，二分酵头靠烘烤。鲜馅汤汁满口香，上嫩下脆食中宝。"但生煎馒头与其他苏州菜不一样，没有那么甜，因此，外地游客都能适应，同行的游客忍不住惊喜地说，从生煎这种食物里，体会到了苏州人口中的"鲜甜"滋味。

（四）无锡小笼包子

与苏州相邻的无锡有种小笼包又称小笼馒头，该小吃已有百年历史，选用上等面粉制作、选料精细、用小笼蒸。我们发现，这种小笼包子夹起不破皮，翻身不漏底，一吮满口卤，味鲜不油腻。我们去无锡时，正值秋冬时节，馅中加入熬熟的蟹黄油，称为"蟹粉小笼"，这种包子皮薄、馅多卤足、鲜嫩味香，吃起来更是鲜美可口。

（五）镇江锅盖面

吃了包子，还要尝尝面条。运河沿线最能让人记住的是镇江的锅盖面。据镇江同行介绍，锅盖面做法源于清朝。据传，乾隆皇帝沿运河下江南时，到镇江张嫂子伙面

店时，张嫂子忙中出错，误将汤罐上的小锅盖当成大锅盖，撂到面锅里，煮出来的面条却很可口，还被乾隆皇帝夸赞。这种面条易于消化吸收，有改善贫血、增强免疫力、平衡营养吸收等功效。锅盖面用的面条是"跳面"。所谓"跳面"，就是把揉好的面放在案板上，由操作人员坐在竹杠一端，另一端固定在案板上，上下颠跳，既似舞蹈，又似杂技，反复挤压成薄薄的面皮，用刀切成面条。我们品尝后，觉得锅盖面软硬恰当、柔韧性好，是一道老少咸宜的小吃。因此，特地买了一个小锅盖带回家，打算自己做锅盖面。

（六）北京炸酱面

在大运河北端的北京则盛行炸酱面，这种被誉为"中国十大面条"之一的炸酱面在中国北方十分流行，陕西、天津、东北都有不同制法的炸酱面，但北京炸酱面最为出名。做法是将黄瓜、香椿、豆芽、青豆、黄豆切好和煮好，做成菜码备用。然后做炸酱，将肉丁及葱姜等放在油里炒，再加入黄豆制作的黄酱或甜面酱炸炒，即成炸酱。面条煮熟后，捞出，老北京人称作"锅挑儿"，浇上炸酱，拌以菜码，就是炸酱面了。我们特地品尝了北京炸酱面，说实话，炸酱面味道不错，就是分量太大，作为一个南方人，吃不了那么多。

（七）郑州烩面

而在隋唐运河畔的郑州，出名的是烩面。借去郑州图书馆"天中讲坛"开讲大运河文化之机，我们来到郑州老字号的合记烩面店吃早饭，店堂里可选的烩面品种很多，有羊肉烩面、三鲜烩面、五鲜烩面等。我们每人点了一份羊肉烩面。据同行的郑州人介绍，郑州烩面的精华全在于汤，用上等嫩羊肉、羊骨一起煮五个小时以上，先用大火猛滚，再用小火煲，下七八味中药，煲出来的汤白白亮亮，犹如牛乳一样，所以又有人叫白汤。下面时，锅内放原汁肉汤，将面拉成薄条入锅，辅料为海带丝、豆腐丝、粉条、香菜、鹌鹑蛋、海参、鱿鱼等，上桌时外带香菜、辣椒油、糖蒜等小菜。这样，一份烩面会装上一大海碗。我们看到郑州本地人，哪怕是年轻的女孩子，每人点上一大海碗，不一会儿就吃的碗底朝天。可我们看着这一大海碗发愁，吃了半天，也才吃一半。不得不佩服北方人吃面条的水平高。

（八）沧州河间驴肉火烧

在河北沧州，我们品尝了河间驴肉火烧，这种运河名点的特点是外热里爽，清爽醇香。陪同的沧州文物局王局长对我们说，河间驴肉火烧一定要趁热吃，因为要想驴肉火烧香，里面必须加点肥的凉肉夹饼，再加以"驴冻"，只有热火烧才能将肥肉烤化，让香味渗透到火烧里、火烧上。我们趁热把酥脆的火烧咬到嘴里，果真"驴冻"入口即化，里边渗出的是鲜美的驴肉香气，驴肉的鲜嫩、火烧的香脆，让人至今记忆犹新（图11-4）。

图14-4　沧州驴肉火烧

（九）德州"托板豆腐"

托板豆腐是山东德州、临清一带汉族传统名吃。因卖主总是把切好的豆腐放在一块特制的长方形木板上出售，故得名。在德州街头巷尾随处可见手捧托板豆腐，吃得满口香甜、津津有味的顾客（图11-5）。

图11-5　德州"托板豆腐"

（十）苏州枣泥拉糕

这是一种苏州等地的冬春季风味糕类小吃，是非常典型的苏式糕点，用糯米粉和水制作，做好的糕盛在碗中，食用时用筷子挑起、拉开，故名拉糕。我们尝到的是经改进制作方法后的产品，减少了加水量，切块装成盆，形态更美观、风味更佳。

茶与点是联系在一起的，运河沿线的人比较讲究，吃点心必须配上茶，这样才能称茶点。运河沿线的名茶很多。前不久，中国传统制茶技艺及其相关习俗入选人类口述与非物质文化遗产名录，其中即包含"富春茶点制作技艺"。"富春茶点制作技艺"中，"茶"就是指魁龙珠。

（十一）扬州"魁龙珠"茶

在扬州富春吃早茶，离不开"魁龙珠"茶（图11-6）。在扬州富春茶社，饭店徐总经理为我们介绍了这种号称一江水泡三省茶的特殊茶，它分别由安徽的魁针、浙江的龙井、江苏的珠兰以一定的比例混合制成。有的饭店又将它称为三省茶，用谐音寓意人要一日三省自身。"魁龙珠"的形成也来源于运河文化的交流融合。在清代，扬州来自各地的商人聚会时会带上各自家乡的名茶，浙江人会带上龙井，安徽人会带上魁针，而江苏人会带上珠兰。大家在一起品茶，各自夸赞自己家乡的茶好。有人建议何不将大家带来的茶合在一起，混合后看看能泡出什么味道？于是就有了这种"魁龙珠"茶。我们品尝了"魁龙珠"，果真有龙井的味、珠兰的香、魁针的色，融苏、浙、皖名茶于一壶。色浓，味美，入口柔和，解渴去腻。而且耐泡，连冲了四次，也不减色。头道茶，珠兰香扑鼻；二道茶，龙井味正浓；三道茶，魁针色不减，色香味俱佳。一百多年来，"魁龙珠"就成了富春的特色茶，与富春点心相配，吸引了来自四面八方的客人。有的客人品尝后，还要买点回家品尝。

图 11-6　富春的魁龙珠茶

（十二）常州金坛雀舌

产于江苏省常州市金坛区方麓茶场。以其形如雀舌而得名，属扁形炒青绿茶（图 11-7）。金坛雀舌成品条索匀整，状如雀舌，干茶色泽绿润，扁平挺直；冲泡后香气清高，色泽绿润，滋味鲜爽，汤色明亮，叶底嫩匀成朵明亮，内含成分丰富，水浸出物、茶多酚、氨基酸、咖啡碱含量较高。因此，每年春天，我都要买上 250 克金坛雀舌回家品尝。

图 11-7　金坛雀舌

二、品运河名菜

"扬州八怪"之一的郑板桥面对运河美食曾经发出感叹:"扬州鲜笋趁鲥鱼,烂煮春风三月初……"运河沿线的城市,不仅美景天下闻名,美食更是流传千古,因各地的出产不一,形成了一批独具特色的地标名菜,成为运河美食文化的巅峰之作。在扬州举办的大运河美食博览会上,我们品尝到了大运河沿线的各种地标名菜。扬州的清炖蟹粉狮子头、盱眙的龙虾、洛阳的锅贴、宿迁的黄狗猪头肉、宿州的萧县羊肉、天津的银鱼紫蟹锅等。这些运河名菜体现了大运河地标名菜名点的"活"字,选材均源于运河沿线老百姓生活中的普通食材,通过采用活态地标美食,呈现人们对美好生活的向往。而扬州的维扬细点、镇江的宴春三丁包、徐州的骆马湖鱼头饺子、苏州的松鼠鳜鱼等则体现了运河名菜名点的"精"字,特点是做工精细、精致、精美。无锡的酱排骨、扬州的三套鸭、浙江的莫干笋编情等名菜则体现大运河美食的"雅"字,表现了大运河饮食文化的艺术性特征,如同大运河的美景一样,清新淡雅,具有文化雅韵。

(一)运河名菜列举

表11-1列举几个大运河的地标名菜,大家沿运河旅游时,不妨一一品尝(图11-8～图11-11)。

表11-1 大运河地标名菜表

名菜	城市	河段	特点
北京烤鸭	北京	通惠河	来源于运河漕运。用料为优质肉食鸭北京鸭,用果木炭火烤制,色泽红润,肉质肥而不腻,外脆里嫩。它以色泽红艳、肉质细嫩、味道醇厚、肥而不腻的特色,被誉为"天下美味"
香辣四鼻鲤鱼	济宁	会通河	微山湖"四鼻鲤"青背红尾,色呈金黄。嘴上多长两根须子,短而粗,乍一看好似两个鼻孔,被人美其名为"四鼻鲤",成为盛大宴席上的看馔之一
地锅鸡	徐州	中河	原材料是来自山林之中吃虫、吃草、喝山泉水、自由会飞的山鸡。原生态的农家做法,一锅一鸡,小火慢炖,充分保持鸡的品质、口味
开洋蒲菜	淮安	淮扬运河	原料蒲菜,是淮安特有的传统名菜。因为它是香蒲根部的茎芽,所以又名蒲芽、蒲笋;《西游记》称它为蒲根菜,味道清香甘甜,酥脆可口,似有嫩笋之味
大煮干丝	扬州	淮扬运河	又称鸡汁煮干丝,用料主要为淮扬方干,刀工要求极为精细,多种佐料的鲜香味经过烹调,复合到豆腐干丝里,爽口开胃,百食不厌
肴肉	镇江	江南运河	皮白肉红,卤冻透明,光滑晶莹,被称为水晶肴蹄
西湖莼菜鱼圆	杭州	江南运河	主料有西湖莼菜、火腿丝、新鲜鱼圆,营养价值很高,有补血、润肺、健胃、止泻之功效

图 11-8　北京烤鸭　　　　　　　　　　图 11-9　地锅鸡

图 11-10　大煮干丝　　　　　　　　　图 11-11　西湖莼菜鱼圆

我们发现，为了引起游客的兴趣，运河沿线城市的名菜都喜欢与历史上的名人拉上关系，每道菜都能讲上一段历史故事。如绍兴的梅干菜焖肉说是明代文人徐渭所创，素炒鸭子是唐代贺知章所创。扬州的文思豆腐据说是清代僧人文思和尚所创制，而扒烧整猪头则说是小山和尚所创，葵花斩肉与隋炀帝杨广有关。"宫保鸡丁"据说是山东巡抚丁宝桢喜用辣子与猪肉丁炒出来的。"莼鲈之思"说的就是莼菜鲈鱼，是由西晋文学家张翰所创。烧杂烩与楚霸王项羽有关，鱼头豆腐则是乾隆皇帝最喜欢的，著名豫菜"套四宝"与慈禧"西狩"有关；东坡肉，据说是苏东坡所发明的。这也从另一个侧面说明了运河饮食文化的源远流长。

还有更多的运河名菜深藏在运河城市中，让我们可以坐在运河老宅中尝美食（图 11-12）。

图 11-12　运河老宅中尝美食

1. 常州香糟扣肉

菜品色泽酱红，酥烂入味，肥而不腻，入口即化，几经复蒸而食则香味更足，口感更糯，放凉后还能凝成一团，便于携带，当地百姓常作礼品馈赠亲友。

2. 无锡三凤桥酱排骨

作为无锡地区的三大特产之一。三凤桥酱排骨是采用猪肉肋排或草排，配以八角、桂皮等多种天然香料，运用独特的烧制方法烧制出的排骨，其滋味醇真、香气浓郁（图11-13、图11-14）。

 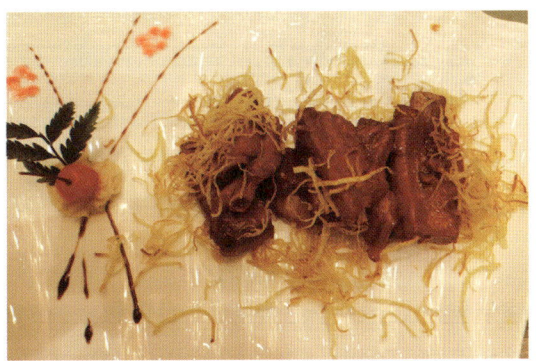

图 11-13　游客可以品尝正宗酱排骨的无锡老菜馆　图 11-14　无锡酱排骨

3. 衡水武邑扣碗

方言称之为"席儿"。这里所说的扣碗不是一道菜而是一桌蒸碗。传统扣碗由8个"净碗"组成，有东坡肉、瘦肉、肥肉、肘子肉、米粉肉、杂烩肉、丸子、排骨。后来从8个增加到10或12个，样式也随之而变化。如今讲究鸡、鱼、肘子、四喜丸子四大件，还讲究荤素搭配，因此衍生了许多新品种，如，海味、豆腐、蘑菇、白菜、粉皮、焖子等，但每碗仍是单独一样食品，有肥有瘦，有荤有素，肥而不腻，素而可口。

4. 泰安三美豆腐

是泰安风味名菜。泰安产的白菜、豆腐和泰山泉水，历来被誉为"泰安三美"。泰安白菜个儿大心实，质细无筋；泰安豆腐，浆细质纯，嫩而不老；泰山泉水，清甜爽口，杂质少。泰安三美豆腐是当地一道名菜（图11-15）。

图 11-15　泰安三美豆腐

5. 徐州羊方藏鱼

羊方藏鱼是彭祖烹饪绝技的代表作之一。相传大彭氏国始祖彭祖的小儿子"夕丁"非常顽皮，喜欢吃鱼，更喜欢到河湖中去捕鱼摸虾。一天，"夕丁"抓了一条鱼让母亲烹制，母亲不想费事单做，就将鱼夹在正在炖制的羊肉中，谁知彭祖回来吃羊肉，只觉满口异香，回味无穷。妻子说出原由后，彭祖如法炮制，果然鲜美无比，从此流传下这道名菜。

6. 淮安软兜长鱼

又称"软兜鳝鱼"，是淮扬菜中最负盛名的菜肴之一。古代氽制长鱼，是将活长鱼用纱布兜扎，放入带有葱、姜、盐、醋的沸水锅内，氽至鱼身卷曲，口张开时捞出。取其脊肉烹制。成菜后鱼肉十分醇嫩，用筷子夹起，两端一垂，犹如小孩胸前的兜肚带，也可以汤匙兜住，故名"软兜长鱼"（图11-16）。

图11-16　淮安软兜鳝鱼

7. 扬州文思豆腐

是一道有着悠久历史的传统名菜，它的独特之处就是刀工精细、软嫩清醇、入口即化。我们在扬州有幸观看了文思豆腐的现场制作表演，只见一整块豆腐，经过大厨们的巧手刀工，几分钟就能变成几千根豆腐丝，根根分明，细如发丝，还能穿针引线，放在水里就像一朵盛开的菊花。传说这道菜是文思和尚所创。《调鼎集》上称之为"什锦豆腐羹"。据说有调理营养不良、补虚养身等功效（图11-17）。

8. 湖州烂糊鳝丝

这道菜的做法是先将活鳝鱼放入沸

图11-17　扬州文思豆腐

水锅余至鱼身盘曲、嘴咧开，捞入冷水盆中；用竹片划去骨和内脏，将鱼身划成三条。再切成4—5厘米长的丝段，加虾仁、火腿、鸡脯肉煸炒，做成鳝糊。以"重油蒜棘，柔软鲜嫩"而著称。

9. 杭州粢毛肉圆

这道塘栖名菜之一，以鲜肉、糯米为主料制作的比乒乓球略大的肉圆子，就是肉圆外包上一层糯米饭。这道菜与板鸭、汇昌粽、细沙羊尾、米塑合称"塘栖五大名小吃"（图11-18）。

图 11-18 塘栖镇的粢毛肉圆

（二）沿着运河品尝三大名鸡

大运河沿线城市的美食不仅发源于大运河，生长于大运河，而且因为运河的传播交流，相互之间产生了传承关系。沿着大运河我们可以吃到中国"四大名鸡"中的山东德州扒鸡、河南道口烧鸡、安徽符离集烧鸡，而且这三大名鸡都诞生在运河沿线城市，不但起源发展与运河关系密切，而且相互之间也因运河产生了传承关系。

1. 德州扒鸡来自运河码头

因为大运河，带来了德州远近闻名的鸡文化。德州五香脱骨扒鸡，被誉为"天下第一鸡"（图11-19）。它的产生源于大运河，元末明初，随着漕运繁忙，德州成为通达九省的御路，经济开始呈现繁荣，市面上出现了烧鸡。挎篮叫卖烧鸡的老人，经常出现在运河码头、水陆驿站附近。这烧鸡形态侧卧、色红味香、肉嫩可口，作为后来扒鸡的原型，初露头角。到了清代，随着运河经济的发展，这时的德州城进入鼎盛时期，出现了"南来北往客如云，饭馆客栈多如林"的局面。烧鸡已不仅仅见于餐桌，而且步入社会。臂挎提盒叫卖和开门面设店铺的都有，最出名的是做"徐烧鸡"的徐恩荣家。在德州运河边旅游时，我们品尝了这道名菜，一上桌就感觉到这道菜造型独特，鸡的两腿盘起，爪入鸡膛，双翅经脖

图 11-19 德州扒鸡

颈由嘴中交叉而出，全鸡呈卧姿，色泽金黄，黄中透红，远远望去似鸭浮水，口衔羽翎，形色兼优，十分美观，仿佛上等的美食艺术珍品。亲口一尝之后更是五香脱骨、肉嫩味纯、味透骨髓，我们不禁拍案叫绝。

2. 道口烧鸡依托运河扬名

道口烧鸡是特色传统名菜之一，由河南省安阳市滑县道口镇"义兴张"世家烧鸡店所制。产生于清代，兴盛于清乾隆、清嘉庆年间，与大运河关系密切，而且与德州扒鸡有传承关系，因为卫河经过德州，连通了道口与天津，道口镇历史上因航运带来繁华，被称为"小天津"。传说有次嘉庆皇帝沿运河巡游经过道口，忽闻奇香而振奋，问左右人道："何物发出此香？"左右答道："烧鸡"。随从将烧鸡献上，嘉庆皇帝尝后大喜说道："色、香、味三绝"。从此以后，道口烧鸡成了清廷的贡品。随着运河的传播，道口烧鸡香遍了运河两岸的河南、河北各地。在道口古镇探访时，我们也尝到了道口烧鸡，食用时不需要刀切，用手一抖，骨肉即自行分离，这一美味酥香软烂、咸淡适口、肥而不腻。无论冷吃还是热吃，都余香满口。与德州扒鸡既有相似之处，又各有千秋（图11-20）。

图 11-20　道口烧鸡

3. 符离集烧鸡传承于德州扒鸡

符离集烧鸡是隋唐运河边的安徽省宿州市埇桥区的特色传统名菜，因原产于符离镇而得名。据介绍，现代意义上的符离集烧鸡，其制作技术形成于20世纪初，源于运河的影响，传承于德州扒鸡。1910年，原在山东德州经营"五香扒鸡"的管再州，因其独生女儿嫁到符离集，而迁居符离集，继续经营"五香扒鸡"。后在制作工艺上作了改进，成了当时有名的"管家红曲鸡"，兴盛一时。1915年，江苏丰县人魏广明来符离集经营烧鸡。他在管再州制作的"红曲鸡"的基础上，增加配料，美化造型，初步形成了具有地方特色的符离集烧鸡。1952年，符离人韩景玉吸取管、魏两家制作的优点和特长，在配料上力求齐全，在技艺上精益求精，逐步发展成为色、香、味、型俱佳的名特产品。我们也有幸品尝到了正宗的符离集烧鸡，这种烧鸡吃时要配上原汁老卤,这样鸡香肉烂、烂而连丝,热吃时一抖就散,肉烂脱骨,肥而不腻,鲜味醇厚,满口留香,与德州扒鸡、道口烧鸡有异曲同工之妙(图11-21)。

这三大名鸡基本都具有酥香软烂、咸淡适口、肥而不腻的特点;食用时不需要刀切,用手一抖,鸡的骨肉即自行分离,无论冷吃热吃都余香满口。三大名鸡既有相似之处,又各有千秋,形成了

图11-21　符离集烧鸡

大运河上远近闻名的烧鸡文化,浓浓鸡香,飘逸运河沿线。游览大运河,您不仅可以现场品尝三大名鸡,而且可以带回家给亲友品尝,也给运河旅游增加了情趣。返程时,我们就带了烧鸡回来给朋友尝鲜。

(三)正宗扬州炒饭来源于运河

说到运河美食,离不开扬州炒饭。扬州炒饭是淮扬菜中知名度最高的一道经典菜,扬州人称"扬州炒饭炒遍全球"。来扬州旅游的人都要尝尝这道又名"三香碎金炒饭"的扬州炒饭。

有研究专家说扬州炒饭的发明者是隋炀帝的叔叔、越国公杨素,依据是隋炀帝的尚食直长(官名,供奉皇帝膳食)谢讽写的一本御宴食谱,名叫《食经》,书中有这六个字:"越国食碎金饭"。越国公杨素把这道菜献给了沿大运河来到扬州的隋炀帝。这种饭菜合一的"碎金饭"让炀帝食欲大增,隋炀帝下江都时一路"带货",传至运河沿线各地,扬州炒饭的香味弥漫了运河全线。

此外,扬州炒饭来源还有一个说法,就是曾任扬州知府的福建人伊秉绶发明的。伊秉绶是清嘉庆年间扬州知府,特别喜欢研究美食,伊府厨师在"葱油蛋炒饭"的基础上,还加上一些虾仁和叉烧肉同炒。后来传至扬州士绅盐商家厨,乃至酒楼饭店,成为当时上流社会的一个文化符号。伊秉绶将这种炒饭的做法写进了他自己的作品集《留春草堂集》里。伊秉绶从扬州任上告老还乡后,改进后的扬州炒饭被带到福建宁化,并最终随着客家人远征世界的步伐漂洋过海。如今有华人处,就有扬州炒饭。几乎世界各地的中餐馆菜单上,都能看到"扬州炒饭",成了所有海外中国餐馆的当家花旦。

扬州炒饭借着运河的影响力,沿着"海上丝绸之路"走向世界,成为中华饮食的代表性主食之一。伊秉绶与运河关系也很密切,他担任扬州知府时,支持大学士阮元考证隋炀帝陵,后来还在阮元考证出的隋炀帝陵墓碑上亲笔题字。

不管怎么说,扬州炒饭的形成与传播都离不开大运河。在扬州东逸珍味餐馆,我们现场观看了扬州炒饭的制作过程(图 11-22～图 11-26)。据老板兼大厨夏朝兵介绍,

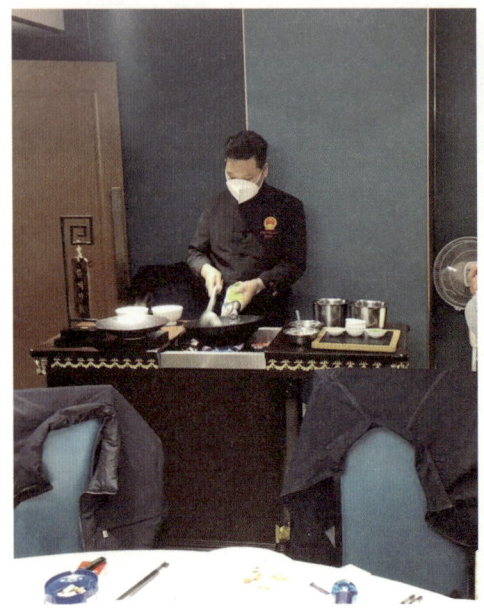

图 11-22 扬州炒饭制作过程

图 11-24 扬州炒饭制作中(1)

图 11-25 扬州炒饭制作中(2)

图 11-23 扬州炒饭原材料丰富

图 11-26 扬州炒饭成品

扬州炒饭里,除了米饭和鸡蛋这两种主料以外,还有火腿、虾仁、鸡丁、肉丁、海参、花菇、青豆、笋丁八样配料。这些主料和配料都是普通的食材,关键是要将鲜美的味道预先置于汤底中,并和辅料一起煨至入味,再将这种复合味道炒到米饭中去。我们看到,一大碗鸡汤被分成三次放在米饭中,让米饭充分吸收进去,这样的炒饭尝起来格外松软可口,鲜香扑鼻。据介绍,现在淮安人对扬州炒饭进行了改良,用生产线进行工厂化加工、预包装。这种工业化的扬州炒饭被卖上了飞机、高铁,还作为旅游纪念品被游客带到全国各地。尽管口味不如扬州人精心制作的扬州炒饭那么正宗了,但这也是运河饮食文化产业化的一种探索吧。

三、赴运河名宴

大运河沿线自古以来就是鱼米之乡、交通要冲,隋炀帝三下江都,唐宋两代文人墨客来往于运河之上,明代士子们游学于运河两岸,清代康熙皇帝、乾隆皇帝祖孙俩多次沿着大运河巡幸江南,各地争相进贡美食,运河沿线形成了一批饕餮盛宴。大运河地方名宴是运河美食文化的集大成者,运河各地因出产资源不同、文化传统不同,又形成了千差万别的宴席菜系,总体上有两大类,即北方类型的鲁菜和南方类型的淮扬菜。具体做法上又分为四大类,表11-2为大运河地方名宴表。

表11-2 大运河名宴表

名菜	城市	河段	特点
三头宴 冶春早茶宴	扬州	淮扬运河	反映了运河沿线浓浓的生活气息,生生不息的人间烟火味道
雅厨和风宴 阳羡生态宴	苏州 无锡	江南运河	代表了运河美食传承方向、绿色发展理念
盛世牡丹春江宴 津沽溯源宴 游子文化宴	北京 天津 杭州	通惠河 南北运河 江南运河	诠释了大运河美食源于传统、提炼经典、服务百姓消费新需求
孟府家宴 彭祖宴	济宁 徐州	会通河 中河	体现了传统饮食文化与现代文明交相辉映的特点

这里,介绍几种运河名宴。以后,沿着运河去旅游,可别忘了尝尝这些运河名宴。

(一)扬州三头宴

到扬州旅游的外地人都会听到主人介绍,扬州有三头宴,很多人搞不清什么是三头宴。所谓"三头"是指扬州菜中最负盛名的清蒸蟹粉狮子头、扒烧整猪头、拆烩鲢鱼头,合称扬州"三头"。

1. 拆烩鲢鱼头

必须用花鲢（鳙鱼）的头作为原材料，烹调后上桌时，要不带鱼骨。这道菜的功夫全在于拆骨后鱼头形状依然基本完整，做到这一步需要相当的功夫（图11-27）。

2. 清蒸蟹粉狮子头

这道菜一是要求肉中不掺淀粉而加拍碎的荸荠来增加爽脆口感，同时减少纯猪肉的"紧结发硬"；二是四成肥、六成瘦的肉需经过细切粗斩处理，也就是从整块肉切到肉丝、肉粒的过程要多刀细细切来，而从肉粒到肉糜的过程，不能用机器，纯用手工；三是必须要加上蟹粉；四是必须是清炖的，不能红烧（图11-28）。

3. 扒烧整猪头

这是三头宴中最难做的，要将新鲜的猪头去除骨头、毛，从中间切开后洗净，放入锅中加入酱油、盐、冰糖等调料煮烂。这道菜的特殊之处就在于所有骨头都已在烹调过程中剥离了。这道菜传说最早是由小山和尚在坛子中焖成的，需要加工8小时以上，因此一般饭店没有预订是无法上桌的。这道菜上桌时要将猪舌头放在大圆盘中间，头肉面部朝上盖住舌头，再将腮肉、猪耳、眼球按猪头的原来部位装好，成整猪头形，浇上原汁，缀上香菜叶即成（图11-29）。

如今三头宴又出了改良版，随

图11-27 扬州三头宴中的拆烩鲢鱼头

图11-28 扬州三头宴中的清炖蟹粉狮子头

图11-29 扬州三头宴中的扒烧整猪头

着自驾游的人群增多，两三个人就餐的多了，三头宴全部上桌吃不完，扬州人为了让外地游客能够尽可能多地尝到三头宴的风味，发明了鱼头加狮子头的双头烩，有时为了好看，还加上鸡蛋同烧一锅。在扬州东逸珍味餐馆，扬州淮扬菜国家级"非遗"传承人薛泉生还向我介绍了鱼头的另一种做法。他介绍说，鲢鱼头腮帮的一块肉不容易烧透，因此，他们将这里的肉事先取下，制作成鱼丸，等鱼头做好了，一起烩成一锅（图11-30）。既保证了鱼头的完整，又让食客尝到不同的风味。另外猪头肉也不上整的了，而是切成片，用面饼夹着吃，有点像北方的肉夹馍，这也是运河南北饮食文化相互影响的结果吧。来扬州，可一定要尝尝三头宴。

图11-30 创新的拆烩鲢鱼头

（二）满汉全席

满汉全席有两个版本。第一种是集合中国满族和汉族饮食特色的巨型筵席，包括蒙古亲藩宴、廷臣宴、万寿宴、千叟宴、九白宴、节令宴六类宴席。据有关资料介绍，清朝初年，宫廷内宴会，满汉席是分开的，先吃满菜席，再上汉菜席，称作"翻台"。康熙皇帝六十六岁大寿举办宴席时，为了化解满汉不和，将两席的看馔融合成一席，由满人的厨师和汉人的厨师合作做一桌菜，称作满汉全席。后来沿袭这个传统，形成了宫廷菜肴特色与地方风味精华兼具、满族菜点风味与汉族烹调特色交融的满汉全席。作为中华菜系文化的瑰宝，满汉全席取材广泛，用料精细，山珍海味无所不包，一席菜一般至少108种（南菜54道和北菜54道），分三天吃完。

第二种版本来自清乾隆年间李斗所著的《扬州画舫录》，书中记载了清乾隆年间运河城市扬州数十家酒楼名称、菜肴及扬州食风。该书所记的一份满汉全席食单，是关于满汉全席的最早记载。从这份食单可以看出，满汉全席其实并非源于宫廷，而是源于运河沿线江南的官场菜。李斗的《扬州画舫录》说："上买卖街前后寺观，皆为大厨房，以备六司百官食次：第一份，头号五簋碗十三件——燕窝鸡丝汤、海参烩猪筋、鲜蛏萝卜丝羹、海带猪肚丝羹、鲍鱼烩珍珠菜、淡菜虾子汤、鱼翅螃蟹羹、蘑菇煨鸡、辘轳锤、鱼肚煨火腿、鲨鱼皮鸡汁羹、血粉汤、一品级汤饭碗；第二份，二号五簋碗十二件——鲫鱼舌烩熊掌、米糟猩唇、猪脑、假豹胎、蒸驼峰、梨片伴蒸果子狸、蒸鹿尾、野鸡片汤、风猪片子、风羊片子、兔脯奶房签、一品级汤饭碗；第三份，细白羹碗十四件——猪肚、假江瑶、鸭舌羹、鸡笋粥、猪脑羹、芙蓉蛋、鹅肫掌羹、糟蒸鲥鱼、假斑鱼肝、西施乳、文思豆腐羹、甲鱼肉肉片子汤、茧儿羹、一品级汤饭碗；第四份，毛血盘十三件——炙、哈尔巴、小猪子、油炸猪羊肉、挂炉走油鸡、鹅、鸭、鸽、猪杂什、羊杂什、燎毛猪羊肉、白煮猪羊肉、白蒸小猪子、小羊子、鸡、鸭、鹅、白面饽饽卷子、什锦火烧、梅花包子；第五份，洋碟二十件，热吃劝酒二十味，小菜碟二十件，枯果十彻桌，鲜果十彻桌。所谓满汉席也。"当然，因为制作起来太复杂，今天满汉全席很难品尝到了。而扬州旅游部门特地开发了一席扬州八怪宴，您来扬州时倒可以品尝一下（图11-31）。

图 11-31　扬州八怪宴

（三）红楼宴

是根据文学名著《红楼梦》而设计的。作为中国古典文学四大名著，《红楼梦》是满汉文化、南北文化相互碰撞、吸收融合的典范，是明末清初时期运河沿线贵族生活的真实历史画卷。在小说中，曹雪芹用大量的篇幅，描述了大运河边人们丰富多彩的饮食文化活动。红楼宴的设计是立足于红楼文化进行再创造，以发扬光大《红楼梦》所代表的饮食文化的传统、审美意识。设计者根据《红楼梦》所描写的菜肴、点心的名称，用料和烹调方法，同时，查阅运河沿线明清时期的民间饮食习俗的典故，在淮扬菜的基础上，进行再创作，将红楼饮食文化在现实生活中再现和发展。在扬州迎宾馆，我们看到，这里还有一个红楼厅，通过对餐厅、音乐、餐具、服饰、菜点、茶饮等的综合设计，让所有菜肴以其美味、丰盛、精致为特点，给享用者以高层次饮食文化艺术的享受。文学作品和饮食文化的巧妙结合，使红楼宴名扬海内外。我们在扬州发现，近年来，扬州美食家又开发了适合早餐享用的红楼早宴（图11-32、图11-33）。

（四）中华人民共和国"开国第一宴"——运河名宴

1949年中华人民共和国成立时的开国第一宴就是一席运河名宴，菜单以淮扬菜为

图 11-32　红楼宴

图 11-33　红楼早宴

主，兼收运河沿线的其他城市的菜肴。开国第一宴的菜单如下：

美味四小碟：扬州乳瓜、琥珀核桃、白糖生姜、蜜腌金橘；

淮扬八冷盘：香麻海蜇、虾子冬笋、炝黄瓜条、芥末鸭掌、酥烤鲫鱼、罗汉肚、镇江肴肉、桂花盐水鸭；

六热炒：清炒翡翠虾、鲍鱼浓汁四宝、东坡肉、鸡汤煮干丝、口蘑罐焖鸡、扬州蟹粉狮子头；

汤：全家福；

点心：炸年糕、黄桥烧饼、菠萝八宝饭、艾窝窝、淮扬大汤包。

据说，当时中外宾客吃得相当满意，对菜点给予了很高的评价。从这份菜单我们也可以看出运河名宴深厚的影响力。当然，这些菜在运河沿线都很常见，我们也可以在家里试做一下这桌开国第一宴。

（五）廊坊运河宴

廊坊市的香河县，为游客专门准备了一道香河运河宴。"香河运河宴"的风味定位是："继承传统本味，留住记忆乡愁，人文风情荟萃，彰显香河味道。"首批推出的是家常版"运河家宴"，推荐凉素菜 24 道，凉荤菜 24 道，炒菜 24 道，蒸炖菜 24 道及香河家常主食、粥、汤、点心等数十种。我们在廊坊参加"文旅大会"时，有幸品尝了这桌运河宴。这场宴席是在专门的运河宴宴会厅举办，厅门口就写着运河宴三个大字。走进运河宴的餐厅，扑面而来的是一缕缕诱人的香气。香河肉饼、卤煮火烧、干炸运河虾、龙井虾仁、西湖醋鱼、糖醋里脊、爆炒腰花等运河特色美食。在运河宴上，现场制作香河肉饼的操作台吸引了众人的目光。只见厨师手中的擀面杖在柔软如泥的面皮上飞舞滚动，随后，他将肉馅熟练地包入面皮中，又将肉饼抛入饼铛。运河宴为游客提供了一个交流分享、放松身心的美食平台，也让大家感受并了解了运河沿线丰富的饮食文化。据廊坊市香河县文化广电和旅游局负责人介绍,运河宴分别研发了香河运河宴和京杭运河宴,挑选的菜品均是大运河沿线特色,以部分菜品现场制作为特色,全方位展示大运河美食所蕴含的人文之美和传承之美,让游客在"烟火气"中感受文化、抚慰心灵(图11-34、图11-35)。

图11-34　香河运河宴厅　　　　　　　　　　图11-35　运河宴的餐桌

(六) 江苏运河宴

无独有偶,江苏也打造了运河宴。这席江苏运河宴,是在江苏省大运河文化旅游博览会期间在苏州澹台湖大酒店展示的(图11-36)。我们看到,这桌江苏运河宴以八味冷盘飘香开篇,十二道热菜谱写运河十二章,以三道点心来结尾,激起浪花三朵。每一道菜肴都运用到运河边城市的当季风味,从色香味上给人以味觉和视觉上的双重享受。首先上来的就是八样冷菜,八冷盘称为飘香开篇。分别是淮安的冻猪头膏,苏州的水晶鸡冻,徐州的捆扎香蹄,苏州的鸿运酱鸭、肝胆相照,常州的葱油冬笋,宿迁的五香头菜和镇江的香醋肴肉,集结了运河边最特色的食材。这些冷盘光是看着就让人非常赏心悦目,都有点不忍破坏它的摆盘。十二道热菜被称作运河十二章,分别是苏州的牡丹双虾,扬州的文思豆腐,苏州的菊

图11-36　制作江苏运河宴的苏州澹台湖大酒店

花暖锅、五件子、常州的天目鱼头、徐州的果香牛肋、扬州的蟹粉狮头、宿迁的四阳膘鸡、无锡的三凤桥酱排、苏州的珍白什盘、金银如意和鸡油菜心。三道点心称为浪花三曲，分别是宿迁的乾隆贡酥、扬州的三丁包子和苏州猪油年糕。主食是五彩汤团，外皮用纯正的蔬菜汁调制而成，不仅外表光鲜亮丽，馅料也五彩缤纷，十分讲究。品尝过这桌运河宴后，我们不得不佩服运河沿线菜肴的丰富、厨艺的精深、饮食文化的传承。

（七）运河清真宴

这是山东省临清市回民菜系的代表，伴随着临清繁荣，以"两把刀"闯天下的回族同胞，吸纳南北厨艺，形成高档宴席、特色小吃相结合、适合社会各阶层消费的饮食体系，成为临清运河餐饮文化的重要组成部分。

主菜十二道：醋溜肝尖、扒口条、烤羊腿、蒜爆肉、芝麻羊肉、炸素鹅脖、炝羊蹄筋、西芹拌虾仁、搥鸡面、炒鸡丝、醋椒鱼段、鸡蛋松。

小吃：水爆肚、炖全羊。

汤六道：羊肝明目羹、冬瓜四宝、香椿烩鸡丝、萝卜鱼汤、酱闷豆腐、黄瓜杏仁汤。

主食：清真八大碗、烧饼夹肉。

（八）苏州船菜

苏州船菜是苏式菜肴的代表，它与苏州水城有关。四时鱼鲜、八节水产是烹饪的主要原料。宴席以冷盘佐酒菜为首，然后热炒菜肴，间以精美点心，最后上大菜，大菜往往以鱼收尾，图"吃剩有余"的口彩。相传吴王每年置龙舟宴游，开船宴之风，苏州菜肴逐渐向精巧、细美的船菜发展。唐代白居易任苏州刺史时开凿山塘河，从此船宴风俗走向民间。明清时期，本地商人经常在渔船上设宴，洽谈生意，船菜由此更加兴盛。如今苏州船菜深受人们喜爱，已成为旅游品牌。无独有偶，在乌镇，我们也品尝到了乌镇的船宴，而扬州则在运河旅游中引进了船宴，让游客在船上用餐，也吸引了追求新奇体验的游客。

四、运河名小吃

运河两岸的人们在日常生活中也创造出种类繁多的名特小吃，这最能反映饮食风俗，同时又能让游客边走边吃，十分惬意。我们一路走下来发现，运河北端的天津地方风味很多，有杨村糕干、贴饽饽熬小鱼；山东临清则有徐家煎包、油酥火烧、豆沫、豆汁、清平凉粉等；济宁微山湖湖中运河旁的南阳古镇则有烧野鸭、挎包火烧。江南运河最南端的杭州小吃也多，有清明狗儿，一种用糯米拌青蒿，捏成小狗形状的清明团子，据说小孩吃了就不"疰夏"。还有桂花鲜栗糕、虾爆鳝面、片儿川、猫耳朵等。

随着运河文化的传播，许多名小吃已成为世代传承的饮食"非遗"项目，成了运河美食文化的活化石。"非遗"小吃中天津的张氏十八街麻花、北京的驴打滚、常州的麻饼、苏州的豆腐干等，都久负盛名；沧州的河间驴肉火烧、德州的空心琉璃丸子、泰安的三美豆腐、苏州的枣泥拉糕等也名传四方。大运河沿线代表性的"非遗"饮食还有扬州的千层油糕、文思豆腐、宝应捶藕，常州的网油卷，苏州白玉方糕等。到运河沿线旅游，可以边尝小吃边看风景。

（一）天津小吃

天津的小吃与特产数目众多，尤其以"天津三绝"著名（图11-37）。被称为天津风味小吃"三绝"的是狗不理包子、十八街麻花和耳朵眼炸糕，1997年猫不闻饺子被定为津门四绝之一。天津知名度较高的小吃还有：曹记驴肉、冠生园八珍羊腿、陆记烫面炸糕、白记水饺、芝兰斋糕干、大福来锅巴菜、石头门坎素包。天津的小宝栗子也很有名。天津在20世纪80年代末兴建了南市食品街，集吃、穿、住为一体。比较有名的小吃有：什大酥烧饼、明顺斋什锦烧饼、上岗子面茶、王记麻花（又称馓子麻花）、豆香斋牛肉香圈、豆皮卷圈、水爆肚、煎焖子、花样馃子、怪味果仁、石头门坎素包、罗汉肚、熟梨糕、皮糖张、黄河道羊汤、天津栗子、天津螃蟹、北塘海鲜等。真是数不胜数，让人眼花缭乱。

在天津，我们品尝了津味嘎巴菜，这个名字就很独特。嘎巴菜是天津独有的地方风味传统小吃，由山东煎饼演变而来。早年在天津谋生的山东人，常把绿豆煎饼（天津人称为嘎巴）切成细条，拌入制好的卤汁，配以小料出售，很受欢迎，并逐渐传遍天津全市。

图 11-37　天津大麻花

（二）苏州小吃

苏州的小吃有：奶油西瓜子、卤汁豆腐干、洞庭杨梅、酒酿饼、油氽紧酵、酵蟹粉小笼、拖炉饼、桂花糖油山芋、桂花糖芋艿、焐酥豆糖粥、桂花鸡头肉、八宝鸡头肉、桂花焐熟藕、鲜肉粽、灰汤粽、白沙粽、绿豆粽。当然，我最喜欢的还是卤汁豆腐干，卤汁丰富，吃口鲜甜，软糯适中，风味独特，兼有姑苏卤菜和苏州蜜饯的特色。

（三）其他运河城市的名小吃

1. 淮安茶馓

淮安茶馓，是淮扬菜中的一道名点，它又叫"细环饼"，是用上白精面，拉出像麻线一样的细面丝，再一圈一圈地绕在手掌上，做成四寸多长、一寸多宽的套环，环环相连，呈梳状、菊花形等网状图案，之后放入麻油锅中泡炸而成，以此做出的茶馓质地酥脆，而且味道鲜美。1930年参加国际

图 11-38　淮安茶馓

巴拿马博览会，获得银质奖章。上次到淮安旅游，主人不仅让我们在餐桌上尝到了用面皮包着吃的淮安茶馓，而且还让我们带了盒装的淮安茶馓回家（图 11-38）。

2. 宿迁乾隆贡酥

乾隆贡酥是运河城市宿迁著名的特色小吃，香、脆、酥、透。所谓香，即饼香、油香、芝麻香三者合一。特别是芝麻香，据说芝麻皮苦且涩，芝麻仁才是真香。该饼需轻拿轻放，夏天放置3—5天香脆依旧。若是用塑料袋包装，脆皮可保持2—3个月以上。所谓酥，就是松软，不但皮酥，而且内里如一。据说当年深受乾隆皇帝赞誉而得名。

3. 车轮饼

车轮饼是洋河镇的特产，色泽金黄的车轮饼，酥层清晰，香而不腻，让人食之难忘。据传说，车轮饼也与乾隆皇帝相关。相传乾隆皇帝二次南巡时，来到洋河镇微服私访，在"三巧酒家"品尝美酒佳肴。乾隆皇帝想考一考巧师傅的本事，于是就随手一指外

面的车轮说道:"店家,按这个形状做一样美食,且要好看、好吃又好听。"巧师傅人巧,心更巧。他将猪大油、老冰糖、红绿丝拌成馅心包进面皮,切成圆状花边,状如车轮,再以温油炸制,便做好了香喷喷的车轮饼。乾隆皇帝在品尝了车轮饼后,赞不绝口,挥动御笔题诗一首:"洋河有饼若车轮,香脆酥甜妙化神。莫道京华糕点好,品来不及此奇珍"。车轮饼经过乾隆皇帝的御笔品题,顿时身价百倍,成为洋河乃至淮安、宿迁地区最有名的特产。

4. 香河肉饼

香河肉饼有两百多年的历史。前身却可以追溯到一千多年前的突厥饼。据说当时游走于我国北方草原大漠的游牧民族突厥族,因为牛羊肉非常充足,面食稀少,所以来客人了,请他们吃面食,就是一种相当高的优待。明成祖朱棣迁都北京时,大批回族人被迁移到北京东部香河一带。在移民香河的回族中,有个姓哈的人家搬过来不久,就开了家小饭店,并且取名"哈家店"。他利用祖传的制饼技术创造出了风味独特的香河肉饼。传说,一次乾隆皇帝微服来到直隶省香河县(今廊坊市香河县),在哈家店吃过香河肉饼之后赞不绝口,并留诗一首:"香河有奇饼,老妪技艺新,此店一餐毕,忘却天下珍"。从此,香河肉饼名满天下,渐成民间佳话。如今,香河肉饼已成为香河县的一张文旅名片。我们来到香河时,晚餐就品尝了这种鲜味独特的香河肉饼(图 11-39、图 11-40)。

图 11-39　香河肉饼

图 11-40　香河肉饼薄皮

5. 北京炸咯吱盒

北京小吃炸咯吱盒的制作原料非常广泛，麦、米、豆、谷，甚至高粱玉米均可入选。碾磨成粉，调水成浆，上炉火摊成薄如蝉翼、形如满月的煎饼；再均匀洒上少许香菜末和椒盐，卷成卷切成寸段，滚油炸之，即成炸咯吱盒。我们发现，在北京，正餐和小吃都能尝到。

6. 济宁甏肉干饭

甏是一种盛放食物的器皿。甏肉顾名思义，用甏盛放烹制的肉。起源于元朝。随着大运河的开通，南方的大米从水路运往北方。当时的人们把用陶器炖出来的肉和大米饭放在一起吃，别有一番风味，逐步发展为今日的甏肉干饭。后来甏肉干饭不断改进创新，又增加了卷煎、面筋丸子和鸡蛋等一系列菜品。今天，甏肉干饭成为济宁首屈一指的小吃。在济宁汶上县，我们品尝了甏肉干饭，到今天还让人回味无穷。

7. 扬州小吃烫干丝

烫干丝是江苏扬州和泰州一带传统的地方小吃（图11-41）。扬州烫干丝的做法讲究烫功，追求入味、爽口、绵软。将豆腐干片开、切丝后，先用开水烫三遍，主要是把干丝烫软，然后把干丝放进盘子里，干丝上放一撮姜丝，再用开水从上往下一烫，让姜汁进入干丝内，滗去水后，干丝内留有一定姜汁，放入开水泡过的虾米、绿笋末、香菜等配料，再淋上麻油和酱油调味即可。我们在扬州吃早茶时，品尝了扬州烫干丝，上桌时的干丝为"一柱擎天式"。据陪同人员介绍，一般烫干丝的装盘都是馒头式，"一柱擎天式"对厨师的手上功夫要求更高。细细品尝果真软嫩异常，鲜美可口。

图 11-41　扬州烫干丝

8. 常州大麻糕

这是常州人最喜爱吃的家常传统食品。制作时，选用精白面粉、优质芝麻、白糖、精盐等原料，经过和面、搅拌、揉搓、包馅、成型、烘烤等多道工序，精制而成。有咸、甜两种风味，供购者选择。合格的麻糕一出炉，香味浓郁扑鼻，色泽黄润而不焦，咸甜适度而不腻，香酥可口而不脆，色、香、味俱佳。往日，常州大麻糕当地人多作为早点食用，今天成了旅游纪念品，我们游常州运河时，专门带了几盒回家赠送亲朋好友。

五、逛运河美食名街

吃是运河文化中最生活化的一面。大运河与饮食文化关系十分密切，因为运河的传播交流，运河沿线城市的饮食文化都相互渗透影响，互有交流传承，在大运河沿线形成了一条香飘万里的美食带。一个地方美食文化的形成既与当地的出产相关，也与当地的文化相连。如扬州因盐商带来的精致生活，善做江鲜和家禽，长江三鲜：刀鱼、鲥鱼、鲴鱼被奉为上等鱼。我们发现，在扬州，以鸭肉为原材料的食品就有板鸭、咸鸭、脱骨八宝鸭、糟鸭、黄焖鸭等，还有著名的三套鸭（将家鸭、野鸭和鸽子分别整料出骨，将鸽子由野鸭刀口处套入腹内，再将野鸭套入家鸭腹内烧制而成）。通济渠边的开封则有一道菜叫"套四宝"，与"三套鸭"差不多，是用家鸡、鸭、鸽、鹌鹑层层相套制作而成。这些饮食习惯从古代至今都一直保持着。有一道菜运河沿线很多地方都喜欢做，尽管味道不尽相同，但食材基本都离不开鱼丸、肉丸、肉皮、蛋饺、鹌鹑蛋、河虾等荤菜，再配上山药、香菇、木耳、青菜头、豆制品等素菜，有的地方还加上鲍鱼、鱿鱼等海鲜。这道菜有一个吉祥好听的名字：全家福，又称大杂烩。不同的饮食风俗也使运河沿线形成了一批美食名街（图11-42～图11-44）。

（一）北京簋街

北京的簋街是我国最火爆的美食街之一，位于北京市东直门内，具体是指从二环

图11-42　全家福（1）

图11-43　全家福（2）　　图11-44　全家福（3）

东直门立交桥到交道口东大街这一段路程。逛簋街，可以品尝各种地道美食，有传统的北京菜，也有美食新秀小龙虾。我们在簋街就专门品尝了网红美食小龙虾，享受了一次舌尖上的盛宴（图11-45）。

（二）杭州河坊街

在杭州吴山之下，有一条街道叫作河坊街，它其实也是清河坊的一部分。在这条街道上，孔凤春香粉店、宓大昌旱烟、万隆火腿店、张允升帽庄四家老字号各占一方，众多美食名店是当地最好的名片。我们在河坊街尝了当地的小吃大排面（图11-46）。

（三）扬州东关街

扬州的东关街是扬州水陆交通要道，也是商业和手工业的中心。在这里可以吃到扬州"三头宴"；可以尝到扬州十大名点：三丁包子、千层油糕、双麻酥饼、翡翠烧卖、干菜包、野鸭菜包、糯米烧卖、蟹黄蒸饺、车螯烧卖、鸡丝卷；也可以品到十佳风味小吃：笋肉锅贴、扬州饼、蟹壳黄、鸡蛋火烧、咸锅饼、萝卜酥饼、鸡丝卷、三鲜锅饼、桂花糖藕粥、三色油饺；当然，还有著名的扬州炒饭。街上著名的餐饮店有街南书屋、皮包水、江南一品、吴记粥铺、宝应长鱼面等。在扬州东关街，我们坐在皮包水茶馆，边尝扬州美食，边欣赏扬州评话（图11-47）。

图11-45　北京簋街的美食新秀小龙虾

图11-46　杭州河坊街

图11-47　扬州东关街

（四）无锡南长街

也叫作无锡老街，位于无锡市梁溪区中心地带（图 11-48）。南长街是一条历史文化街道，街区由南长街、大运河无锡段、南下塘、伯渎港、大窑路等具有丰富历史文化底蕴的区域组成，街区内有很多历史建筑和特色美食。在饮食文化广泛交流的今天，无锡南长街的美食有老牛窝里的牛肉松子炒年糕和油面筋、熙盛小笼包和馄饨、型男美蛙的美蛙、一米阳光的咖啡和零食、宽巷子的串串等。在南长街，我们还是品尝了无锡的特产小笼包子。

（五）苏州观前街

观前街因其地处玄妙观前而得名。一直以汇集稻香村、乾泰祥、黄天源等多家名优特色的百年老店而名满天下；地处碧凤坊—太监弄的美食街更是以苏帮美食誉满江南。让老苏州如数家珍的有名店家、特色食品便有：太湖三白；陆稿荐的酱鸭、酱肉、酱蹄筋；生春阳的火腿；采芝斋的粽子糖、苏式瓜子；稻香村的麻酥糖、果酥、苏式月饼、滋养饼干；叶受和的宁式糕点、婴儿奶糕；黄天源的猪油糕、黄松糕、肉丝面；文魁斋的止咳梨膏；观振兴的油氽紧酵馒头；松鹤楼的卤鸭面、阳春面；绿杨的鸡汤馄饨、紧酵馒头；广南居的广式宵夜；广州食品公司的冷饮、广式月饼、西式奶油裱花蛋糕、

图 11-48　无锡南长街

面包等。当然,我最喜欢的还是黄天源的肉丝面,那是大学时代最美好的记忆,这次也特地重温了年轻时的味道。

(六)淮安御码头美食街

夏日夜风,裹着河水气息,我们来到淮安的御码头美食街,这条街在连接御码头与清江浦城的入口处,又叫花街(图11-49)。这里堪称吃货的天堂,美食香气让游客流连忘返,到晚上9点多,这里还热闹无比,网红店、特色小吃、烧烤、小龙虾……你想吃的应有尽有。除了美食,还有歌手驻唱,浪漫夜色里,将氛围烘托到极致。我们在淮安花街的淮扬菜体验馆尝过大餐后,又坐在运河边,就着啤酒,品尝了小龙虾和螺蛳。在淮安花街的旅游,我们充分感受了这份运河边的人间烟火。

图11-49 淮安御码头美食街

第十二章 坐着轮船游运河

大运河旅游离不开水，水是运河的灵魂。在运河旅游项目中，有一批项目是围绕运河水上旅游组织的，坐着游船看运河，又是另外一番滋味。通过水上的游线，串连起岸上的运河景点，形成水岸交融的局面。在《大运河江苏段国家文化公园建设保护规划》中规划了"一主二十四支"的大运河江苏段水上游线体系。合理设置旅游客运码头和11处水上服务区，在城市内部设置水上泛舟线。江苏段水上游览线路主线总长度约1150千米，浙江的运河水上游做的也不错。本章就带您游览几条运河水上游览线，有扬州的运河水上游线，有杭州的水上巴士，有苏州的环古城水上游，还有无锡、常州、天津、淮安等地的水上游览线。

一、扬州运河水上游

扬州作为唯一与大运河共同成长的城市，如何在扬州段运河这条千年流淌的文化动脉上做文章，让古老运河再次焕发绚丽的光彩，重现往日"船在水中走，人在画中游"的盛景，扬州人推出了运河水上游览项目。扬州的运河水上游项目种类很多，既有城区段古运河游览线、北护城河—瘦西湖水上游览线、绿扬城廊游览线，还开辟了向南北延伸的扬州境内中长线的运河游览线。这些运河水上游览线，串起了城区的古运河、二道河、北城河、小秦淮、瘦西湖，延伸至瓜洲入江口和高邮、邵伯等水工节点，让"上北京看长城，下扬州游运河"成为现实（图12-1）。

图12-1 扬州运河水上游连通了瘦西湖水上游

（一）古运河扬州城区段游览线

我们体验的首个项目是古运河扬州城区段游览线。扬州古运河指的是从茱萸湾风景区到高旻寺之间的河段。我们乘船游览的主要区域集中于扬州城区的南门码头到便益门广场码头，这一段沿路有东关街历史街区、南河下历史街区等著名景点，有众多的盐商住宅、园林等运河遗产。古运河水上观光游览线经过15年的精心打造，已呈现出美丽的风光，这条生态的休闲水廊，成为扬州营造"人文、生态、宜居"水环境的典范。扬州古运河旅游公司的负责人向我们介绍，乘船游览古运河，方式多样，既可以散客购票游，也可以商务包船游，针对游客的不同需求，还可以为游客定制船餐、婚庆和会议。

1. 尝船宴

在古运河游览，可以品尝到船宴。扬州船宴，古已有之，最早可以追溯到隋炀帝下扬州在船上用膳。北宋一代文学巨匠欧阳修给扬州烹饪水上船宴带来了福音，醉翁常携宾客在古运河上饮宴，文章太守，挥毫万字，樽中品尝美食、欣赏文章。清康熙皇帝、乾隆皇帝南巡，船宴更是盛况空前。据李斗《扬州画舫录》记载，有名有姓举办船宴的盐商就达40多家。古运河上坐着画舫，有船娘行厨，以宴饮助游兴，真是既饱了眼福，又饱了口福。

图 12-2　扬州古运河上的戏曲表演船

2. 赏曲艺

扬州曲艺的曲种主要有评话、弹词和清曲等，古代游运河时就有文艺演出助兴。我们坐在船上，一边欣赏运河美景，一边欣赏扬州曲艺家协会演员们的表演，好不惬意。扬州古运河上还不时可以遇到专门表演的戏船（图12-2）。

3. 体验花船迎亲

扬州古运河旅游公司在古运河水上观光游的基础上，倾情打造扬州水城风情游，推出花船婚庆游，成为扬州新的婚庆服务场所。我们作为嘉宾就参加过一次花船婚庆游。只见船外两侧挂红绸和红花，船右侧挂"古运河花船婚庆游"横幅。船正前方布置花门，地上铺红地毯，红地毯两侧布置花道。整个游船被布置成一艘纯粹的迎亲花船，舱内布置拉花，玻璃上贴红双喜字。新郎新娘踏着红地毯登上船，一对新人在船头共同将系有红绸带的锚链拔起，主持人宣布幸福之旅启航，祝新人永远相爱，携手共度美丽人生。在行进过程中，导游介绍两岸风光的同时，游船上的古筝为新人和嘉宾演奏，很有中国味道。游船行至东关古渡，船靠岸，新人站在画舫船头举行神圣的婚庆仪式。放生红色鲤鱼。船行至康山文化园码头，新郎跳上岸，背上红绳，用"纤夫的爱"将新娘牵上岸。整个活动热烈喜庆，浪漫温馨。

扬州的古运河游，还可以为单位、团体在古运河画舫游船上定制各种规模的会场和小型圆桌会议。2022年6月22日，大运河"申遗"成功8周年之际，我们就参加了扬州文艺志愿者协会在古运河船上举办的一次雅集活动，船上会议提升了会议的服务档次，同时也具有较好的观赏性和私密性。

据介绍，扬州古运河还开通了城区水上巴士，分为A、B两条线路，A线为经典乾隆皇帝水上游览线，B线是瘦西湖—宋夹城观光巴士，全长分别为8千米、9千米。A线比较经典，以前坐过，这次我们选择了B线。宋夹城遗址公园地处扬州蜀冈—瘦西湖风景名胜区的核心地带，绿地开阔，生态优美，北临保障湖、汉陵苑，南接瘦西湖温泉度假村，西边与瘦西湖主景区无缝对接，本身是一个国家级考古遗址公园，又是一个生态公园。走在岸上风景已很优美。坐上游船，沿着"水道"进行水上环岛游，可以一路山水一路景地体验。宋夹城水面、坡岸、绿地、林木多层次景观空间，呈现出"水在园中、景在林中"的自然生态写意画卷。我们既体验了生态美，又感受到了文化，真是不虚此游。据了解，扬州正在筹备开通另一条"水上公交"：保障河—邗沟—黄金坝闸—大王庙水上游览线。到时，扬州古运河边的人们也可以乘着轮船去上班了。

（二）瘦西湖水上游线

瘦西湖作为大运河的城区水道，现有游览区面积100公顷左右。康熙皇帝、乾隆皇帝两代帝王各六次"南巡"，形成了"两岸花柳全依水，一路楼台直到山"的盛况。清代钱塘诗人汪沆有诗云："垂杨不断接残芜，雁齿虹桥俨画图。也是销金一锅子，故应唤作瘦西湖。"瘦西湖由此得名，并蜚声中外。瘦西湖清瘦狭长，水面长约4千米，宽不及100米。原是纵横交错的河流，运用我国造园艺术的特点，因地制宜地建造了很多风景建筑。我们乘坐的瘦西湖水上游览船从乾隆御码头开始，沿途过冶春、绿杨村、红园、西园曲水，经大虹桥、长堤春柳至徐园、小金山、钓鱼台、莲性寺、白塔、凫庄、五亭桥等，再向北至蜀岗平山堂、观音山止。坐在船上游瘦西湖，窈窕曲折的湖道，串以长堤春柳、荷蒲薰风、四桥烟雨、徐园、小金山、吹台、水云胜概、五亭桥、白塔晴云、二十四桥景区、石壁流淙、春流画舫、万松叠翠等景点，俨然一幅天然的国画长卷。全程五千多米，犹如一幅山水画卷。整个游程既有天然景色，又有扬州独特风格的园林景观，令人心旷神怡。荡舟湖上，一步一景，沿岸美景纷至沓来，让人应接不暇，心驰神往。

据瘦西湖公园管理处负责人介绍，瘦西湖水上旅游有画舫船、电瓶船、自驾船、船娘摇橹船等各种游船可供游客选择。

1. 画舫游

我们看到，瘦西湖画舫船多采用古典式龙舟的造型，古色古香，船上配备古筝和导游讲解，我们游览过程中可以一边品茗，一边欣赏扬州小调，气派非凡，适合商务接待和聚会游览，船上可以乘坐20名左右的游客，多采用包船的形式（图12-3）。

2. 船娘摇橹

要领略瘦西湖的风情神韵，还可借助瘦西湖船娘。在瘦西湖，我们享受了一次船娘摇橹的游船。只见一群瘦西湖船娘举止娉婷，一色蓝白相间的印花布衣裤，一样青春靓丽的容颜，一阵阵飘荡在湖面上的欢声笑语，一支支悠扬曼妙的清曲小调。摇啊摇，摇到五亭桥，白塔浮绿水，船娘更窈窕。旁边的游客感叹道："没有到过瘦西湖等于没有到过扬州，没有享受过船娘摇橹的游船，等于没有到过瘦西湖。"看到这样的场景，不由使人回想到郁达夫在他那篇著名的游记《扬州旧梦寄语堂》中关于船娘的一段文字："还有船娘的姿势也很优美。用以撑船的，是一根竹竿，使劲一撑，竹竿一弯，同时身体靠上去着力，臀部腰部的曲线和竹竿的线条配合得异常匀称，异常复杂。若当暮雨潇潇的春日，雇一容颜姣好的船娘，携酒与茶，来瘦西湖上回游半日，倒也是一种赏心的乐事。"其实，朱自清、易君左等文化名人也都生动地描写过"瘦西湖船娘"。据陪同的瘦西湖景区负责人介绍，瘦西湖船娘已成为一道装点扬州的风景线。她们曾走进中央电视台《小崔说事》节目，空政歌舞团还专门创作了歌曲《船娘》。目前船娘班的46名船娘，80%具有大专以上学历，8名船娘参加"华利杯"扬州美女大赛，给观众留下了深刻印象（图12-4）。

3. 电瓶船游

瘦西湖风光秀丽，不想被别人打扰的游客，适合比较自由的电瓶船自驾游方式，2～6人乘坐都可以。游客自己驾驶着小船，在河道中穿梭荡漾，可以增加游览的兴趣，

图12-3 瘦西湖画舫

图12-4 瘦西湖船娘

大船到不了的地方小船可以去,别具曲径通幽的意味。小船采用租用的形式,按小时收费,并交纳一定的押金即可。

(三)"绿杨城郭"水上游览线

多年来,扬州瘦西湖与古运河相通,却没有相连,游弋于瘦西湖与古运河之上的画舫、游船不能互相往来,来扬州的游客也不能通过一条水上线路同时游览瘦西湖的美景、古运河的迤逦。大运河文化带建设中,连通瘦西湖、古运河的二道沟上通江门桥的修缮完成,供游客畅游扬州城的画舫才得以在瘦西湖与古运河之间穿梭。"绿杨城郭"水上游览线全长约8千米,从瘦西湖东堤码头开始,经二道河进入荷花池,过二道河的套闸,进入古运河,直至东关古渡码头,整个游程约为50分钟。这条游览线的开通,不仅将已有的瘦西湖乾隆皇帝水上游览线、古运河水上游览线沟通相连,而且将扬州老城区水系串联成环,将扬州旅游的精华所在"两古一湖"(古城、古运河、瘦西湖)环抱其中,让"两岸花柳全依水,一路楼台直到山"的扬州水上胜景一览无遗,真正实现了"河湖一舟通、水陆任我游"(图12-5)。

我们也亲身体验了一次"绿杨城郭"水上游览线,整个游线分为5段,第一段为大虹桥——来鹤桥段,从风景如画的瘦西湖东堤登船,穿过清二十四景之一的虹桥览胜;路过西园曲水,在湖水转弯处看到丁溪,其水路有明清两代的建筑妙远堂、薛萝水榭、濯清堂、浣香榭;途经柳湖路西的扬州大学师范学院;随即穿越连接二道河两岸的来鹤桥、骑鹤桥和双虹桥三座桥;进入荷花池公园;途经被考古学界、史学界、建筑界誉为中国古代的城门通史的南门遗址;然后通过二道沟上新建的通江门桥,进入古运河;沿着古运河向北,一路欣赏扬州古城的魅力,最后到达东关古渡,来到扬州国家级历史文化名街"东关街"。通过游船,瘦西湖与古运河得以紧密相连。这条窈窕曲折的水上游览线,在近一个小时的行程中,沿路湖水澄澈碧绿,两岸灯光迷人,夹岸桃花,绿树葱茏,白墙黛瓦,小桥流水,铺展而来,扬州古城的历史文化和现代风情尽收眼底,成为来扬州游客欣赏瘦西湖、古城、古运河"两

图12-5 古运河上开行了画舫船

古一湖"的最好水上旅游精品线路。这条游线,几乎包揽了扬州城区段的大运河遗产点段,而且游玩的形式多样,游客不仅可以乘船饱览"水上扬州"的独特风韵,还可以在沿线码头自由上下游玩,体验水上、岸边、游乐、餐饮等全方位、多形式,集旅游、购物、休闲、娱乐为一体的多重乐趣。

(四)大运河扬州段中长线游

2014年,扬州曾推出"扬州—邵伯—高邮"大运河水上旅游专线。这一段游程,经过新老运河的分水岭茱萸湾、凤凰岛景区、邵伯船闸、高邮明清运河故道,还可以参观千年古驿站高邮盂城驿。线路全程45千米的行程分为一日游和二日游,行程设计由水陆+观光休闲组成。船上还推出了扬州评话、扬州弹词等"非遗"表演,受到了中老年游客的喜爱,一时间船票预订供不应求(图12-6)。由于航道与码头的原因,目前,这条游线处于暂停状态。

2020年开始,扬州又推出了从扬州城区到三湾生态公园和瓜洲古渡的运河郊区游,这一段运河水质清澈,穿城而过,沿岸古迹林立,从长江入口处开始,沿岸有瓜洲古渡、佛教禅宗名刹高旻寺、扬子津渡口、鉴真东渡码头宝塔湾、普哈丁墓、扬州中国大运河博物馆等,景点比较集中。

正值国庆节,我们利用假期开启了运河水上游的旅程,在扬州东关古渡码头,随着一声鸣笛响起,我们运河水上旅游观光巴士启航了。乘船游览扬州城区段运河景观,换个角度看扬州,会有不一样的感受。在全程25千米的旅程中,我们在船顶和船舷无遮挡地欣赏两岸的美丽风景,大运河沿岸古迹林立,风土人情纷至沓来,自然生态怡人。大约2个小时的水上航行,为我们提供了一个全新视角,坐在船上可以近距离感受扬州这座运河文化之都的隽永与温厚,让我们体验到人在画中,画在景中。到了瓜洲古渡,我们上岸逛了瓜洲古镇,吃了点瓜洲小吃。随后来到大运河入江口,我们想象王安石当年在这里泊船,是怎样的情景让他写下了"春风又绿江南岸,明月何时照我还"的诗句。我们在含江口的牌坊下拍了照片,然后又来到沉香亭边,回味了杜十娘怒

图12-6 非遗项目进入大运河旅游船

沉百宝箱的故事。参观完古渡公园，我们乘坐游船往回赶，回程中来到运河三湾公园，又上岸参观了三湾生态公园。据了解，扬州运河水上观光巴士设置2条线路：A线从东关古渡出发去瓜洲古渡公园，全程约两个半小时，沿途一共设立了8个站点；B线从东关古渡出发到三湾公园，全程约1小时，沿途一共设立了5个站点。旅游部门正筹划开通扬州至高邮、宝应的运河水上游线路。还与运河沿线城市对接，条件成熟时开辟扬州至淮安、扬州—镇江—常州—无锡—苏州—杭州的城市间运河水上游览长线（图12-7）。

图12-7 扬州至瓜洲的旅游船

（五）夜游古运河

夜游古运河项目的推出，使游客可以乘坐观光船，沿着古运河缓缓前行，穿越时光的隧道，从春秋、两汉、隋、唐到宋、元、明、清，感受到扬州深厚的文化底蕴。我们从东关古渡登船出发，运河的东岸，五彩的光柱分层次地投射到河道、岸堤、杨柳、城市建筑上，城市、公园被点缀成花海灯火的海洋。沿途经过解放桥、普哈丁墓园、吴道台府、跃进桥、柳叶桥、徐凝门桥，夜晚的古运河才是扬州最瑰丽的天堂：灯光下，码头、桥头堡或桥栏杆、桥洞，上下里外，光溢流彩；古运河沿岸的霓虹灯五光十色，璀璨夺目。皓月当空，波光粼粼。这段行程虽然不过半小时，但古运河沿岸，街市的繁华景象、两岸的民俗文化、市民的生活和运河本身犹如《清明上河图》的长幅画卷，展现在我们面前。

前面就到了徐凝门桥，这座桥可太有来历了。一旁的专家介绍，徐凝是唐代诗人，他的那句诗"天下三分明月夜，二分无赖是扬州。"使扬州有了月亮城的称号。扬州人为了纪念徐凝，将一座城门命名为徐凝门，并将城门外运河上的大桥命名为徐凝门桥。在我的扬州印象中，月亮与运河是最具风韵的词语。此时一轮明月下的运河，让人想起那句经典的唐诗："二十四桥明月夜，玉人何处教吹箫？"我们猜测，杜牧在离开扬州之后，可能也是想起了在扬州坐船游运河的场景，从而写下了这句千古绝唱（图·12-8）。

图 12-8　扬州运河夜景

（六）古运河上吃早点

在扬州，坐在运河游船上，可以边饮绿茶，边品尝点心，边欣赏两岸风光美景，早就听说过这种早点的吃法，这次终于亲身体验了。从瘦西湖东码头上船后，只见船舱茶几上为每位客人泡好了一杯绿茶，一只盖碗的烫干丝，还放着一大盘洗干净的葡萄等水果。穿过大虹桥，未驶入二道河，却左拐弯进入盆景园，沿着北护城河往东行驶，不觉船已停靠在冶春茶社码头，立即有人搬来现蒸的小笼包子，每人一笼包子，扬州人称杂色，有肉包、菜包、三丁包、蒸饺、豆沙包、方糕等。游船掉转船头，往二道河行驶，进入绿扬城廓游览线，一路经过来鹤桥、骑鹤桥和双虹桥，来到荷花池。这条河道虽然狭窄，但两岸花草繁茂、垂柳绿波、水亭阁廊，加之各个桥洞的优美曲线，将这条不长的河道点缀得十分雅致，体现出扬州古城的文化韵味。喝着花茶，吃着包子，看着风景，不觉间，船已到荷花池公园。船只在长满荷花的湖中与汉白玉荷花仙子雕塑擦肩而过，仙子曼妙的姿容呈现眼前。游船在行驶过程中，船上的电视屏幕上还在播放介绍扬州园林和古运河文化的宣传片，让人边欣赏美景，边了解扬州文化，其乐融融。经过通江门桥，游船进入古运河，再经过徐凝门桥、柳叶桥等五座桥，历时 90 分钟到达东关古渡。古运河水上游结束了，一顿特殊的早餐也吃完了（图 12-9）。

图 12-9　扬州船上早点

二、杭州运河巴士

大运河（杭州段）北起余杭塘栖，南至钱塘江，全长约 39 千米，贯穿杭州市余杭、拱墅、下城、江干四个城区。大运河杭州段运河景观带包含半道春红、御码头、江桥暮雨、青莎古镇、北星公园五大景区。在杭州游大运河，最经济的方式就是坐水上巴士去各个景点参观。

（一）水上巴士串起城区主要景点

杭州大运河水上游经典路线为武林门码头—水上巴士游览运河—信义坊—大兜路历史文化街区—小河直街历史文化街区—运河广场。城内主要景点，水上巴士全包揽。坐着运河游船，我们观赏到了素有"江南运河第一桥"之美称的拱宸桥、号称"天下第一粮仓"的富义仓、展示运河风貌传统民居的小河直街、杭嘉湖地区近代蚕桑业发源地的桑庐、近代的海关洋关、清代运河上的税关北新关、乾隆皇帝六下江南五次停泊的御码头以及"运河第一香埠"香积寺等历史遗址。

游船前面到了御码头。这处景点由御碑亭、南熏轩和御舟停泊码头组成。据专家考证，当年，康熙皇帝、乾隆皇帝下江南的"御舟"就在"御码头"停泊。御碑亭为单边重檐结构，亭内高耸着雕刻精致、书法遒劲的御碑；南熏轩为歇山顶穿梁式结构，轩内花梨照壁上清漆描金刻有《御制南巡记》；临运河码头为古朴老石板铺设的悬挑亲水平台。还利用运河驳岸分级后的自然落差，镶嵌了一组以民间传说为素材的乾隆皇帝下江南长卷式人物组图浮雕，充分体现了古都繁华景象。御码头的对岸就是古运河最繁华的中心节点"候圣驾"，它由水榭、牌坊、长廊、接驾亭、乾隆皇帝御笔石刻、"候圣驾"碑记等组成。在"候圣驾"的水面上有座仿古建筑，这就是仿制的画舫——"乾隆舫"。"乾隆舫"从建筑造型到内部陈列均仿明清时期格调：雕梁画栋，飞金走彩，舫内牌坊、亭柱、走廊浑然一体，并以匾、联、字、画点缀其中，只要置身其中便油然感受到浓浓的古运河文化神韵。

我们向岸上看去，老人们沐着晨曦舒展筋骨，孩子们在如茵的草地上嬉戏；细细聆听，桥下戏迷的阵阵歌声与河水搏击声，汇成了一曲赞美大运河的交响乐。

（二）新武林门码头投用，运河游增添新航线

自 20 世纪 80 年代至今，武林门码头一直是大运河杭州段的最重要枢纽，也是展示大运河和杭州城市形象的重要窗口。为了迎接亚运会，杭州对码头进行了重新修缮，

新的武林门码头成为杭州第一个具备游艇靠泊功能的码头。水上巴士公交、运河游船、内河游艇，以及未来苏杭班的游船，都在这里靠泊和始发。与此同时，杭州推出了运河水上游的新航线。我们随运河城市公园调研组乘运河游船游杭州，一路上精彩纷呈，从武林门出发，至土特产码头逛一逛桥西历史文化街区，还可以看到香积古埠，上岸可以去富义仓逛逛。船上有玫瑰花手作体验，岸上有老开心茶馆的定胜糕制作体验等。除了看风景，游船上还能欣赏到精彩的演艺表演。结合宋乐、宋舞、宋礼、宋四雅等演出，还有投壶、蹴鞠等古人钟爱的游戏，打造满载宋韵文化的游船盛会。如果是搭乘运河梦幻夜游线路，武林门—拱宸桥往返，还可以欣赏到运河十里亮灯的独特景致，周末节假日还有运河塘栖古镇专线。据杭州运河集团的同志介绍，乘船"水上游"，能领略杭州运河的别样四季（图12-10）。在不同的节日，运河水上游会推出一些临时航线活动，例如"三八"节的"运河女神节专线"。此外，杭州演艺·水上剧场，把大家喜闻乐见的演出带到水上剧场。未来，还将开展亚运主题演艺活动，文旅双擎驱动，助力"运河唐诗之路"建设。

据专家介绍，接下来，杭州水上巴士除了打造钱塘江—运河游、运河夜游、运河—西溪、运河—良渚、武林门—塘栖游、上塘河夜游等杭州境内的游线，还正在打造杭州—苏州、杭州—无锡等跨省内河游轮线（图12-11）。

图12-10　杭州运河水上游览船

图12-11　杭州水上巴士经过的运河文化广场

（三）运河二通道即将通航，杭州规划了10条水上巴士支线

杭州段的大运河是标准的城市运河，河面上来往不断的大小货船，给游客留下了深刻的印象。不过，未来游客站在大运河的拱宸桥上，或许将不再能看见来往不断的大小货船了。建设中的京杭运河二通道即将建成试通航，杭州将多一条"大运河"，更多的货船也将通过运河二通道往来钱塘江，不再经过杭州城区内的大运河（图12-12）。

杭州是京杭大运河的南端，运河进入杭州境内后，一路向南，经过拱宸桥进入杭州老城区，贯穿整个老城区之后，在钱江新城一带与钱塘江交汇。新开的运河二通道则不经过杭州老城区，它将新开挖一段23千米左右的河道，起点位于临平区境内的博陆，沿着临平区与桐乡市边界向南延伸，进入九堡、下沙一带，穿过杭州城东，通过八堡船闸与钱塘江相连。

图 12-12　杭州运河水上巴士

据杭州同行介绍，减负之后的大运河杭州城区段，将逐步弱化一般货运功能，重点发展水上客运、旅游及城市生活物资运输功能。那时，站在拱宸桥上，看到的或许就不再是来往不断的货船，而是水上巴士和各种游船、游艇，就像巴黎的塞纳河一样。值得期待的是，杭州规划了"三主、十支"的水上巴士基本架构，3条主要水上巴士线沿京杭大运河、杭余线和上塘河3条主通道的核心城区段布置。10条水上巴士支线由主线连接塘栖、良渚、火车东站、临平、西溪、未来科技城—火车西站等支线、运河新城环线、塘栖—仁和—崇贤环线以及东河支线等组成。展望未来，杭州人去未来科技城、火车西站不仅可以坐公交、地铁，或许还能坐着水上巴士去西站乘高铁。运河水上游览线不仅用于观光，还可以真正用于市民与游客出行（图12-13）。

图 12-13　杭州段运河

三、苏州环城运河水上游

姑苏水上游，强于陆上走。环古城水上游是苏州一个特色旅游项目，苏州古城被古运河所环绕，城区水道都是运河的城区水系，形成了水陆双棋盘的格局。游船在古运河上行，坐在船上看两岸景致挺不错，尤其是晚上看两岸夜景更美。整个环线有多个上船的码头,您可以就近上船,票价是40元一位。

(一) 环古城水上游串连起苏州古城景点

秋日的一天,我们体验了这条水上游览线。这条线路的起点是具有传奇色彩的觅渡桥,位于古城东南角,登船出发后,沿护城河,经盘门、胥门、阊门,通过千年山塘河,直达吴中第一名胜虎丘,一路我们看到了众多名胜古迹和自然风光,这条游线成为展示苏州历史文化、园林风情和水城风貌的黄金水道。第一段从觅渡桥至阊门,沿途我们经过了15个景点,有运河上觅渡桥、赤门碟影、环古城河风光带、人民桥、苏纶纱厂、裕棠桥、潘龙桥、盘门三景、盘门以北护城河段、百花洲、鸿生火柴厂、胥门、胥江、万年桥、演艺中心。其中有历史古迹,有工业遗产,还有现代文化设施。在盘门景区,我们还体验了坐船过水城门。苏州环古城水上游的第二段是从阊门到虎丘,又称苏州水巷游。这一路沿途经过阊门、神仙庙、阊门吊桥、阊门城楼、五龙汇阊、山塘河入口、通贵桥、杨安浜、水乡民居、水巷生活、星桥、半塘、野芳浜、普济桥、普福禅寺、青山桥、绿水桥17个景点。这一段是苏州环古城水上游的精华段,路过七里山塘,一直到虎丘上岸,可以欣赏小桥流水、枕河人家的风景,近距离感受到苏州市民的水巷生活。从云岩寺上岸,还可以观赏虎丘剑池及虎丘塔的美丽风光。环古城水上游,使我们身临其境地感受了苏州运河的人文底蕴(图12-14)。

图12-14 苏州运河水上游船

(二) 提升水上游品质,增强互动性

随着第四届江苏大运河文化旅游博览会在苏州举办,作为苏州的一大特色旅游项目,环古城河水上游华丽"变脸",旅游部门重新设计了旅游内容,进一步提升了环古城河水上游的内涵。

苏州同行向我们介绍,苏州环古城水上游开通几年来,游客们已不满足在灯火阑珊的环古城河上游览、看看枕河人家的闲适生活。因为这一游线缺乏互动性,游客普遍反映有些单调。针对这种情况,苏州旅游部门重新设计了环古城水上游的内容,丰富环古城水上游的内涵,在古运河两岸添置了一些新的景观小品,以展示苏州历史文化故事为主,在一些景点附近也设计了全新的灯光效果,其中吴门桥和新市桥中间就设计了一面叠泉瀑布灯光墙,而游船也装上彩灯,使游船本身也成为一道风景,同时还筹划水陆联动,游客在品茶的同时还可以欣赏苏州评弹,游程也不再全程都在水上,而是适时地上岸参加一些互动节目。

据介绍,苏州古运河旅游公司与盘门景区合作,为团队游客量身定制新颖的"水陆互动游",改变原先水上游只能在船上活动的情况:游客可先在船上用餐,途经盘门景区时上岸游览、参加互动活动,再继续登船游览、听评弹,或来场水上唱歌比赛,这样的旅游形式一经推出,便吸引了很多喜好互动的游客的欢迎。

在新冠疫情影响下,入境游客源下降,而针对易拉动而庞大的内需市场设计的古城水上游"套餐",则不仅效果明显,适合追求"浓缩""好玩"的现代游客需要,也方便旅行社升级包含苏州的旅游线路。当然,这条游线在疫后旅游市场复苏时成为境外游客关注的焦点。

据苏州文旅部门负责人介绍,苏州运河水上游从火车站就开始了,火车站成为一个水城大枢纽,游客在火车站购买船票坐上游船一路到达东园,这里将利用园林临水的环境设置成一个水上游园会,增设一些水上游乐项目,游客还可上岸游玩东园和耦园。莫邪路沿河布设了情人街等,而在觅渡桥,则利用地形安装巨型天幕,形成一个室内情人河的景观,胥门和阊门也形成了娱乐休闲带的格局。

同时,为了方便市民和游客沿河游玩,环城河沿线的主要景点还增设了滨水长廊、休闲长凳、伞吧、冷饮屋、小吃店等商业与公共服务配套设施,并加设了栏杆等安全设施,增设游客服务中心等,切实提升了环古城水上游的内涵,使游客不仅能尽览沿河风光,更能感受乃至融入苏州的城市氛围中,从而使环古城水上游真正形成一道靓丽的水上流动风景线(图12-15)。

图12-15 苏州山塘河的游船

（三）夜游苏州古运河

在苏州，我们也体验了一次夜晚坐船游古运河。当夜色弥漫，华灯初上，古运河畔的景色便更加迷人。夜游古运河，犹如置身灯影中的水天堂，充分感受到苏州这一东方水城的独特魅力。坐游船看到的夜景非常漂亮，绚丽的灯光与苏州古城建筑相得益彰，浑然一体，令人陶醉，让我们充分领略了千年古城苏州的柔美和精致。坐在船上，欣赏水城美景，沿岸绚丽的灯光倒映在荡漾的水波里、摇曳的柳枝上，为苏州古运河增添了一番别致景色。沿途经过盘门、胥门、金门、阊门等10座苏州古城门和20座风格不一的桥梁。给我们印象最深的是许多桥洞下还配有精美的浮雕，这是乘坐游船才能欣赏到的特色美景。夜游的船上还配有评弹演出，并沿途讲解，在观光的同时可尽情领略苏州的历史典故，感受苏州古城的深厚文化内涵（图12-16、图12-17）。

图 12-16　苏州运河夜游船

图 12-17　苏州运河游船

四、无锡运河水上游

（一）无锡古运河水上游辉煌的历史

从事先的攻略我们了解到，无锡是开通运河水上游最早的城市，20世纪80年代，一句"欲游古运河，请到无锡来"的口号，让无锡水上旅游声名鹊起。无锡旅游部门的专家骄傲地说，他们在全国率先启动了"古运河之旅"。为打好这一品牌，无锡人邀请日本著名音乐制作人山田广作、作曲家中山大三郎、青年歌唱家尾形大作来无锡创作访问。《无锡旅情》《清名桥》两首歌，引得中外游客纷至沓来，首条推出的双河尖至下甸桥的古运河之旅游览线，更引起了极大轰动。到20世纪80年代末，累计接待海外游客达 80 余万人次，至 20 世纪 90 年代初已有近百万境外游客前来打卡。有时 14 条游船全部出动，坐满游览古运河游船的外国游客，向站在两岸码头的无锡市民欢呼招手，那情景好不热闹。外国游客也称之为"神奇的旅行"（图 12-18）。

针对运河长线游，当年无锡还专门建造了"江南明珠"号邮轮，开辟了夕发朝至的锡杭运河航线，这成为无数游客最留恋的古运河游线。去杭州的船票十分紧俏，船票要 40 多元，乘客中除了游客，还有不少是去杭州进货的商贩。后来，这一条游览线逐步延伸，东到苏州看寒山寺，北至扬州游瘦西湖，形成一条条黄金旅游线。无锡还开辟了至上海、南京、镇江等地的水上旅游线及"太湖一日游"等（图 12-19）。

无锡的"古运河水上游"成为享誉海内外的旅游精品线路。1992 年无锡"江南水乡游"列入中国 14 条黄金旅游线之一。但随着工业化发展后，运河水污染日益严重，"水上游"逐渐衰落，以致后来被取消。

图 12-18　大运河无锡段游船

图 12-19　外国游客在大运河游船上

（二）古运河水上游重生

随着大运河"申遗"成功，运河水污染的有效治理，以及古运河风貌带综合整治，2009 年无锡清名桥段古运河水上游项目重新启动，随后 2010 年环城运河游投入运行。直至 2017 年"水上游"南北贯通，推出"江南运河线"。借助全域旅游的东风，当年风光无限的运河客轮再次回到人们的生活中。2019 年，无锡古运河景区首条特色赏樱专线推出，"仙蠡"号游船从运河公园码头启航，途经大运河、梁溪河、太湖，最后抵达鼋头渚，一路"穿越"无锡诸多历史人文景观，既缓解交通压力，又形成颇具特色的运河游。已启动建设的锡钢浜水上旅游集散中心将与清名桥古运河历史文化街区实现水陆双线无缝对接。

目前，无锡古运河旅游公司已经推出的景区旅游线路有古运河水上日游、古运河水上夜游、古运河水陆游（包含中国丝业博物馆、祝大椿故居、无锡窑群遗址博物馆、薛南溟旧居、南水仙庙等岸上景观）。具体游线为南禅寺—跨塘桥—大公桥—中国丝业博物馆—清名桥—南水仙庙—无锡窑群遗址博物馆—祝大椿故居—南禅寺。游线起点是南禅寺码头，终点是南水仙庙，到一个岸上景点就上岸参观。游船和岸上景点通票现在面值75元，淡季可以打折，包船更便宜。

（三）水上巴士受追捧

无锡旅游部门介绍，2020年，古运河环城水上巴士开通，今夜"梁"宵运河夜市愈加闹猛，游船从早到晚川流不息。随着第二届江苏大运河文化旅游博览会的举办，深藏在这条运河上的久远回忆逐渐被唤醒。2020年7月，古运河环城水上巴士免费试运行，每天限额400人，想登船的市民络绎不绝。同年8月开始收费后，上下班高峰2元每位，中间时段10元每站，游客的热情依然很高。夜市水上巴士平均每晚两百人次的客流量，加上原有的古运河精华游每晚承载的三五百人的散客和各地的团队游，游船已全部铺开，水上繁忙的场景不输岸边（图12-20）。

第二届江苏大运河文化旅游博览会期间，我们有幸乘坐了一次无锡水上巴士，夜晚的运河则因为灯光的修饰多了一份妩媚。寂静夜色中，观看两岸上了妆的建筑也别有一种风情。"快进慢游"成为当下旅行的出行诉求，船本身就是目的地的理念逐步深入人心。我们在船上不是着急要到下一个点，而是享受坐船的过程，欣赏沿途的风景。随着古运河环城水上巴士的开通，加上今夜"梁"宵运河夜市、无锡水上旅游，这一市场重新被激活。

据介绍，无锡运河水上游还将继续探索向东西拓展，东拓到蠡湖、太湖，西拓到荡口古镇、梅里、梁鸿湿地，打造"乡村水上游"。无锡正在开发的"乾隆皇帝下江南体验游"的游线就是一场独具人文特色和地域风情的表演，游客既是观众又是参与其中的演员（图12-21）。

图12-20　无锡运河旅游项目

图12-21　无锡运河水上游经过的伯渎港

五、异彩纷呈的运河水上游线

（一）常州古运河水上游线

常州，是一座始终与大运河相伴相随、不离不弃的运河之城。大运河常州段全长44.5千米，曾是常州经济的命脉，也是孕育常州千年文化的纽带。

春暖花开，大运河常州段迎来了新的生机。随着新冠疫情防控形势的好转，古运河水上游迎来了2022的第一批夜游客，在常州国家级"非遗"传承人叶莉莉的"小热昏"表演中，古运河水上游复苏启航，从运河五号码头出发驶向古色古香的明城墙，带领大家领略运河的新风尚。据了解，受新冠疫情影响已停滞近6个月的古运河水上游，终于正式恢复白天和夜晚的航线。市民游客可根据最新信息，于运河五号码头、篦箕巷、东坡公园三个站点上船游览运河的美景。

白天游船：东坡公园—同安桥（往返）；夜间游船：东坡公园—篦箕巷（往返）；运河五号—东坡公园（往返）。

早在2015年，随全国政协文史委大运河调研组就在常州坐过运河旅游船，这次我们又坐上了复苏后的古运河"夜游巴士"。我们看到，水上游船串联起了常州独特的文化夜长廊，带我们游览了三堡街历史地段、运河五号创意街区（原恒源畅厂）、篦箕巷、新城西瀛门遗址等历史文化名城中的特色景点。同时，在游船上还有沙龙、评弹、"非遗"项目等互动定制体验，推出主题类活动，提供周全的旅游管家式服务，提升水上游的人气和品牌效应。从古朴的街巷驶向繁华的商业区，"夜游巴士"助力常州夜经济的发展，成为运河文化的加油站，通过水陆联动的方式，将游客送达城市中最具特色的文旅休闲站点，展示常州"文欣、业活"的运河风采。

据常州产业投资集团负责人介绍，下一步，常州还将深入挖掘运河故事、活化国家级工业遗产、整合常州水上旅游资源、创新运作机制、扩大水上游生态链，从文化、旅游、商业角度提升古运河水上游，打造城市水上交通智慧线，实现常州水上游的可持续发展（图12-22～图12-24）。

图12-22　常州运河水上游船

图12-23 运河边的常州青果巷历史街区

图12-24 常州运河水上游的码头运河五号

图12-25 杨柳青石家大院旁的运河

（二）天津三岔口水上游

三岔口是北运河、南运河与海河的交汇点。三岔口孕育了天津城与周边城镇，是天津城市发展的"摇篮"。20世纪初，天津进行了三岔口裁弯取直工程，新建了一段河段，直接沟通了狮子林桥与金刚桥，绕过北运河与南运河由狮子林桥向北的部分河段弯道，形成了今天的三岔口的形态。

据介绍，天津旅游部门在此开设了水上游览线，以海河为主体，运河为辅助，乘船欣赏、观看海河两岸旖旎风光和体味运河历史文化。游线分为观光游和夜景游、水陆互动三种，票价分别为80元和100元。现有海河、杨柳青一日游，海河、渤海一日游，海河水陆互动游，海河红色一日游等四种游线。其中海河、杨柳青一日游是沿着运河旅游，我们就选择了这条游线。这个路线的特色就是水陆互动，为游客了解天津及大运河提供了一个很好的渠道。这是一条往海河上游走的路线，早上九点半从大悲院码头出发，开往古文化街码头，一路上经过天津之眼、解放桥、古文化街等天津的许多地标性建筑，我们用手中的相机拍个不停。一路到了杨柳青码头，我们下船乘车去参观玉佛寺，在这里了解佛教对天津的影响。然后就去九百禾餐厅用餐，自由活动的时间大家参加了农家乐采摘活动。下午我们参观了杨柳青古镇的石家大院，古朴的建筑风格加上浓厚的文化氛围，让我们更深入地了解到天津的建筑文化以及运河文化（图12-25）。在杨柳青年画博物馆，我们听了年画历史的讲解，实地观看了杨柳青年画的制作工艺，同行的朋友争相购买杨柳青年画作为纪念品，带回去赠送亲朋好友。

天津的朋友还向我们介绍，2022年，为了让游人能够更加真切地感受到千年运河文化，天津推出首个运河仿古游船旅游项目——红桥区运河新天地夜市游船项目，每日前50名游客将可免费游览，同时在夜市达到一定消费的游客也可领取乘船证免费游览。

据介绍，为了让游人能够更加真切地感受到千年运河文化，旅游部门专门定制了3类6条仿古游船，分别按照乌篷、画舫、摇桨船造型打造，船只上雕刻精美、古色古香，让游客不出津门就能感受到大运河的地域跨度和历史变迁（图12-26）。为增加文化气息，6条船分别以天津老地名、红桥特色文创企业为船号，设置船牌、号旗于船上，让游客在欣赏美景的同时，了解津门历史和红桥特色文化产业。船周围还设有灯带，夜幕降临，岸上灯火通明，水中繁星点点，交相辉映，美入人心。

天津的旅游部门很细心，为确保游船营运不对运河水质造成影响，游船在设计之初就环保、安全等诸多因素做了充足考虑，我们为天津人保护大运河的意识点赞。为了满足广大游客的需求，营业时间为每天下午2点到晚上10点。上船地点为天津市红桥区大丰路与南运河交叉口的南运河畔，距离天津西站距离500米，距离天津地标之一天津之眼摩天轮1000米。这次行程匆忙，我们没有机会去坐，下次一定去体验一下运河仿古游船（图12-27）。

图12-26 天津运河中的仿古旅游船　　图12-27 天津运河中的游船

（三）淮安里运河长廊游

淮安是一座因河而建、因河而兴的城市，古老的运河穿城而过，给淮安留下了丰厚的人文历史和地域习俗。里运河贯穿淮安东西，全长32千米，沿岸风景优美、人文景点众多，国家级、省级及市级文物保护单位百余处，承载着淮安千年的运河文化，见证了昔日淮安漕运文化的兴盛。里运河文化长廊位于淮安市清江浦区，两岸风景很美。

春季的一天我们有机会乘坐了淮安的游船，里运河游船从清江浦古运河码头出发，一路行驶到河下古镇。一路上边欣赏两岸风景，边了解淮安运河文化。人在船上，船在河上，泛舟运河，别有一番意境。舍舟登陆后，大家又散落在运河两岸的闻思寺、河下古镇、吴承恩故居、淮安府衙、周恩来纪念馆、漕运博物馆等历史景点。

秋季的一天，我们又来到淮安，这次我们乘坐了里运河夜游船，这个航程不去河下古镇，只在市区里航行，航行时间约 40 分钟。我们从古运河游船码头上船，一路上经过越秀桥、北门桥，再返程回到古运河游船码头。夜晚的里运河树影婆娑、流光溢彩，一座座桥梁犹如一道道彩虹，将运河装扮得多姿迷人。画舫起航，笑声、歌声、琴声荡漾水面，演奏出一曲运河繁华再现的动人乐章。喜欢摄影的我们，拿出相机在船头一阵狂拍，漂亮的夜景让人陶醉。特别是从水上看清江大闸，与白天在岸上看的清江大闸完全不是一个景色。坐在花灯装扮的画舫里，两岸景色倒映水中，把 600 余年清江浦的兴盛之景、繁华之所、炫丽之美次第呈现，真有一种时空错乱之感（图 12-28）。当然，大运河沿线的水上游还有很多产品等着您去品尝。（图 12-29～图 12—31）

图 12-28　淮安运河夜景

图 12-29　瘦西湖熙春台游船码头

图 12-30　运河游览船

图 11-31　江南运河古镇的游船

附 录

大运河旅游展望

历史上，中国大运河的漕运功能最为突出。现今，在航运功能继续走强的同时，运河旅游也发展成为新的亮点。水运发展促进了旅游业的繁荣，增强了各地之间的经济文化交流。在交通型客运需求大幅下跌、旅游型客运需求逐渐增长的市场趋势下，将大运河的功能从交通型向旅游型转变，确保运河旅游资源的合理开发和永久利用，已成为大运河沿线城市研究的热门话题。随着中国大运河成为世界文化遗产，逐步改善环境景观并完善展示相关设施，在国内外影响力持续扩大，大运河的旅游发展得到极大提升。在大运河国家文化公园建设的背景下，大运河旅游将走向新的辉煌（附图1）。

附图1　高邮湖风光

一、中国大运河旅游存在的问题与不足

大运河沿线的许多文物古迹均为全国独有，旅游资源的价值很高，使大运河线具有很大的旅游开发价值，而目前大运河沿线与运河有关的旅游开发程度都还不高，主要存在4个方面的误区。

一是点多面散，整体规划不够。作为长达3200千米、流经面积占国土面积3.22%的巨型遗产，大运河的旅游景点众多，但分布在沿线各地。由于运河旅游景点分属不同地区、不同行业管辖，给大运河旅游规划带来了一些难点，各个景点、各个市县之间缺少沟通，不同规划之间缺少衔接，有的重复建设，有的相互冲突，给旅游规划带来协调难题。就在同一个城市，因为管理部门众多，运河旅游规划也难以得到利益相关各方的普遍认同。在旅游开发活动中，无论是规划和运营都缺少整体协调意识。

二是各自为政，市场融合不畅。在体制方面，文化遗产部门管运河保护，旅游部门管理运河旅游开发，同时还有众多的并列部门管理运河景点的运营，由于各自职责不同、沟通不足，造成文化与旅游的融合不够。文物部门侧重从遗产保护的视角考虑运河旅游业的发展，缺少对市场需求的思考，缺乏对文旅融合发展的规划和实践；旅游管理部门则专注于旅游服务，市场化运行，对运河文化的研究缺少尝试，导致运河旅游发展缺少文化资源的支撑而停留在表面化状态。再有，运河旅游景点实际管理部门与旅游部门的沟通协调不够，也不利于文化旅游资源的开发和保护，造成文旅融合难。

三是观念落后，产业融合不深。文化创意、高科技元素在运河旅游产品融合中的应用较少，产业链的纵向延伸不充分，运河旅游中的文化含量不高。在开发运河文化旅游资源时，只重视旅游设施的建设，却忽视了运河文化遗产的利用，文化资源与旅游结合不深，没有形成产业化。文化企业参与到运河旅游发展的少，缺乏参与市场化运营的主动性。运河旅游产品、工艺品、艺术作品表演等转化为文化产品的能力有限，缺乏具有竞争力及市场影响力的文旅融合精品产品。

四是追求功利，过度开发利用。个别地方政府和相关部门唯经济利益和眼前利益为重，为了政绩工程，对运河遗产随意开发。如有的地方未经文物部门批准在运河遗产缓冲区内新建宗教建筑，有的地方在运河非物质文化遗产主航道上架设观光桥，破坏运河的景观。有的打着运河旅游的旗号，在旅游规划行为上对非物质文化遗产资源过度利用，使遗产地生态环境受到破坏，运河遗产的历史真实性与风貌完整性受到影响，使游客的获得感大为下降。

这些因素一定程度上阻碍了运河旅游的高质量发展，导致大运河申遗已成功8年了，大运河文化带建设也提出5年了，但大运河旅游仍然叫好不叫座，没有推出有影响力的运河旅游产品。从沿线旅游业发达城市来看，大运河旅游占整个城市旅游业中的比例还很小。杭州的著名景点基本集中在西湖、钱塘江、富春江等地；大运河北端的北京历史文化资源虽极丰富，但游客仍集中在长城、故宫、颐和园、明十三陵等地（附图2）。

另一方面，大运河沿线旅游不发达地区，历史文化古迹开发程度低，还没有形成一定规模的旅游景区，周围可利用的地方比较大。运河沿线河北、山东境内的运河古迹旅游开发强度更低，文物古迹基本上处于孤立的空间，周围没有被现代建设所挤占，可利用的开发空间比较大。例如，沧州铁狮子、聊城铁塔这样的国家重点文物保护单位，周围几乎没有开发，这对于合理地进行旅游规划开发十分有利。

附图2　北京什刹海

专家分析，传统的旅游以看为主，感官刺激有限，不能给游客留下深刻印象。大运河旅游具有线路长、景点多、景点文化背景丰富多样的优势，可以扩大感官刺激的范围，从视觉、听觉、嗅觉、味觉四个维度来体验运河本身及沿途城市的文化。主要思路是充分挖掘运河作为"廊道"的功能，打造"生态廊道""人文廊道""美食廊道"。

在大运河文化带建设和大运河国家文化公园建设的背景下，大运河沿线城市纷纷将大运河旅游作为发展旅游产业、推进大运河文化带建设的抓手，纷纷制订大运河旅游规划，开发大运河旅游产品，推出大运河旅游品牌，一场大运河旅游的热潮正在扑面而来。一旦沿线城市与运河有关的旅游资源得以有效开发，大运河线有望成为我国又一条具有特定内涵的文化旅游专线、21世纪旅游休闲品牌线路。

二、中国大运河旅游模式探析

全长3200千米的中国大运河沿线地区旅游资源丰富，无论是物质遗产还是非物质文化遗产都别具特色，具有较强的开发价值（附表1）。仅江苏省大运河沿线就有9座历史文化名城、13个中国历史文化名镇。2018年和2019年江苏段大运河非物质文化遗产河道、遗产点和主航道所在区县游客量均达8.8亿人次以上，旅游总收入1.3万亿元以上。那么在建设大运河国家文化公园的今天，大运河非物质文化遗产旅游有哪些模式可以开发呢？

附表1 大运河旅游产品谱

旅游产品类别	旅游呈现形式和地点
展示式旅游	展示馆、古河道、古遗址、皇帝行宫
体验式旅游	过船闸、尝美食
运河水上游	城市游、水上巴士、长线游
运河非物质文化遗产专题游	运河古镇、宗教遗存、商业遗存、工业遗产
运河非物质文化遗产研学游	运河水工、运河文化
运河生态游	水乡特色、运河湖泊
网络运河虚拟游	VR、GIS、App、线上博物馆

（一）展示式旅游

无论是交通运输功能仍然存在的运输通道，还是转换为休闲功能的城市河道、古遗址，表现为旅游参观功能的运河文化展馆，都是展示式旅游的重要载体。游客们可以登上运河大桥看蜿蜒壮观的船队，欣赏船队过船闸的景象；可以走近古闸坝、古码头，体味先民们的创造力；可以走进皇宫、行宫，了解古代帝王利用运河铸造的辉煌；可以游览园林、古宅、会馆，学习古人的建筑技艺；可以来到大运河相关博物馆，了解运河遗产的前世今生，增加文化修养（附图3）。

附图3　大运河遗产展示游

（二）体验式旅游

古人是怎么行船的，古代运河船舶是怎么过闸的？这些就是体验式旅游。扬州开通了游船过邵伯船闸的体验之旅（附图4），苏州开通了游客过盘门水陆城门的旅游项目。地处嘉兴长安古镇的长安三闸也可组织过运河澳闸的体验之旅，让游客了解古人如何在生产力不发达的条件下，利用澳闸这一技术，实现船舶过闸和保水双重功能的。当然体验式旅游除了运河水工之旅外，还可以开通运河美食之旅，如到邵伯古镇品尝远近闻名的邵伯小龙虾、邵伯香肠、邵伯湖湖鲜，到微山湖尝地锅鸡，到河南道口古镇品尝道口烧鸡。还可以把数字化技术引入运河体验式旅游，如用数字技术再现《清明上河图》，观众可以打卡，作为画中人物入画，实时跟随互动，以游人的视角走入"画中"，共同置身繁华的北宋东京汴河边的繁华街市，体验宋代人的生活。还可以虚实结合演绎《浮生六记》与《牡丹亭》的戏台场景，在旅游中广泛引入AR、VR、人工智能、数字人等新技术、新产品、新模式。

附图4　扬州运河邵伯船闸的过闸体验游

(三) 运河水上游

近年来,苏州、杭州、常州、无锡等地均开通了城区的运河水上游览线。杭州还开通了"运河水上巴士",作为城市交通的一个补充。扬州除了市区的古运河游览线,还开通了"扬州—三湾—瓜洲"的大运河水上旅游专线。苏南、苏北包括浙江的城市还可联手打造"大运河水上旅游专线",如开通淮安—扬州—镇江—苏州—杭州的运河水上游览线,真正使"上北京登古长城,下江南游大运河"成为现实(附图5)。

附图5 运河古镇邵伯

(四) 运河古镇游

大运河沿线有众多的古镇,如苏南的同里,浙北的塘栖、乌镇、南浔等地都取得了令人瞩目的业绩。随着大运河成为世界遗产,运河沿线更多的古镇对大运河遗产旅游开发积极性日益高涨,遗产点集中的邵伯古镇围绕运河聚落遗产整体打造,对整个邵伯古镇进行整体的保护展示,不但建设船闸展示馆和明清运河故道展示馆,还要恢复老街上的老字号店铺,再现当年运河名镇船舶往来、桨声绵绵的情景(附图6)。

附图6 扬州运河水上游

(五) 运河遗产专题游

大运河沿线的城市纷纷将大运河遗产旅游作为新的旅游增长点,扬州的目标是打造运河遗产全域游。扬州古城段运河遗产相对集中,有扬州古运河、古邗沟、北护城河、唐子城、宋夹城水系等多条的运河水系,有天宁寺、个园、瘦西湖、卢氏盐商住宅、盐宗庙、汪鲁门盐商住宅等众多的运河遗存,串联着扬州几大运河历史街区:双东历史街区、南河下历史街区、仁丰里历史街区,具有十分重要的遗产价值。为此,遗产保护部门编制了环扬州古城运河遗产展示利用方案,计划利用城区遗产河道串联着诸多遗产点的优势，整合环水慢道系统、水上交通系统，再通过古城街巷的串联，将众多散落在古城区的遗产点串联成片，打造一个开放式的大运河博物馆（附图7）。

附图7　扬州古运河边华灯初上夜景

（六）运河生态游

大运河沿线形成了不同类型的自然、半自然、人工生态系统，是中国东部一个巨大的生态调节系统，是名副其实的大自然调节器、生态走廊，这是运河生态旅游的重要资源。沿线城市纷纷开发运河生态游项目，如山东微山县开通了微山湖赏荷花生态游，让游客通过湖中运道看运河、赏荷花、尝湖鲜。江苏高邮开通了高邮湖生态游，让游客在大运河畔参观运河故道，欣赏高邮湖万亩芦苇荡，夏夜在纯自然生态条件下看湖面上纷飞的萤火虫。沿线城市还可以在古运河风光带里建设慢道系统、健身道路和健身器材，开通自行车道，通过慢道系统和自行车道，让游客散步、骑行，沿河欣赏悠悠运河水，看沿途文化遗产标识牌介绍，在得天独厚的休闲之地中增进对大运河的感情。

（七）网络运河虚拟游

作为陈列在大地上的运河遗产，在"互联网+"时代，除了可以让游客现场游览大运河遗产外，更需要通过现代科技实现让人们足不出户就能畅游运河遗产，让更多的社会大众了解大运河及其世界遗产，并参与到大运河遗产保护中来。运河城市要围绕大运河遗产实施"互联网+中华文明工程"，开发畅游运河遗产GIS专题移动终端系统，通过网络化、地图化和移动化技术手段来展示大运河的历史面貌，让游客通过手机App就能查阅到运河遗产相关情况，并在电子信息系统引导下，顺利抵达运河遗产点参观游览。沿线城市在建设运河文化展示馆时可以通过引入VR、AR等现代科技，同时采用先进技术提升展示水平,把三维场景展示、声光电技术、音视频自动调度技术、单点全景展示、连续全景展示、船载全景展示等技术手段应用到展示馆建设中,形象生动地再现大运河的前世今生、重要场景和重大历史事件,让游客沉浸式体验运河文化(附图8)。

附图8　宝应大运河文化展示馆中的虚拟现实展区

三、大运河旅游高质量发展的路径

在大力推进大运河国家文化公园建设的今天,大运河旅游的高质量发展更是被沿线各个城市提到了重要位置,大运河沿线各地还普遍开展了运河景点评选宣传活动,苏州评选了运河十景,扬州评选了运河十二景,桐乡也评选了运河十景。江苏省已连续四年分别在不同运河城市举办大运河文化旅游博览会。发展改革委编制的《大运河文化保护传承利用规划纲要》提出:要确立大运河文化旅游的主导地位,优化完善基础设施和配套服务,合理规划文化旅游精品线路,整体推进大运河文化旅游推广营销,培育统一的大运河文化旅游品牌,推动文化旅游与相关产业深度融合,构建享誉中外的缤纷旅游带。在文旅融合的背景下,要充分利用以大运河为核心的历史文化及景观资源,注重沿岸文旅活态传承及保护,推动运河文化、生态共融共生,推进大运河旅游高质量发展。我们相信,通过发展旅游业彰显其大运河蕴含的文化价值,大运河将再度走向辉煌。

（一）正确处理好遗产保护与旅游发展的关系

首先，保护是前提。只有保护好运河遗产，才能更好地利用。要始终把保护大运河遗产放在首要位置。任何旅游规划都必须以保护为基础，科学适度地进行旅游规划，考虑长远利益、维护运河生态环境、保护运河遗产旅游资源、保护运河两岸风貌、传承运河古今文明。绝不能在大运河旅游规划中简单化、商品化，也不能为了旅游随意打造大运河文化。其次，合理利用也是为了更好地保护。遗产展示旅游是世界遗产保护管理工作的重要内容，也是国际公认的遗产保护方式。作为活态遗产，与民众的现实生活紧密相连，旅游开发可以使遗产保护成果真正惠及民众，民众才会衷心地拥护活态遗产保护，才会积极参与运河遗产保护，遗产才能有尊严。具有观赏价值的运河遗产，适度的旅游使公众能够享受大运河遗产，感受大运河传统文化。最后，要正确处理好保护与旅游开发的关系。一方面要科学合理地利用活态遗产资源开发旅游，另一方面要在旅游规划中探求活态遗产的有效保护，使旅游开发步入"保护—利用—保护"的良性循环，构筑科学的大运河遗产活化利用体系（附图9）。

附图9　古运河游船

（二）注重让运河物质遗产和非物质文化遗产交相辉映

作为中国文化的集大成者，中国大运河既有水工设施、园林古宅等各式各样的物质遗产，也拥有诗词歌赋、工艺美术、民俗庙会等丰富多彩的非物质文化遗产，这两类遗产又是相互依存的。因此，大运河旅游开发要注重二者兼顾，让运河物质遗产和非物质文化遗产交相辉映。在编制运河沿线物质文化遗产如古建筑、园林、名人故居等旅游规划时，要将非物质文化遗产融入其中，让动态的非物质文化遗产进入固态的物质遗产，在互动的基础上激发出新的活力。一方面使物质遗产的旅游更有观赏价值，另一方面又保护附着在运河物质遗产上的非物质文化遗产，保护非物质文化遗产的传承人。如在个园、瘦西湖等运河园林遗产中引入剪纸等非物质文化遗产表演，在北京的南新仓上演厅堂版的昆曲《牡丹亭》，在杭州富义仓开设琴棋书画讲座和学堂，让扬州的盐商大宅卢氏盐商住宅成为淮扬菜体验馆等。在运河水上游览船上，将清曲、昆曲、古琴、古筝、评话、弹词等"非遗"表演引进游船，还可让游客参与"非遗"的游戏，形成富有特色的船上活动，从而更加吸引年轻的游客（附图10）。

附图10　瘦西湖船娘

（三）统筹兼顾编制旅游规划

要针对大运河线性、活态、在用的特点，按照统筹兼顾原则，妥善处理好保护与利用的关系、保护与治理的关系、遗产管理与航运管理的关系、文化功能与水利功能的关系，整合协调好各方力量编制好大运河遗产旅游规划。一方面，应通过大运河遗产旅游开发将大运河遗产资源向广大公众开放、展示，通过活化利用传递历史文化知识，丰富大运河沿线群众精神文化生活。另一方面，在大运河遗产旅游规划上一定要遵循适度的原则，通过适度的旅游开发，弘扬大运河遗产价值，激起游客的民族自豪感，而不能因为过度利用造成对运河遗产的破坏。国家旅游部门还可以借助运河旅游线路长、景点多、景点文化背景丰富多样的优势，从非物质文化遗产廊道的角度，统筹不同省份、不同城市之间的旅游规划，充分挖掘运河作为"廊道"的功能，打造"生态廊道""人文廊道""美食廊道"，从而扩大游客的感官刺激范围，让游客从视觉、听觉、嗅觉、味觉四个维度来体验运河本身及沿途城市的文化。各个城市编制旅游规划时也要整合不同运河管理机构的力量，多方征求意见，照顾到各方的利益诉求，避免因信息的不对称造成失误，对运河遗产造成新的破坏。总之，要充分尊重大运河沿线的历史和自然，尊重大运河的过去，结合今天赋予运河的新使命及运河蕴含的新价值，以合理的旅游规划方式让大运河遗产延续利用，实现可持续发展，将祖先留下来的这份珍贵遗产传承下去。

（四）打造大运河文化旅游精品线路

坚持整合资源、挖掘内涵、丰富特色，以大运河世界文化遗产以及古镇古村落、文化遗迹、文化遗址等名胜遗产为基础，集成沿线街市繁华景象、市民生活习俗等优质旅游资源，推进水利、航运文化与旅游深度融合，发展运河精品旅游。优化建设陆路游线、水上游线和附属设施，培育推出一批主题突出、各具特色的跨区域精品文旅线路，创新开发遗产研学、民俗体验、曲艺欣赏、古城览胜、"跟着诗词游运河""跟着名著游运河"等多种旅游体验模式，实现沿线旅游景点"串珠成线"，引导人们在旅游中亲近、感知、认同运河历史文化（附图11）。

附图11　苏州盘门旅游

要强化大运河区域间旅游资源整合和旅游服务协作，以大运河为纽带"串珠成线，以点带面"，统筹水上游览、沿线自驾等旅游方式，开发培育世界文化遗产研学游、华夏历史文明体验游、大运河沿线古都游、运河古镇记忆传承游、运河故事特色专题游等，汇聚形成若干最具特色的精品旅游线路。《大运河文化保护传承利用规划纲要》提出打造以下五个类型的精品线路。一是世界文化遗产研学游。依托大运河世界文化遗产，围绕运河遗址考古发掘、重要遗产点保护展示、活态运河展示，探寻运河线路历史变迁，揭秘运河水工科技，体验运河漕运和商业文化，感受运河历史名人风采等，打造运河文化传承教育实践线路。二是华夏历史文明体验游。依托大运河沿线的仰韶文化、良渚文化、河姆渡文化、古越文化、二里头文化等，着力发展文明探源、历史体验、研学研修等旅游产品，培育华夏历史文明旅游精品线路。三是大运河沿线古都游。以大运河沿线的北京、杭州、洛阳、开封等古都为载体，整合各类与大运河相关的遗址遗迹、历史事件、人文遗产、滨水景观等，大力发展休闲街区、文化演艺、主题酒店等城市旅游业态，打造集都城观光、文化体验、休闲度假等于一体的古都文化旅游精品线路。四是运河古镇记忆传承游。依托张家湾、杨柳青、独流、大名府、台儿庄、南阳、夏镇、张秋、朱仙、道口、古荥、河洛、陈桥驿（河南）、符离、惠山、荡口、邵伯、瓜洲、湾头、码头、河下、孟河、窑湾、皂河、乌镇、南浔、新市、盐官、塘栖等运河沿线古镇，综合展示运河风貌、传统民居、生活美学、生产场景等，打造承载记忆、回味乡愁的文化旅游精品线路。五是运河故事特色专题游。依托大运河丰厚的历史文化遗产，打造个性化、特色化的旅游产品和服务，设计运河美食、运河诗画、运河曲艺、武术杂技、水利水工、体育健康、民俗体验、美丽乡村等特色专题的文化旅游精品线路（附图12）。

附图12　游客在瘦西湖游览

（五）塑造统一的"千年运河"文化旅游品牌

大运河旅游一直缺少一个统一的品牌来彰显大运河的文化神韵，塑造大运河文化形象，展示大运河文化名片。笔者以为，大运河旅游应该打出"上北京看长城，下江南游运河"的品牌。这一创意取自帝王南巡，过去皇帝南巡都是沿着运河，民间传说较多的是隋炀帝下江都、乾隆皇帝下江南的故事，现在"下江南"多指自北向南的旅行，因此，将"下江南"与"上北京"对照起来，既能吸引全国各地的游客，又能吸引国际游客。通过建立大运河文化旅游品牌体系，重点培育运河城市旅游、运河旅游产品、运河旅游节庆、运河旅游企业（服务）等子品牌，不断推出富有创意、参与度高、深受市场欢迎的系列旅游产品。成立大运河旅游营销联盟，开展大运河旅游产品品牌塑造和推广营销活动，推动大运河成为与万里长城、丝绸之路齐名的中华文化旅游经典品牌。在统一的品牌下，还要构建各具特色的城市品牌。围绕"千年运河"文化旅游品牌，大运河沿线城市可根据各自实际，充分发挥资源优势，进一步打造各具特色的地方旅游品牌，以运河文化为主题形成亮丽的城市名片，如沧州"运河古郡　渤海明珠"、聊城"江北水城　运河古都"、济宁"孔孟之乡　运河之都"、台儿庄"一个寻梦的地方"、安阳"文字之源　殷商王都"、郑州"天地之中　华夏之源"、宿州"花海云都　汉韵宿州"、淮北"运河遗珍　绿金淮北"、徐州"大汉雄风　豪情运河"、淮安"运河之都　水城淮安"、嘉兴"运河水城　秀美嘉兴"、湖州"东方莱茵　笔墨湖州"、宁波"书藏古今　港通天下"等城市品牌（附图13、附图14）。

文旅融合推进大运河旅游高质量发展，将会强化大运河精神内涵和时代价值的挖掘和弘扬，推进大运河文化的国际传播交流，再现大运河文化包容开放的特点，将为

附图 13 大运河绍兴段的东湖石宕景区

附图 14 浙江运河古镇石门镇丰子恺故居

新时代讲好中国故事,更好地展现真实、立体、全面的中国提供重要平台。随着大运河旅游的成功开发,大运河沿线城市将成为国际旅游的重要目的地,古老的大运河将因为旅游发展而焕发出新时代的青春光彩(附图 15~附图 18)。

附图 15 大运河游船上艺人为游客表演扬州评话

附图 16 国外游客在大运河边弹奏古琴

附图 17 大运河生态游

附图 18 洪泽湖大堤航拍

参考文献

[1] 左丘明.左传［M］.上海：上海文化出版社，2016.

[2] 司马迁.史记［M］.北京：北京联合出版公司，2016.

[3] 郦道元.水经注［M］.陈桥驿校证.北京：中华书局，2013.

[4] 李斗.扬州画舫录［M］.江苏：广陵书社，2017.

[5] 安作璋.中国运河文化史［M］.山东：山东教育出版社，2006.

[6] 罗贯中.三国演义［M］.陕西：三秦出版社，2012.

[7] 魏徵.隋书［M］.北京：中华书局，1997.

[8] 彭定求.全唐诗［M］.北京：中华书局，2008.

[9] 赵西君，刘科伟，王利华.浅析运河旅游资源的结构及开发对策［J］.西安电子科技大学学报（社会科学版），2003（04）：45-49.

[10] 江苏省人民政府.《2019江苏大运河文旅消费白皮书及2020趋势报告》发布［EB/OL］.（2020-09-06）［2022-12-08］.http://www.jiangsu.gov.cn/art/2020/9/6/art_60096_9486537.html.

[11] 司马光.资治通鉴［M］.北京：北京联合出版公司，2016.

[12] 霍松林，胡主佑.宋诗三百首［M］.上海：东方出版中心，2020.

[13] 中华人民共和国中央人民政府.中共中央办公厅 国务院办公厅印发《大运河文化保护传承利用规划纲要》［EB/OL］.（2019-05-09）［2022-11-28］.https://www.gov.cn/zhengce/2019-05/09/content_5390046.htm.

后 记

　　这是我写的第十六本大运河图书,也是转任扬州市文联主席后,在新的岗位上开始创作的第一本图书,自然而然地这本书也有了文学作品的味道,特别是"跟着文学名著游运河"一章,将文学与运河紧紧联系在一起。在本书创作过程中,中国作家协会决定将"深入生活、扎根人民"新时代文学实践点大运河文学采风基地设在扬州,我们借机也将扬州市文联的刊物改名为《运河文艺》,登载大运河沿线城市作家的文学作品,以期在运河文学传承弘扬上作出扬州的贡献。当然通过本书的创作,也为大运河文学的传承与弘扬作了一些探索。

　　作为大运河系列丛书,与其他运河书籍相比,《中国大运河旅游》是一本更为实用的运河图书,与以前的运河图书以介绍运河知识为主不同,这本书主要在利用运河上下功夫,从一个游客的视角介绍运河文化及运河旅游资源。在介绍运河旅游资源时也不是平板地介绍,而是以游客的身份进入其中,融入了个人对运河文化的一些感悟与理解,充当了一本运河旅游导游词的角色。

　　在创作这本书时,正值新冠疫情在全国蔓延,旅游业遭受重创。运河旅游前景如何?运河旅游怎么做?业内都在探讨。我也想用这本书来为运河旅游把把脉,出出点子为疫后旅游市场的复苏提供决策咨询参考。当然,因本人研究不深,对有些史料把握不全,本书难免有些观点不完全正确,有些史料的引用不准确,有些建议还有待实践检验,敬请方家批评指正。

　　为本书提供图片的有运河沿线城市的广大同行:吴育华、吴益群、王支援、刘江瑞、管斌、赵辉、刘奇斌、孙万刚、蒋永庆、黄钢、黄培、朱明松、张卓君、姜国权、潘娟、杨梦、施晓平、徐书君、宋桂杰、倪学萍、唐华荣、胥传杰、刘昌东、李海峰、吴同祥、张元奇、李牧、周泽华、吕志伟、何广才、丁华、汝桂芳、董耀会、王维国、刘静等，还有故宫博物院、中国国家博物馆、扬州双博馆、洛阳隋唐运河博物馆、北京通州区文化旅游委、扬州日报社、扬州市文旅局、浙江桐乡市文旅局、河北香河县文旅局、中国地图出版社等单位。在此，对所有为本书提供帮助的同事们、战友们，对运河沿线同行表示衷心的感激。

姜师立于 2023 年 1 月 6 日